Walter Simon

Die neue Qualität der Qualität

Dieses Buch widme ich meinen langjährigen Kunden mit
dem Dank für gute Zusammenarbeit, insbesondere der/m

BASF AG, Ludwigshafen
bauconsult GmbH, Berlin und Mainz
Bremer Landesbank
DePfA-Bank AG, Wiesbaden
Deutsche Bau- und Bodenbank AG, Frankfurt
Deutsche Girozentrale, Frankfurt
GWG GmbH, Halle
IG Bauen - Agrar - Umwelt
Peschke GmbH, Berlin (stellvertretend für
viele mittelständische Unternehmen)
SKF, Schweinfurt
WOBAU, Magdeburg

Walter Simon

Die neue Qualität der Qualität

Grundlagen für den TQM- und KAIZEN-Erfolg

2. Auflage

Die Deutsche Bibliothek - CIP-Einheitsaufnahme

Simon, Walter:
Die neue Qualität der Qualität : Grundlagen für den TQM- und
KAIZEN-Erfolg / Walter Simon. - 2. Aufl. - Offenbach :
GABAL 1996
ISBN 3-930799-22-7

Titel-Illustration: G.E.L.D. Kreation, Bremen
Cover: image team, Bremen
Text-Illustration: Sven Horstmann, Bremen
Satz und Layout: image team, Bremen
Druck: rgg Druck- und Verlagshaus, Braunschweig

1. Auflage 1996
© 1996 GABAL Verlag GmbH, Offenbach

Verlagsinformationen:
Jünger Service, Schumannstr. 161, 63069 Offenbach
Tel.: 069/84 00 03-22 (-0)   Fax: 069/84 00 03-33

Guten Tag, liebe Leserin, lieber Leser!

Ich danke Ihnen für das Vertrauen, das Sie mir mit der Lektüre dieses Buches entgegenbringen. Sie haben dafür einen guten Preis bezahlt und somit das Recht auf eine angemessene Gegenleistung. Ich danke Ihnen auch für die Zeit und Aufmerksamkeit, die Sie für dieses Buch aufwenden. Mit jeder Minute, die Sie in dieses Thema investieren, können Sie viele Minuten teurer Arbeitszeit einsparen, indem Sie die Grundbotschaft von TQM/Kaizen „Work smarter, not harder" umsetzen.

Aus Gründen einer besseren Lesbarkeit habe ich mich entschieden, die heute als männlich aufgefaßten Begriffe wie „Leser", „Mitarbeiter", „Gesprächspartner" nicht stereotyp durch Begriffe mit weiblichen Endungen zu ergänzen. Wenn ich „Mitarbeiter" schreibe, meine ich damit selbstverständlich auch Mitarbeiterinnen, und wenn ich „Gesprächspartner" schreibe, denke ich dabei auch an Gesprächspartnerinnen.

Falls Sie ansonsten Fragen zu diesem Buch haben, so schreiben Sie mir bitte oder rufen mich an. Gern stehe ich Ihnen auch als Referent oder Berater zur Verfügung.

Walter Simon

Dr. Walter Simon
Innovationsteam für Produktion und Wirtschaft
Mittelstraße 19a
61231 Bad Nauheim
Tel. (06032) 92 13 60
Fax (06032) 92 13 62

5

Geleitwort des Herausgebers

Die Qualität der Qualität - ein Doppelaspekt, der von großer Bedeutung für die deutsche Wirtschaft und den Standort Deutschland ist und auch noch in Zukunft sein wird.

Mit dem Buch von Walter Simon, 1. Vorsitzender der Gesellschaft DIN EN ISO 9000 ff. für Akkreditierung und Zertifizierung e.V., erscheint im GABAL Verlag wiederum ein Band zum Thema der angewandten Betriebswirtschaft, nachdem auf den drei letzten Symposien des GABAL-Vereins das Thema Lean Management und Qualität durch Experten, zu denen auch der Autor gehörte, ausführlich und von mehreren Seiten beleuchtet worden ist.

Es ist erfrischend, wie der Autor mit seinen klaren und zum Teil provozierenden Definitionen die Begriffe TQM, Kaizen und KVP, aber auch Lean Management und Leanwork sowie Business Reengineering (BR) „zurechtrückt", insbesondere auch kritisch im Hinblick auf die wahre Bedeutung des japanischen Einflusses. Wenn auch zugegeben werden muß, daß in Deutschland, wo bereits in den zwanziger Jahren das Betriebliche Vorschlagswesen weltweit bahnbrechend war, viele Jahre im Hinblick auf die Weiterentwicklung dieses Konzepts sträflich „gesündigt" worden ist.

Der Autor gliedert seine Darstellung in zehn Kapitel, von denen das letzte einen guten Überblick auf das Thema und die verschiedenen Aspekte der Qualität gibt. Für den Leser, der spezielle Informationen sucht, ist es hilfreich, daß der Autor sich in den acht Kapiteln des Hauptteils auf je einen zentralen Aspekt der „Qualität der Qualität" konzentriert, z. B. die Kunden-Orientierung, die Mitarbeiter- und Team-Entwicklung sowie den sog. Werkzeugkasten des Qualitätsmanagements.

Es ist das besondere Verdienst des Autors, mit dem vorliegenden GABAL-Buch sowohl denjenigen, die an einer fachkundlichen Einführung in dieses aktuelle Thema interessiert sind, als auch denjenigen, die

6

ihren Standort und ihr Wissen überprüfen wollen, einen guten Überblick zu bieten.

Verlag und Herausgeber wünschen unseren Lesern, daß die Qualität der Darstellung sie überzeugt und dazu dient, ihre eigene Qualität weiterhin und kontinuierlich zu verbessern.

Speyer, im August 1996

Prof. Dr. Hardy Wagner
- Herausgeber -

10. Total Quality Management benötigt Total Management Quality
Die Qualität der Unternehmenskultur

1. Begriffe, Schlagworte, Fachchinesisch
Einige notwendige Begriffsklärungen

Unterschiedliche Begriffe, aber gleiche Ziele:
Produktivität und Qualität

Häufig entstehen Mißverständnisse, weil die Gesprächspartner Sachverhalte unterschiedlich interpretieren. Man denke nur daran, wie verschiedene Begriffe wie Sozialismus und Liberalismus verstanden und gedeutet wurden. Solche Mißverständnisse entstehen auch im Zusammenhang mit Managementbegriffen. So mußte sich der Begriff Organisationsentwicklung Dutzende von Deutungen gefallen lassen, u. a. deshalb, weil viele Trainer und Berater die Primärliteratur falsch verstanden oder aber gar nicht gelesen hatten.

Begriffsverwirrungen

Viel verwendete Begriffe waren und sind Management by Objectives, Management by Systems, Management by Walking About, Management by

Bekannte Begriffe

13

Exception, Matrixmanagement, um nur die wichtigsten zu nennen. Der angloamerikanische Ursprung dieser Begriffe bezeugt die mangelnde organisatorische und damit begriffliche Innovationsfähigkeit der deutschen Betriebswirtschaft und Organisationslehre. Außer dem Harzburger Delegationsmodell und der Metaplantechnik gibt es keine nennenswerten Führungsmodelle bzw. Organisationsinnovationen, die die Herkunftsbezeichnung Made in Germany tragen.

Für die Heilrezepturen unserer kränkelnden Wirtschaft gibt es viele Begriffe und Formeln. Sie sind in der Regel amerikanischen oder japanischen Ursprungs und wurden dann in die jeweilige Landessprache übersetzt. Die meist verwendeten Begriffe sind in der Häufigkeit ihrer Nennung:

Die meist verwendeten Begriffe im Zusammenhang mit neuen Produktionskonzepten

1. Lean Management
2. Kaizen
3. Total Quality Management (TQM)
4. Kontinuierlicher Verbesserungsprozeß (KVP)
5. Business Reengineering (BR)

Daneben gibt es Begriffe, bei denen es sich um Teilaspekte handelt, die sowohl dem einen oder anderen Oberbegriff zugeordnet werden könnten. Dazu gehören z. B. Poka Yoke, Simultaneous Engineering und Upstream Maintenance. Sie werden am Ende dieses Kapitels erläutert.

Täglich werden neue Begriffe kreiert, je nach strategischem Schwerpunkt oder dem Bedürfnis der Autoren, sich mit wohlklingenden Begriffen zu profilieren. Der Anschein, etwas völlig Neues kreiert zu haben, fördert auch den Verkaufserfolg von Managementbüchern. Wenn z. B. Gerd Gerken von Marken-Mutation oder Product-Floating spricht, wissen seine Leser oder Zuhörer zwar nicht, was genau gemeint ist, aber es klingt einfach toll.

Alle genannten Konzepte verfolgen ähnliche Ziele, insbesondere die

Unterschiedliche Konzepte für die gleichen Ziele

- Verbesserung der Qualität und die
- Steigerung der Produktivität.

Bei der Umsetzung von modernen Produktionskonzepten gibt es zwar gewisse Unterschiede, aber letztendlich zielen alle Aktivitäten darauf, über Qualitäts- und Produktivitätssteigerungen die Wettbewerbsposition eines Unternehmens oder einer Volkswirtschaft zu verbessern.

Viele Unternehmen praktizieren neue Organisationskonzepte, ohne zu wissen, daß sie Lean Management betreiben. Andere, die glauben, sie würden Lean Management betreiben, machen das Gegenteil, weil sie gerade dabei sind, das Vertrauen ihrer Mitarbeiter zu verlieren. Die „Weltmeister" schlanker Produktion, die japanische Industrie, insbesondere Toyota, kannten den Begriff Lean Management bis vor kurzem überhaupt nicht.

Ein Unternehmen, das schlank werden will, muß Kaizen bzw. Total Quality Management anwenden. Ein Unternehmen aber, das Total Quality Management anwendet, befindet sich auf dem Wege zum schlanken Management. Das eine bewirkt also das andere. Armin Töpfer definiert den Zusammenhang so:

Die Einheit von TQM und Lean Management

15

1. TQM ist der Überbau für den Wandel der Unternehmenskultur,

2. Lean Management ist die dazugehörige Fitneßkur und

3. Kaizen der notwendige kontinuierliche Verbesserungsprozeß.[1]

TQM/Kaizen hat auch eine westliche Tradition

Schon lange vor der „schlanken Welle" gab es auch im Westen neue Organisations- und Produktionskonzepte, mit denen Teile von Lean- bzw. Qualitätsmanagement vorweggenommen wurden. Eines dieser Konzepte wurde unter der Bezeichnung Organisationsentwicklung praktiziert, worüber im vierten Kapitel dieses Buches mehr ausgesagt wird.

Ein anderes Konzept zielte auf die „Humanisierung der Arbeit" und fand in der Gruppenarbeit bei VOLVO seinen Höhepunkt. Auch darüber erfährt der Leser mehr im Kapitel 4.

Der japanische Druck war notwendig, um über neue Produktionskonzepte nachzudenken

Hierbei handelte es sich um Insellösungen. Denn in den Jahrzehnten des Wirtschaftswunders gab es keinen Druck, weder durch Wettbewerb noch von der Verbraucherfront, mit besseren Produktions- und Qualitätskonzepten zu experimentieren. Erst der Druck aus Japan und von anderen „asiatischen Tigern" bewirkte den Paradigmenwechsel im Denken und Handeln von Mitarbeitern und Führungskräften sowie die Wiederentdeckung der Ganzheitlichkeit im Unternehmen. Viele richtige Gedankengänge und Organisationsansätze der letzten dreißig Jahre werden heute unter den Begriffen bzw. Konzepten Lean Management und/oder Total Quality Management synthetisiert. Näheres auch dazu im vierten Kapitel dieses Buches (Der TQM/Kaizen-Erfolg hat viele Väter).

1.1 Lean Management

Lean Management ist eine Art Schlüsselbegriff für alle modernen Produktionskonzepte. Es ist ein Etikett, das sich auf Packungen ganz unterschiedlichen Inhalts wiederfindet. Die, die diesen Begriff im Rahmen einer großen Vergleichsstudie zur Produktivität japanischer und westlicher Autohersteller prägten, ein Forscherteam des Massachusetts Institute of Technology (MIT), definieren ihn so:

Lean Management –
ein Schlüsselbegriff

„Lean Administration ist ‚schlank‘, weil sie von allem weniger einsetzt als die Massenfertigung – die Hälfte des Personals in der Fabrik, die Hälfte der Produktionsfläche, die Hälfte der Investition in Werkzeuge, die Hälfte der Zeit für die Entwicklung eines neuen Produktes. Sie erfordert auch weit weniger als die Hälfte des notwendigen Lagerbestandes, führt zu viel weniger Fehlern und produziert eine größere und noch wachsende Vielfalt an Produkten."[2]

Eine wichtige
Definition

Dabei verbindet sie die Flexibilität der handwerklichen Fertigung mit den Kostenvorteilen der Fließbandproduktion, ohne die Kosten der ersteren und die Starrheit der letzteren.[3]

Der Begriff Hälfte ist hier sinnbildlich zu verstehen. Was schlanke Produktion in der japanischen Urversion genau leistet, zeigt die folgende Abbildung.[4]

17

Lean Production
Vergleichszahlen

	japanische Werke in Japan	japanische Werke in Nordamerika	amerikan. Werke in Nordamerika	alle europäischen Werke
Produktivität (Std. pro Auto)	16,8	21,2	25,1	36,2
Montagefehler pro 100 Autos	60,0	65,0	82,3	97,0
Fläche (qm/Auto/Jahr)	0,5	0,8	0,7	0,7
Größe des Reparatur- bereichs in % der Montage- fläche	4,1	4,9	12,9	14,4
Lagerbestand (Tage für 8 ausgewählte Teile)	0,2	1,6	2,9	2,0
% der Arbeiter in Teams	69,3	71,3	17,3	0,6
Job Rotation (0=keine, 4=häufig)	3,0	2,7	0,9	1,9
Vorschläge/Beschäftigung	61,6	1,4	0,4	0,4
Abwesenheit (%)	5,0	4,8	11,7	12,1

Quelle: IMVP-World-Assembly Plant Survey, 1989 und J.D. Power Initial Quality Survey, 1989; hier wiedergegeben nach James P. Womack u. a.: Die zweite Revolution in der Autoindustrie, Frankfurt/Main 1992

Interessant sind hierbei die guten US-Werte, denn sie widerlegen das Argument der „anderen" Mentalität der Japaner, womit vor allem deren Fleiß gemeint ist. Das bestätigt auch die MIT-Studie mit ihrer zentralen These, daß das Vordringen der japanischen PKW-Hersteller vor allem auf der schlanken Produktion beruht und nicht, wie oft behauptet, auf weitreichender Automation, längerer Arbeitszeit und größerem Fleiß der Japaner. Vielleicht wird es dem neuen Opel-Werk in Eisenach gelingen, diese These auch in Deutschland zu bestätigen: Dort sollen pro Mitarbeiter 75 PKW jährlich gebaut werden, während es im Rüsselsheimer Werk nur 16 sind. Stolz waren die Eisenacher darauf, daß sie schon 1994 die durchschnittliche Fertigungszeit eines PKW auf 20 Stunden reduzieren konnten, also 11 Stunden weniger brauchten, als die MIT-Studie für Europa ermittelte. Im Vergleich dazu benötigen die Opel-Werke in Rüsselsheim und Bochum etwa 25 Stunden. Der Fertigungsvorstand der Adam Opel AG, Peter Enderle, resümierte: *„Die Milliardeninvestition hat sich gelohnt, unsere Erwartungen wurden bei weitem übertroffen."*[5]

Ursachen des japanischen Erfolges - Lean Management oder Mentalität?

Beispiele deutscher Erfolge

Ein ähnlich anspruchsvolles Programm hat sich der VW-Konzern verordnet und wohl zu diesem Zweck den baskischen „Wundermanager" J. I. López eingekauft. Wenn jedoch Ferdinand Piëch, Vorstandsvorsitzender von VW, auf die Frage eines TV-Journalisten nach den jüngsten Erfolgen seines Konzerns sinngemäß antwortet: *„Wir haben die in unserem Keller in vielen Ordnern abgelegten Empfehlungen unserer Unternehmensberater aus den letzten Jahren jetzt endlich umgesetzt.",* dann stellt sich die Frage, warum das nicht schon viel früher geschehen ist, denn es handelte sich um

Diätempfehlungen deutscher Berater für den zu dickleibigen VW-Konzern.

Lean Management als Produkt einer Herangehensweise

Lean Management ist kein Konzept, dem ein theoretisches Grundmodell zugrunde liegt, wie seinerzeit beim Management by Objectives. Es ist eher das Produkt einer Herangehensweise, das aus den Alltagsproblemen des PKW-Herstellers Toyota heraus entstanden ist. So gesehen ist es eigentlich nichts anderes als eine Zustandsbeschreibung für den *Toyotismus*. Im Kontrast dazu steht der westliche *Taylorismus* bzw. *Fordismus* (vgl. Kapitel 4),

Lean Management= Toyotismus

für den sinnbildlich Arbeitsteilung und Fließband gelten. Da alle Bereiche eines Unternehmens schlank werden müssen, ist der Begriff Lean Management treffender als Lean Production.

Schlanke Arbeitsprinzipien

In der Literatur werden verschiedene Arbeitsprinzipien für das Lean Management aufgeführt. Dieses sind die häufigsten und wohl auch wichtigsten:

1. Gruppen- bzw. Teamarbeit auf allen Ebenen
2. Dezentrale Eigenverantwortlichkeit bis weit nach unten
3. Kundenorientierung nach innen und außen
4. Ständige Verbesserung u. a. in Form kleiner Schritte
5. Priorität der wertschöpfenden Tätigkeiten

Lean Management und Personalabbau

Ein häufiges Mißverständnis besteht darin, daß Lean Management primär mit Personalfreisetzung, vor allem in der Produktion, verbunden wird. Schlankes Management ist kein Synonym für Personalabbau. Toyota wurde zu Zeiten schlank, als noch täglich Dutzende neuer Mitarbeiter eingestellt wurden. Die Botschaft des Lean Management lautet in erster Linie „work smarter not harder". Manager, die schlankes Management nur auf Personalabbau reduzieren, sollten sich schleunigst selbst abbauen lassen. Dem Autor sind Fälle harten Personalabbaus bekannt, bei denen infolge neuer Auftragseingänge die abgebauten Mitarbeiter einige Monate später wieder eingestellt wurden.

Lean Management ist mehr als eine schlanke Belegschaft. Es ist die Summe aller Erfolgsregeln und -prinzipien der Unternehmens- bzw. Personalführung. Für andere ist Lean Management nichts anderes als die konsequente Anwendung des gesunden Menschenverstandes, des „Einfach Überlegens"[6]. Dazu gehören Einrichtungen wie Qualitätszirkel und Gruppenarbeit, eine Just-in-Time-Ablauforganisation (Kanban), flache Hierarchien und die TQM- bzw. Kaizen-Philosophie. Diese Teilelemente werden beim Lean Management *gleichzeitig, langfristig, gleichgewichtig und konsequent* angewendet. Hierbei handelt es sich um keine Geheimnisse, sondern um Denkansätze, die ihren eigentlichen Ursprung im Westen haben. Doch die Japaner sind diejenigen, die sie im Gegensatz zum Westen konsequent und nachhaltig anwendeten und täglich immer wieder neu praktizieren. Das „Geheimnis" dieses Konzepts liegt nicht in der Technik, sondern in der Organisation der zwischenmenschlichen Beziehungen.

Lean Management als Synthese vieler Erfolgselemente

Die nachfolgenden Grafiken versuchen den Unterschied zwischen der arbeitsteiligen tayloristischen Unternehmens- bzw. Arbeitsorganisation und der toyotistisch schlanken zu verdeutlichen.

Tayloristische Fertigung

(Trennung planender und ausführender Tätigkeiten)

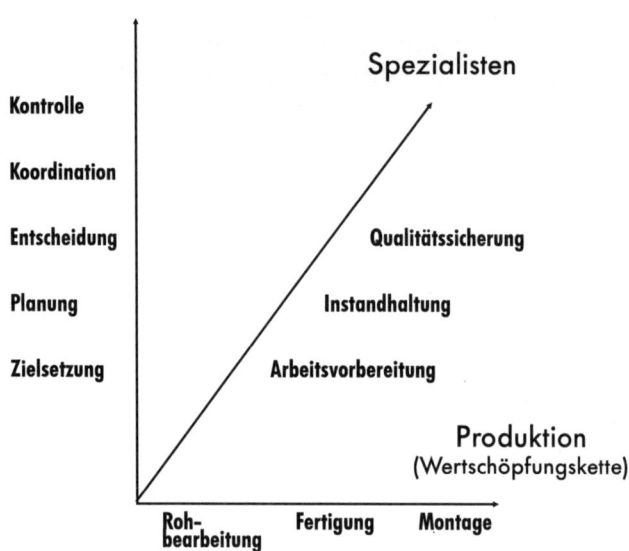

Schlanke Produktion

(Integration planender und ausführender Tätigkeiten)

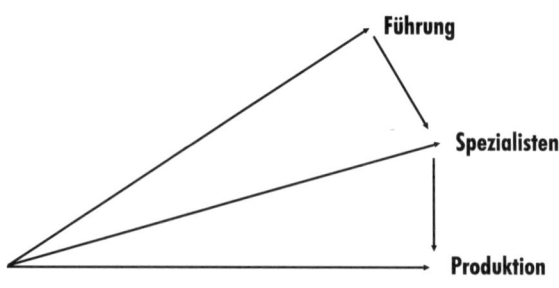

Abb.: Tayloristische und toyotistische Fertigung

Die Grafik zeigt, daß bei der traditionell-tayloristischen Fertigung Führung bzw. Organisation nebst Spezialistentum einerseits und wertschöpfende Produktion andererseits weit auseinanderfallen. Bei der Lean Production werden die drei Aufgabenbereiche weitgehend integriert. Funktionen wie die Arbeitsvorbereitung, Instandhaltung und Qualitätssicherung werden in die wertschöpfenden Arbeitsgruppen verlagert. Zum Teil werden auch Führungs- und Organisationsaufgaben an die Produktionsbasis übergeben und von Arbeitsgruppen weitgehend selbständig wahrgenommen. Alle Mitarbeiter werden zum Mitdenken animiert. Ihnen werden anspruchsvolle Aufgaben mit einem Höchstmaß an Verantwortung übertragen. Dieses Prinzip der Selbstorganisation und Selbstoptimierung bewirkt u. a. eine starke Dezentralisierung. In diesem Zusammenhang werden auch Hierarchien flacher. So will z. B. Ford im Rahmen einer globalen organisatorischen Umstrukturierung die Führungsebenen vom Weltchef bis zum Sachbearbeiter auf sieben beschränken und gleichzeitig die Führungsspanne auf mindestens zehn Mitarbeiter ausdehnen. *„Damit wird Verantwortung nach unten gedrückt. Das ganze führt zu einer wesentlich effizienteren, kommunikativeren Organisation als heute."*[7] Auch Mercedes-Chef Helmut Werner strich in der fein verästelten Hierarchie seines Konzerns drei Führungsebenen, wohl um ähnliche Wirkungen zu erzielen.

Aufgabenverlegung an die wertschöpfende Basis

Beispiel Ford

Ein zentrales Funktionselement schlanker Fertigung ist das Just-in-Time-Prinzip bzw. das Kanban. Es ist eine Ursache dafür, daß unsere Autobahnen als Zwischenlager für Halbprodukte genutzt werden. Beim Kanban handelt es sich um eine Entwicklung aus dem Hause Toyota.

Just-in-Time mit Kanban

23

Vor etwa 45 Jahren kam Taiichi Ohno folgende Idee:

„Es müßte doch möglich sein, den Materialfluß in der Produktion nach dem Supermarkt-Prinzip zu organisieren, d. h., ein Verbraucher entnimmt aus dem Regal eine Ware bestimmter Spezifikation und Menge, die Lücke wird bemerkt und wieder aufgefüllt."

Kanban wird dort eingesetzt, wo wiederholt gleiche Teile mit möglichst großer Verbrauchstätigkeit produziert werden.

Westliche Produktionssteuerung

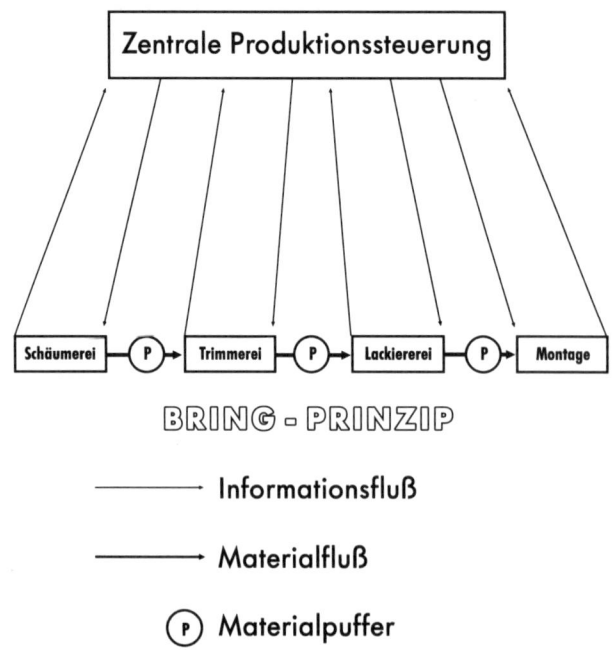

BRING - PRINZIP

———— Informationsfluß

———→ Materialfluß

(P) Materialpuffer

24

An die Stelle des *Bring-Prinzips,* bei dem der Steuerungsimpuls von der jeweils vorgelagerten Fertigungsstufe ausgeht, trat nun das *Hol-Prinzip* für die nachgelagerte Produktionsstufe. Diese meldet ihren Materialbedarf auf einem speziellen Informationsträger, dem Kanban (= Karte), an die vorgeschaltete Abteilung, die dann die gewünschten Teile produziert. Diese rückläufige Informationskette und die vorwärts laufende Materialflußkette bilden einen sich selbst steuernden Regelkreis. Folge: Die im Fertigungsumlauf befindliche Materialmenge wird infolge der Sogwirkung minimiert, der Materialfluß optimiert.

Hol-Prinzip statt Bring-Prinzip

Dies sind die wesentlichen Elemente des Kanban-Systems:

1. Vermaschte, sich selbst steuernde Regelkreise,
2. Hol-Prinzip statt Bring-Prinzip,
3. Übertragung der kurzfristigen Steuerung auf Mitarbeiter mit Hilfe eines speziellen Informationsträgers (Kärtchens), das die Japaner
4. Kanban nennen.

Elemente und Ziele des Kanban

Diese Ziele werden mit der Kanban-Methode verfolgt:

1. Just-in-Time-Produktion (Produktion auf Abruf)
2. Reduzierung der Materialbestände infolge der Sogwirkung
3. Steigerung der Arbeitsproduktivität
4. Hohe Ablauftransparenz

Die Fertigungssteuerung nach Kanban bringt kurzfristige Produktionsvorgaben und schnelle Umplanungen mit sich. Das aber setzt einen flexiblen und dezentralen Personaleinsatz voraus.

Kanban setzt hochqualifiziertes Personal voraus

Da Kanban zugleich dispositive Tätigkeitselemente enthält (denn die kurzfristige Produktionssteuerung wird Produktionsarbeitern übertragen), ergeben sich auch dispositive Anforderungen an die beteiligten Arbeiter.

Produktionssteuerung nach Kanban

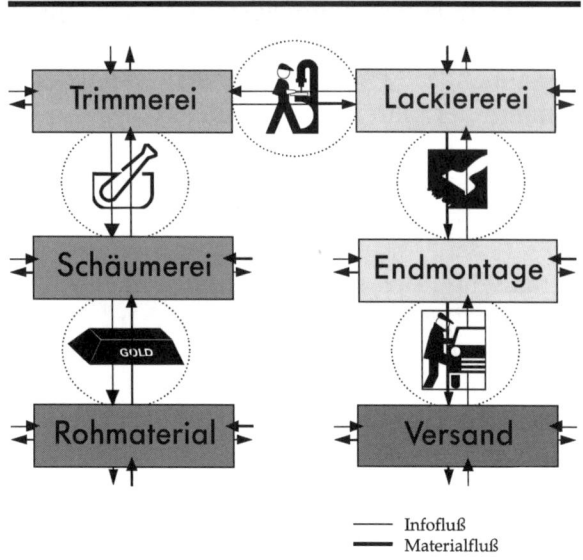

⎯⎯ Infofluß
▬▬ Materialfluß

Kaizen ermöglicht Produktion auf Abruf

Kanban beruht auf sehr kleinen Reservemengen. Nur mit einwandfreier Qualität ist eine solche Produktion auf Abruf möglich, denn jede Kette ist so stark wie ihr schwächstes Glied. Ausschußteile einer vorgelagerten Produktionsstufe würden zu Versorgungsengpässen in den nachfolgenden Arbeitsbereichen führen. Durch Kaizen, also ständiges Verbessern, wird dem vorgebeugt. So wird das für eine Just-in-Time-Produktion notwendige hohe Qualitätsbewußtsein erreicht.

Die Produktionssteuerung in einem japanischen Unternehmen vollzieht sich weitgehend dezentral. Das macht es notwendig, am Arbeitsplatz und zwischen den Fertigungsstufen über Abteilungsgrenzen hinweg intensiv zu kommunizieren und zu kooperieren.

Dabei spielt die Gruppenarbeit eine wichtige Rolle. „Kein Lean ohne Team" lautet ein geflügeltes Wort (vgl. Kapitel 5, Leanwork ist Teamwork). Die zunehmende Komplexität der Aufgaben eines Unternehmens erfordert in einem dialektischen Spannungsverhältnis die Spezialisierung und Generalisierung, gepaart mit intensiver und effektiver Zusammenarbeit. Das notwendige Ineinandergreifen und Aufeinanderzuarbeiten erfolgt zukünftig in und über Teams, in denen die Gruppenleistung über der Einzelleistung steht. Das gilt u. a. deshalb, weil das Resultat von Teamwork stets mehr ist als die bloße Summe von Einzelleistungen. Unternehmen können diesen gruppensynergetischen Effekt nutzen, wenn sich ihre Führungskräfte als Dienstleister ihrer Teams verstehen. Teamcoach - das ist die Rolle des Vorgesetzten im Übergang zum nächsten Jahrtausend.

Leanwork ist Teamwork

1.2 Kaizen, Total Quality Management (TQM), Kontinuierlicher Verbesserungsprozeß (KVP): Drei Begriffe, die das gleiche meinen

Diese drei Begriffe können synonym benutzt werden. Ein Unternehmen, das schlank werden will, muß Kaizen, TQM oder KVP anwenden, wobei die Wahl des Begriffes der Firma freisteht.

Total Quality Management entstammt dem anglo-amerikanischen Sprachraum, wobei die Teilbegriffe folgendes meinen:

Eine weitere wichtige Definition

Total	sagt aus, daß alle Bereiche, Abteilungen, Mitarbeiter, Produkte und Dienstleistungen des Unternehmens über die gesamte Wertschöpfungskette hinweg in den Qualitätsprozeß einbezogen sind oder werden.
Quality	steht für die Erfüllung von Kundenerwartungen hinsichtlich fehlerfreier Produkte bzw. Dienstleistungen und für das ständige Verbessern von Prozessen und Leistungen.
Management	macht deutlich, daß es sich hierbei um eine Führungsaufgabe handelt.

Das TQM entspricht dem kontinuierlichen Verbesserungsprozeß, mit dem einzigen Unterschied, daß es sich beim KVP um einen deutschen Begriff handelt, und zwar einen der wenigen im Qualitätslexikon.

Masaaki Imai und Kaizen

Kaizen ist japanischen Ursprungs und bedeutet verbessern (Kai = verbessern, zen = gut). Der Begriff wurde durch ein Buch mit großer Wirkung in die Qualitätsdiskussion eingebracht.[8] Der Autor des Buches, Masaaki Imai, erzählt seinen Lesern das Märchen vom offenen japanischen Markt, der von den westlichen Managern nur leider falsch bedient wird. Es komme darauf an, bei den Etagenchefs der Warenhäuser einen Termin zu bekommen und sie zu überzeugen, dann laufe das Geschäft schon fast von allein.[9]

Für Masaaki Imai ist Kaizen die Quintessenz der japanischen Art der Mitarbeiter- und Unternehmensführung, eine Art Schirm, der sich über Dinge wie Qualitätszirkel, Kanban, Total Quality Management, Ringi-System (Betriebliches Vorschlagswesen), Just-in-Time u. ä. spannt. Etwas überzogen übersetzt, bedeutet Kaizen soviel wie Verbesserung um der Verbesserung willen. *„Die Botschaft von Kaizen heißt, es soll kein Tag ohne irgendwelche Verbesserungen im Unternehmen vergehen."*[10] Verbessern heißt nicht, große und teure Innovationen zu bewirken, die in den Zuständigkeitsbereich des Managements gehören, sondern sich um die 1000 Kleinigkeiten des Alltags zu kümmern, um alles, was billiger, besser und schneller gemacht werden kann. So gesehen ist Kaizen also ein kumulativer Prozeß der kontinuierlichen Verbesserung, an dem jeder Mitarbeiter als sein eigener Qualitätsinspektor bzw. Revisor teilnimmt. Der Zeitvorsprung japanischer Firmen resultiert u. a. aus dem kulturell bedingten Bedürfnis, Prozesse transparent zu machen, um sie dann Schritt für Schritt auf das Wesentliche zu reduzieren. Eine Kurzdefinition könnte so lauten: *Kaizen bedeutet, das Gute ständig durch das Bessere zu ersetzen.*

Kaizen als kumulativer Prozeß ständiger Verbesserung

Einen wichtigen Unterschied zwischen dem fernöstlichen Kaizen und dem im Westen praktizierten betrieblichen Vorschlagswesen sieht Imai darin, daß beim Kaizen insbesondere die *prozeßbezogenen Leistungen* gewürdigt werden, während das betriebliche Vorschlagswesen eher nach

Prozeßorientierung versus Innovationsorientierung

kostenminimierenden Ergebnissen fragt, die schnell umsetzbar sind. Etwas sehr überzogen und von vielen Beratern und Trainern unkritisch nachgebetet, behauptet Imai, der westliche Manager wäre innovationsorientiert, während die japanische Führungskraft prozeßorientiert denke und handele. Der westliche Manager sieht in der mit einem großen Sprung verbundenen Innovation die Lösung seiner Probleme, während der japanische die Innovation in kleinen Schritten herbeiführt, sozusagen als Umschlag quantitativer Veränderungen in eine neue Qualität. So werden in fernöstlichen Unternehmen sogar Verbesserungsvorschläge bearbeitet, die nur 0,5 Sekunden Arbeitszeit einsparen. 100 Verbesserungsvorschläge, die jedesmal nur 1 Prozent Verbesserung bringen, bewirken letztendlich mehr als die 100-Prozent Innovation, weil diese oft schwer realisierbar ist. Hier wird der Sinn des alten deutschen Sprichwortes „Wer den Pfennig nicht ehrt, ist des Talers nicht wert." beherzigt. Die nachfolgende Abbildung verdeutlicht den Unterschied in der Herangehensweise.

Kleine Schritte mit KAIZEN

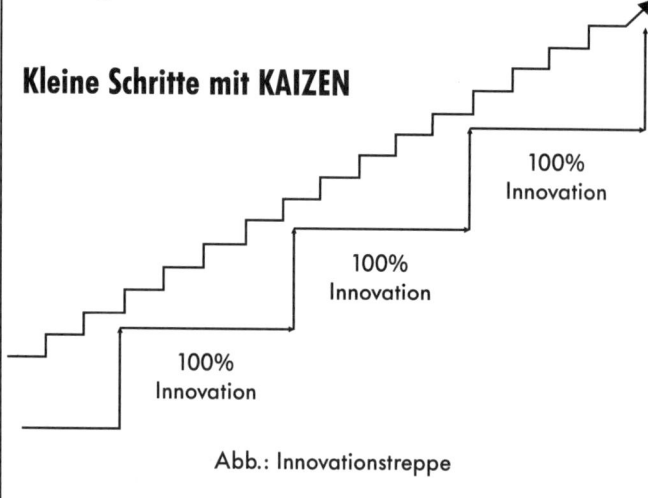

Abb.: Innovationstreppe

Während die westliche Führungskraft den Nutzen aus einer Innovation erst mit ihrer Einführung schöpft, profitiert ein japanisches Unternehmen bereits aus der sofort eingeleiteten Optimierung und ernennt jede neu erreichte Qualität zum verbindlichen Standard. Das Ende eines Innovationsprozesses ist der Anfang eines Optimierungsprozesses.

Ein wichtiges Kaizenprinzip: Das Ende als Anfang

Zwar mag es zutreffen, daß das japanische Management den Bemühungen als solchen größere Aufmerksamkeit schenkt als westliche Manager, aber das Wort *optimieren* war auch westlichen Führungskräften in der Vergangenheit nicht unbekannt. Vieles war *bekannt*, aber in seiner Bedeutung damals noch nicht *erkannt*. Auf jeden Fall sollte man Herrn Imai und seinem auch in Europa tätigen Kaizen-Institut mit den notwendigen kritischen Fragen begegnen, ehe man wieder etwas Japanisches kopiert, ohne es kapiert zu haben.

Ein wichtiger Aspekt von Kaizen ist die *Standardisierung*. Kaizen berücksichtigt eines der Parkinsonschen Gesetze (Parkinson war ein berühmter englischer Arbeits- und Organisationswissenschaftler), wonach der Niedergang eines Gebäudes mit dem Zeitpunkt der Fertigstellung beginnt. Um einen Status quo zu erhalten, bedarf es gewaltiger Anstrengungen. Kaizen berücksichtigt den Sinn des Sprichwortes „Es muß sich vieles ändern, wenn alles so bleiben soll, wie es ist." So muß nach jeder Verbesserung sichergestellt werden, daß der erreichte Zustand gesichert wird. Neue Qualitätsstandards sind nur dazu da, um von besseren abgelöst zu werden.

Kaizen als Prinzip sofortiger Standardisierung

31

PTCA-Rad: Plan, Do, Check, Action

Das *Demming-* oder *PTCA-Rad* soll die Kaizen-Arbeitsweise verdeutlichen. Es handelt sich dabei um ein leicht anwendbares TQM-Grundwerkzeug, bestehend aus diesen Teilschritten: Plan-Do-Check-Action. Eine Situation wird analysiert (Plan) und dann umgesetzt (Do). Danach erfolgt die Überprüfung des Ergebnisses (Check) und dann die Standardisierung der neuen Methoden (Action). Damit wird sichergestellt, daß die erreichte Qualität als Standard festgeschrieben wird und mit den neuen Methoden fortan gearbeitet wird. Ein Rad soll sich drehen. So auch hier: Sobald ein Zustand verbessert ist, wird er zum Standard (These) und fordert zu neuer Verbesserung heraus (Antithese). Dieser Prozeß endet nie, denn „der Weg ist das Ziel" (Laotse).

Das PTCA-Rad als Kaizen-Grundwerkzeug

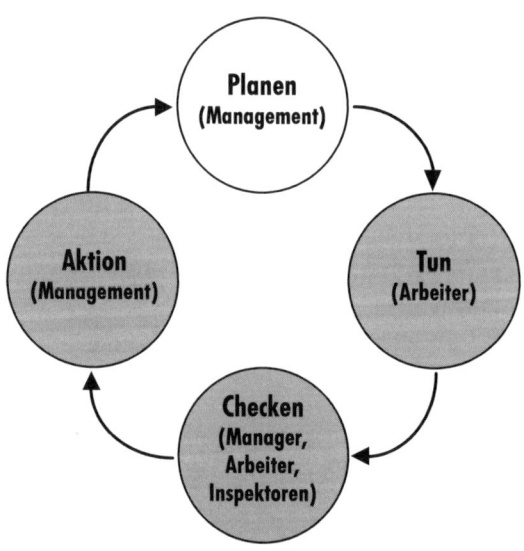

Abb.: PTCA-Rad

Bei genauer Betrachtung wird der kundige Leser hier die Funktionen des Management-Regelkreises wiederfinden, die von H. Fayol (1841-1925) bereits vor acht Jahrzehnten vorgestellt und von anderen nach ihm weiterentwickelt wurden. In seinem Hauptwerk „Administration Industrielle et Générale" stellt er fünf Grundelemente heraus, aus denen sich die Verwaltungsfunktion zusammensetzt: Voraussicht, Planung, Organisation, Koordinierung und Kontrolle. Diese Grundfunktionen wurden später regelkreisförmig dargestellt und um die Funktion Information bzw. Kommunikation angereichert. Für Fayol ist die Leitung kein „Exklusivprivileg" des Managements, sondern kann im gewissen Umfang sogar von den Arbeitern selbst ausgeübt werden.[11] Mit dieser Sichtweise gehört er fast in die Ahnengalerie der Vordenker schlanken Managements.

Der westliche Vorläufer vom PTCA-Rad: Management-Regelkreis

Der Management-Regelkreis

Abb.: Management-Regelkreis

Kaizen als Führungsaufgabe

Insbesondere die Führungskräfte sind für den Erfolg von Kaizen verantwortlich. So verbringt ein japanischer Manager gut 50 Prozent seiner Zeit mit Verbesserungen. Je höherrangig seine Position ist, um so stärker soll sein Kaizen-Engagement sein. Hier wird etwas berücksichtigt, was viele westliche Manager vergessen oder nie wußten, nämlich, daß ihre Aufgabe darin besteht, ihr Team erfolgreich zu machen, nicht aber für sich selbst erfolgreich zu arbeiten. Insofern ist Kaizen ein *aktives* Konzept im Gegensatz zum betrieblichen Vorschlagswesen, das eher *reaktiver* Natur ist. Bei Kaizen gehen Führungskräfte *aktiv* auf ihre Mitarbeiter zu und fragen nach Verbesserungsvorschlägen. Die Mitarbeiter *sollen* Vorschläge machen, die schnell umzusetzen sind. Der kaizenorientierte Manager weiß, die sachkundigsten und billigsten Unternehmensberater hat er im eigenen Unternehmen, er muß sie nur fragen. Das betriebliche Vorschlagswesen ist reaktiv. Hier *dürfen* die Mitarbeiter Verbesserungsvorschläge einreichen, die einige Wochen, ja oftmals Monate Bearbeitungszeit beanspruchen. Einen einmaligen Fall erlebte der Autor in einem großen deutschen Bauunternehmen, in dem für etwa 50 Verbesserungsvorschläge Prämien von über DM 100.000 für Vorschläge ausgezahlt wurden, von denen nicht ein einziger in die Praxis umgesetzt wurde.

Aktives Kaizen statt reaktives betriebliches Vorschlagswesen

Kaizen als Weltmarktwaffe

Wie Kaizen funktioniert, zeigt sich auch bei der Übernahme westlicher Technologie durch japanische Firmen. Das in Deutschland oder Amerika erfundene Produkt wurde in Japan so lange verbessert, bis es zum Marktführer wurde. Auf diesem Wege verlor der Westen den Weltmarktkrieg um Motorräder, Fotoapparate, Video- und Phonogeräte, Taschenrechner und Fernseher. So gesehen

34

ist Kaizen auch die Waffe, mit der die Japaner erfolgreich nach dem industriellen Weltmarkt greifen (nachdem der militärische Versuch, asiatische Weltmacht zu werden, fehlgeschlagen war).

1.3 Business Reengineering

Der Autor hat 1993 eine ehemalige Schreinerei zu einem kleinen Wohn- und Geschäftshaus umgebaut. Das Genehmigungsverfahren hierfür dauerte sieben Monate. In dieser Zeit fielen Zinsen in Höhe von DM 60.000 an, die bei einer anderen Arbeitsweise der Genehmigungsbehörde vermeidbar gewesen wären. Jedesmal, wenn er beim Kreisbauamt nachfragte, erfuhr er von der knappen Personalbesetzung oder aber, daß die Antragsunterlagen gerade bei der Abteilung Brandschutz, der Naturschutzbehörde, dem Katasteramt oder einer anderen Kreisbehörde lägen. An einem Mittwoch kamen die Unterlagen zum Beauftragten für Denkmalschutz, gerade als dieser seinen Jahresurlaub antrat. Dessen Aufgabe bestand darin, in der Liste denkmalgeschützter Objekte nachzuschauen, ob die ehemalige Schreinerei denkmalgeschützt ist, um dann die Unbedenklichkeit zu bescheinigen. Drei Wochen blieb der Vorgang in dieser Einmannbehörde liegen, bis der Denkmalschützer wieder aus dem Urlaub zurück war. Jeder des Lesens und Schreibens kundige Mitarbeiter des Bauamtes hätte diese Liste einsehen können. Auf diesen und ähnliche Mängel angesprochen, erklärten die befragten Mitarbeiter oder Abteilungsleiter, man müsse oder wolle dieses oder jenes zukünftig verbessern, um den Ablauf in der eigenen Abteilung zu beschleunigen. Besser wäre es jedoch gewesen, sich zu überlegen,

Behörden - ein lohnendes Beschäftigungsfeld für Business Reengineering

Beispiel Bauantrag

was der Bauherr eigentlich benötigt, warum und wie schnell er es benötigt, um von diesen Fragen ausgehend den Genehmigungsprozeß zu reformieren. Der dauerte sieben Monate, obwohl die reale Bearbeitungszeit in den Abteilungen nach Schätzungen mehrerer befragter Fachleute nur zwei Wochen betrug. Die verlorengegangenen 26 Wochen waren Warte- und Transportzeiten auf dem Wege durch die Bürokratie.

Beispiel Telekom

Ähnliches widerfährt Antragstellern für ein neues Telefon. Das Antragsformular wandert bei der Telekom durch die Ein- und Ausgangskörbe von vier Abteilungen und die Hände von 10 bis 15 Mitarbeiter. Die Abläufe zwischen den Abteilungen spielen sich für den Kunden in einer weitgehend unbekannten Black box ab.

Die Grundidee des Business Reengineering: Prozesse neu organisieren

Diese Beispiele zeigen die Zweckmäßigkeit von Business Reengineering. Dessen Grundidee besteht darin, nicht Einzelarbeitsplätze, sondern Prozesse neu zu organisieren. Während die meisten Unternehmen ihr Augenmerk auf Positionen, Aufgaben, Abteilungen, Menschen und Strukturen richten, fragt Business Reengineering nach dem fundamentalen Unternehmensprozeß ausgehend von der Grundfrage: „Warum machen wir das überhaupt?" Steht traditionell die Frage nach dem „Wie" der Organisation und Gestaltung im Vordergrund, stellt Business Reengineering die fundamentale Frage nach dem „Was" und „Warum". Mit dieser Frage sollen Unternehmen wieder auf den Kern ökonomischen Handelns, nämlich Kundenbedürfnisse zu befriedigen, zurückgeführt werden. Das ist u. a. deshalb notwendig, weil viele Aufgaben einfach nur der Erfüllung interner organisatorischer Aufgaben dienen. Den Kunden interessiert letztendlich aber nur sein eigener Nutzen. Die Begriffsschöpfer des Business Reengineering, Michael Hammer und James Champy, definieren ihre Idee so: *„Business Reengineering ist fundamentales Überdenken und radikales Redesign von Unternehmen oder wesentlichen Unternehmensprozessen."*[12] Bei genauerem Hinsehen erweist sich das Business Reengineering als ein Management-Zwitter: Seine japanischen Ahnen brachten Lean Production, Flexibilität und Just-in-Time ein; seine amerikanischen die Neuerfindung eines Unternehmens von Grund auf.[13]

Eine Definition

Eine wesentliche Botschaft von Business Reengineering lautet: „Nehmt Abschied von der alten Arbeitsteilung." Adam Smith hatte die Arbeitsteilung 1776 in seinem Buch „Der Wohlstand der Nationen" als das Nonplusultra beschrieben. Mit Frederik Taylor fand sie auf den Schlachthöfen von Chicago und in den Montagehallen von Ford in Detroit nach der Jahrhundertwende ihre konsequente Umsetzung in die Praxis. Alfred Sloan von General Motors übertrug die in der Produktion erprobte Arbeitsteilung auf das Management. Fortan ergänzten Marketing- und Finanzmanager die technischen Spezialisten des Unternehmens.

Die alte Arbeitsteilung beenden

Die traditionell-atomistische Arbeitsorganisation war die notwendige organisatorische Grundlage für die erste industrielle Revolution, aber in der Welt ständigen Wandels, weltweiten Wettbewerbs und strikter Kundenausrichtung ist sie nicht mehr zeitgemäß.

Durch diese Zergliederung von Arbeitsprozessen wird die Arbeit zwar einfacher, aber der Koordinierungsaufwand nimmt umgekehrt proportional

**Die Folgen der
Arbeitszergliederung**

zu. Der Preis dafür ist eine wachsende Anzahl von zusätzlichen Fachabteilungen und mittleren Managern. Dieses Problem wird sehr anschaulich in der Geschichte der GAGA-Konzerne dargestellt (siehe unten). Früher war es möglich, die Kosten hierfür an die Abnehmer weiterzugeben. Das aber ist heute nicht mehr so einfach möglich. Zwar konnten die direkten Lohnkosten gesenkt werden, aber die Gemeinkosten stiegen und steigen unaufhörlich.

Dieses Schriftstück kursiert seit einiger Zeit in den Belegschaften deutscher Unternehmen:

Der GAGA-Konzern und die Japaner

Es war einmal vor langer Zeit ein blühender Konzern namens GAGA in einem kleinen Land inmitten von Europa. Um seine Leistungsfähigkeit unter Beweis zu stellen, verabredeten die Konzernmanager mit den Japanern, daß jedes Jahr ein Wettrudern auf dem "River-Dee" stattfinden sollte. Dafür wurden Mannschaften aus den besten Ruderern zusammengestellt. Beide Mannschaften trainierten lange und hart, um Bestleistungen zu erreichen. Als der Tag des Wettkampfes gekommen war, fühlten sich beide Mannschaften topfit. Doch nach dem Startschuß lagen die Japaner bald weit vorn und gewannen schließlich mit einer Meile Vorsprung.

Nach dieser schmerzlichen Niederlage war das GAGA-Team sehr niedergeschlagen, und die Moral war auf dem Tiefpunkt. Das obere Management entschied, daß der Grund für dieses vernichtende Debakel unbedingt herausgefunden werden müsse. Ein Untersuchungsausschuß wurde eingesetzt, um das Problem zu erkennen und geeignete Maßnahmen zu empfehlen.

Nur fünf Monate später lag das Untersuchungsergebnis vor. Das Problem war, daß bei den Japanern acht Leute ruderten und ein Mann steuerte. Im GA-GA-Team dagegen ruderte nur ein Mann und acht Leute steuerten. Das obere Management engagierte sofort eine Beratungsfirma, um eine Studie über die Struktur des GAGA-Teams anzufertigen. Nach Kosten in Millionenhöhe und weiteren drei Monaten kamen die Berater zu dem Ergebnis, daß zu wenig Leute ruderten und zu viele steuerten.

Um einer weiteren Niederlage im nächsten Jahr vorzubeugen, beschloß man, die Teamstruktur grundlegend zu ändern. Es gab jetzt vier Steuerleute, drei Obersteuerleute und einen Steuerungskoordinator. Ein Leistungsbewertungssystem wurde eingeführt, um dem Mann, der das Boot rudern sollte, mehr Ansporn zu geben und sich noch mehr anzustrengen, ein noch besserer Leistungsträger zu werden. Die Parole lautete: "Wir müssen seinen Aufgabenbereich erweitern und ihm mehr Verantwortung geben! Damit sollte es gelingen."

Im nächsten Jahr gewannen die Japaner mit zwei Meilen Vorsprung. Der Ruderer wurde vom GAGA-Konzern wegen schlechter Leistung entlassen, das Ruderboot mitsamt der Ruder wurde verkauft. Investitionen zum Bau neuer, schnellerer Ruderboote wurden umgehend gestoppt. Der Beratungsfirma wurde eine lobende Anerkennung für ihre Arbeit ausgesprochen, die Zusage für weitere Beratungsverträge erteilt.

Das eingesparte Geld wurde an das obere Management ausgeschüttet oder für die Frühpensionierung leitender Manager bei vollem Gehalt verwendet. Und wenn sie nicht gestorben sind, dann verdienen sie noch heute ...

Abb.: GAGA-Konzern

In fragmentiert arbeitenden Unternehmen ist jeder Mitarbeiter und jede Abteilung für *eine* Aufgabe zuständig. Niemand überwacht den Gesamtprozeß oder trägt übergreifende Verantwortung. Viele Menschen sind *unabhängig voneinander* an der Auftragsabwicklung beteiligt, aber nur bis zum eigenen Tellerrand, ohne den Blick hin zum Kunden. Daraus resultieren Fehler. Trends und Veränderungen am Markt bleiben unerkannt. Um dieses zu vermeiden, laboriert das Management an abteilungsbezogenen Symptomen, statt ein radikales Redesign des Gesamtprozesses oder eines umfangreichen Teilprozesses herbeizuführen. Dazu gehört u. a. die Einsetzung eines Prozeßverantwortlichen oder eines Prozeßteams, das den Auftrag von A bis Z begleitet und den Kunden als kompetenten Gesprächspartner über den Stand der Dinge informieren kann. Der bis dato eherne Widerspruch zwischen Zentralisierung und Dezentralisierung wird damit ebenso aufgehoben wie das Dogma, ein Außendienstmitarbeiter brauche zum Informationsaustausch feste Anlaufstellen.

Prozeßverantwortung statt Positionsverantwortung - ein Lösungsvorschlag

Ein Fragment des Business Reengineering haben Banken mit der Position eines Kundenmanagers geschaffen, der der hauptsächliche Ansprechpartner des Kunden ist und sehr schnell die Verbindung zum Spezialisten schaffen kann, ohne sich aus dem Vorgang ganz zurückzuziehen.

Ernüchterung zur Wirkung von Business Reengineering

Während das Zauberwort „Business Reengineering" in Krisenzeiten gern gehört wurde, mehren sich zunehmend kritische und enttäuschte Stimmen aus den Chefetagen. Nach zwei unabhängig voneinander durchgeführten US-Studien in 1000 Unternehmen zeigten sich fast 85 Prozent der befragten Manager mit den Resultaten unzufrieden. Die Schuld hierfür wurde meist den für die Informationstechnologie zuständigen Abteilungen angelastet. Diese Abteilungen spielen eine zentrale Rolle im Konzept des Business Reengineering. Nach Meinung von Experten haben sich die Manager die Schuld selbst zuzuschreiben. Statt mit Hilfe der EDV Arbeitsplätze abzubauen, hat man EDV-Ressourcen abgezogen, noch ehe die neue Technologie einsatzfähig war. [14]

1.4 Fachchinesische Abschlußlektion

Total Productive Maintenance, Poka Yoke, Simultaneous Engineering und Benchmarking sind weitere, vielverwendete Begriffe im Zusammenhang mit Kaizen bzw. TQM und Lean-Management. Ihre Kenntnis ist wichtig, um die Gesamtarchitektur neuer Management- bzw. Produktionskonzepte verstehen zu können.

1.4.1 Total Productive Maintenance (TPM)

Total Productive Maintenance (TPM) ist vorbeugende Instandhaltung und somit eigentlich nichts grundlegend Neues. Neu ist ihre größere Bedeutung, seitdem dafür ein englisches Wort verwendet wird. TPM ist ein Teilaspekt von TQM, bei dem das Hauptaugenmerk der technischen Ausstattung dient. *„Die TPM hat eher mit der Hardware zu tun und die Total Quality Control eher mit der Software."* [15] Besonders Ordnung und Sauberkeit sind wichtige TPM-Themen, ja richtige Dauerbrenner.

Der Blick auf die technische Ausstattung

Vorbeugen ist besser als Heilen

Beim TPM wird die medizinische Volksweisheit „Vorbeugen ist besser als Heilen" auf die Arbeitswelt übertragen. Deshalb wird TPM manchmal auch mit „Total Preventive Maintenance" übersetzt. Sie zielt auf eine totale Verfügbarkeit von Werkzeugen, Maschinen und Anlagen.

1.4.2 Poka Yoke

Poka = der Fehler Yoke = das Vermeiden

Poka Yoke ist der Oberbegriff für alle Verfahren, die zuverlässig Fehlerhandlungen melden, vermeiden oder gleich korrigieren. Poka bedeutet im Japanischen der zufällige, unbeabsichtigte Fehler und Yoke das Vermeiden von Fehlern.

Da es in der Industrie noch immer einen großen Anteil Handarbeit am Produkt oder an Maschinen gibt, wurde nach kostengünstigen 100-Prozent-Prüfungen gesucht, die im kleinstmöglichen Regelkreis Fehler anzeigen und Korrekturen ermöglichen. Poka Yoke soll verhindern, daß aus Arbeitsfehlern fehlerhafte Produkte entstehen. Zu diesem Zweck werden die Logik des Arbeitsprozesses analysiert und Daten dazu gesammelt. Stimmen diese im späteren Produktionsprozeß nicht mit der Ablauflogik oder den gespeicherten Daten überein, erfolgt eine akustische oder visuelle Warnung bzw. Arbeitsunterbrechung.

Poka Yoke - der Knoten im Taschentuch

Poka Yoke wenden alle Menschen an, die sich mit irgendwelchen Hilfen, z. B. mit dem Knoten im Taschentuch, vor den Folgen der Vergeßlichkeit schützen. Der Warnton im PKW, der ertönt, wenn die Scheinwerfer nicht ausgeschaltet wurden, ist ein Beispiel dafür, daß Poka Yoke auch auf der westlichen Halbkugel des Globus angewendet wird: *„Der entscheidende Unterschied zwischen unserer Anwendung dieses Prinzips und der in Japan liegt in der Anwendungsbreite und dem Eifer, mit dem japanische Mitarbeiter bei der Realisierung von prozeßsichernden Maßnahmen initiativ werden und die sie kreativ mitgestalten."* [16]

1.4.3 Simultaneous Engineering

1986 untersuchte Professor Kim Clark von der Harvard Business School weltweit die Produktentwicklung in der Autoindustrie. Er fand am Beispiel von 29 Entwicklungsprojekten heraus, daß ein neues japanisches Auto durchschnittlich 1,7 Millionen Konstruktionsstunden bei einer Projektdauer von 46 Monaten benötigte. In den USA und Europa sind bei vergleichbaren Projekten 3 Millionen Konstruktionsstunden bei einer Projektdauer von 60 Monaten notwendig. Die japanischen Projektteams sind mit knapp 500 Mitarbeitern bestückt, während bei europäischen PKW-Herstellern 900 Ingenieure benötigt werden. Diese Erfolge werden möglich durch Simultaneous Engineering.

Projektentwicklung in Japan und im Westen - eine beachtenswerte Studie

Leistungsdaten der Produktentwicklung regionaler Autoindustrien Mitte der 1990er Jahre

	Japanische Produzenten	Amerikanische Produzenten	Europäische Mengen-Produzenten	Europäische Spezialisten
Durchschnittliche Ingenieurstunden je neues Auto (Mill.)	1,7	3,1	2,9	3,1
Durchschnittliche Entwicklungszeit je neues Auto (Monate)	46,2	60,4	57,3	59,9
Anzahl der Beschäftigten im Projektteam	485	903	904	
Anzahl der Karosserieausführungen je Modell	2,3	1,7	2,7	1,3
Durchschnittlicher Anteil übernommener Teile	18%	38%	28%	30%
Anteil der Zulieferer an der Entwicklung	51%	14%	37%	32%
Kosten der Konstruktionsänderung als Anteil der gesamten Werkzeugkosten	10-20%	30-50%	10-30%	
Anteil der verspäteten Produkte	1/6	1/2	1/3	
Werkzeugentwicklungszeit (Monate)	13,8	25,0	28,0	
Pilotserie-Vorlaufzeit (Monate)	6,2	12,4	10,9	
Zeit vom Produktionsbeginn bis zum ersten Verkauf (Monate)	1	4	2	
Rückkehr zur normalen Produktivität nach neuem Modell (Monate)	4	5	12	
Rückkehr zur normalen Qualität nach neuem Modell (Monate)	1,4	11	12	

Quelle: James P. Womack u. a.: Die zweite Revolution in der Autoindustrie, Frankfurt/Main 1992, S. 124

44

Der Grundgedanke des Simultaneous Engineering besteht darin, Entwicklungsarbeiten soweit wie möglich gleichzeitig zu betreiben. Das ist zwar nicht hundertprozentig möglich, denn bevor der liebe Gott Adam und Eva erschuf, bedurfte es des Urknalls. Außerdem: Bevor ein Produkt getestet werden kann, muß es konstruiert worden sein. Doch kann Zeit gespart werden, indem Zeit investiert wird, um über Zeitersparnis nachzudenken. Das geschieht in Teams und in enger Abstimmung mit Zuliefererfirmen, die einen großen Teil der Entwicklungsarbeit übernehmen. Außerdem wird der Sachverstand der Fertigung frühzeitig einbezogen, Abstimmungen werden möglich.

Durch Teamwork Projektentwicklungszeit sparen

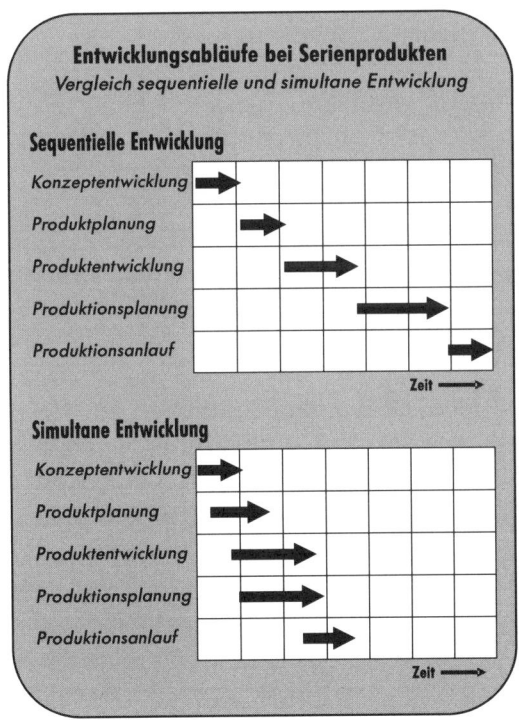

Abb.: Sequentielle und simultane Entwicklung

Besonders Teams spielen für den Erfolg von Simultaneous Engineering eine wichtige Rolle. Hier lassen sich signifikante Unterschiede zwischen westlicher und japanischer Praxis feststellen.[17]

• Während in Europa die Teammitglieder von den Abteilungen entsendet bzw. ausgeliehen werden, ist in Asien die Mitarbeit im Projektentwicklungsteam die Hauptaufgabe.

Die Bedeutung des Projektteams in Japan und im Westen

• Während in Europa das Entwicklungsteam mit einigen wenigen Leuten anfängt und im Laufe der Zeit neue Mitarbeiter hinzubekommt, startet das japanische Team mit vielen Teilnehmern, von denen die meisten im weiteren Projektverlauf wieder ausscheiden.

• Während westliche Teams mit hoher Fluktuationsrate arbeiten, bleibt die Zusammensetzung japanischer Arbeitskreise konstant.

• Während in westlichen Projektteams Konflikte im allgemeinen zum Projektschluß gehäuft auftreten, werden sie in japanischen Teams zu Beginn in langen Diskussionen geklärt.

• Während der Leiter westlicher Entwicklungsgruppen eher ein Koordinator ist, hat der japanische Teamleiter, der Shusa, weitgehende Vollmachten und Zugriffsmöglichkeiten.

Bildung von Projektteams
– Japanische Praxis –

- Projektmitglieder unterstehen dem Shusa
- Priorität hat die Arbeit im Projektteam
- Karriere wird im Projektteam gemacht
- Kaum Fluktuation im Team

47

Bildung von Projektteams
— Westliche Praxis —

Abteilung

Teamleiter
(Zusatzaufgabe ohne
disziplinarische Kompe-
tenzen)

Abteilung

Abteilung

Abteilung

Abteilung

Abteilung

- Projektmitglieder sind i.d.R. "ausgeliehene" Mitarbeiter aus Abteilungen
- Priorität hat die Arbeit in der eigenen Abteilung
- Karriere wird in den Abteilungen gemacht
- Viel Fluktuation im Team

Anzahl der Teammitglieder

Konflikte werden hier geklärt

Projektdauer / Zeit

Abb.: Teamarbeit Japan / Europa

48

1.4.4 Benchmarking

In vielen Unternehmen werden Informationen sporadisch von verschiedenen Abteilungen gesammelt, aber selten systematisiert, zusammengefaßt und aufbereitet, um daraus Schlußfolgerungen für das eigene Unternehmen zu ziehen. TQM/Kaizen betont den Wert von Daten, vorausgesetzt, sie werden richtig genutzt. *„Überall dort, wo Information in geeigneter Weise gesammelt, verarbeitet, weitergegeben und sinnvoll umgesetzt wird, entsteht die Möglichkeit zur Verbesserung."* [18] Ziel des Benchmarking ist das ständige Verbessern im Sinne von Kaizen. Mit Benchmarking versucht ein Unternehmen, gezielt und systematisch Informationen über Mitbewerber, Kunden, Marktgeschehnisse u. ä. zu gewinnen, die als Orientierungs-, Planungs- und Entscheidungshilfen für eigene Strategien dienen. Ein Benchmark (trigonometrischer Punkt) ist also ein externer Maßstab für die eigene Leistungsfähigkeit, wobei zweckmäßigerweise die Bestleistungen des Marktes als Vergleich herangezogen werden.

Sich mit Informationen in Form(ation) bringen

Benchmarking kann als „Lernen von anderen Unternehmen" definiert werden. Das Lernen vollzieht sich auf der Basis einer Art Betriebsvergleich. Entweder vergleicht sich das Unternehmen mit anderen Unternehmen der eigenen Branche oder den Besten, bezogen auf bestimmte Prozesse, auch außerhalb der eigenen Branche. Voraussetzung ist ein tiefgreifendes Verständnis der eigenen gängigen Praxis. Nur wer weiß, wie die Dinge im eigenem Hause laufen, kann lernen, wie andere es besser machen. Ein gewisser Fortschritt wird allein schon damit erreicht, daß Unternehmen ihre Leistungen erstmals messen. Mit den gewonnenen

Lernen von den Besten

49

Informationen will sich das benchmarkende Unternehmen in Form(ation) bringen, also Produktivität und Qualität steigern. Das wird oft schon durch diese beiden einfachen Fragen nach Effizienz und Effektivität erreicht: „Werden die richtigen Dinge getan - und - werden die Dinge richtig getan?"

Wo Benchmarking sinnvoll ist

Benchmarken kann man so ziemlich alles: Personalkosten ebenso wie Forschungsaufwendungen, Durchlaufzeiten ebenso wie Logistikabläufe, Verwaltungstätigkeiten ebenso wie Produktionsarbeiten. In der Autoindustrie wird Benchmarking schon seit Jahrzehnten betrieben, indem alle Modelle der Mitbewerber regelrecht auseinandergepflückt werden, um Erkenntnisse für den eigenen Produktionsprozeß und die eigene Modellpolitik zu gewinnen.

Das konkrete Vorgehen

Die Methode des Benchmarking ist kein einmaliger heilender Eingriff, sondern hat im Sinne ständiger Verbesserungen Prozeßcharakter. Dieser Prozeß vollzieht sich in zwei Phasen:

1. Zuerst wird ein Kernproblem identifiziert, falls es seitens des Kunden nicht schon reklamiert bzw. definiert wurde. Zu diesem Problem werden alle verfügbaren internen Daten gesammelt und geprüft.

2. Dem schließt sich die externe Datensammlung an. Diese Daten können aus den verschiedensten Quellen stammen, z. B. aus Datenbanken, Fachliteratur oder informellen Gesprächen. Hierbei ist wichtig, daß nicht allein branchenintern oder konkurrenzbezogen verglichen wird, sondern mittels der „Best-in-Class-Perspektive" nach der

besten vorhandenen Lösung für ein definiertes Problem gesucht wird. Dabei muß man allerdings darauf achten, daß man nicht auf die „falschen Pferde" setzt.

Die Japaner haben ihren technischen Rückstand in den fünfziger und sechziger Jahren mit Benchmarking beseitigt. Das, was damals als Kopiererei belächelt wurde, hat sich im nachhinein als Methode entpuppt. Diese Form des systematischen Lernens ist eine seit Jahrtausenden gepflegte konfuzianische Tradition. Am Beispiel der Japaner wird auch deutlich, daß Benchmarking und Kaizen zwei Seiten ein und derselben Medaille sind.

Benchmarking und Kaizen - zwei Seiten ein und derselben Medaille

Literatur

1. Armin Töpfer: Mit Vertrauensvorschuß und Kiss aus der Krise, in: management & seminar 6/94, S. 35
2. James P. Womack u. a.: Die zweite Revolution in der Autoindustrie, Frankfurt/Main 1992, S. 19
3. Ebenda
4. Ebenda, S. 97
5. Handelsblatt, 22.9.1994
6. Vgl. McKinsey (Hrsg.): Einfach überlegen, Stuttgart 1993
7. Hans Peter Becker, Personalvorstand der Ford-Werke AG, Köln, in: Handelsblatt, 25.11.1994
8. Masaaki Imai: KAIZEN, München 1992
9. Ebenda, S. 249f
10. Ebenda, S. 262
11. Henri Fayol: Allgemeine und industrielle Verwaltung, München und Berlin 1929
12. Michael Hammer, James Champy: Business Reengineering, Frankfurt/Main 1994, S. 48
13. Überlebensstrategie oder alter Wein in neuen Schläuchen? In: Unternehmer Magazin 5/94
14. Handelsblatt, 20.6.1994
15. Masaaki Imai: a.a.O., S. 196

16. Kennen Sie Poka Yoke?, in: Innovation & Management 12/92, S. 14
17. James P. Womack u. a.: a.a.O., S. 109ff
18. Masaaki Imai, a.a.O., S. 73

2. Die neue Qualität der Qualität
Von der Produkt- zur Gesamtqualität

Von der Produkt- zur Gesamtqualität

Der Vertrieb eines norddeutschen Chemieunternehmens bemühte sich jahrelang, ein großes japanisches Unternehmen als Kunden zu gewinnen. Nach fünfjähriger Mühe stellte sich endlich der Erfolg ein. Das japanische Unternehmen erteilte einen Probeauftrag. Da es für das gewünschte Produkt noch keine Fertigung gab, wurde es im Technikum des Chemieunternehmens hergestellt. Der Vorgesetzte schärfte seinen Mitarbeitern ein, auf alles genau zu achten, auch darauf, daß das Gewicht und die Verpackung stimmen.

Ein Beispiel für kleine Ursachen mit großer Wirkung

53

Beim Abfüllen in zwei Plastikbehälter von je 30 Kilogramm fielen dem beauftragten Arbeiter etwa 250 Gramm des Granulats daneben. Der Arbeiter fegte dieses auf, schüttete es in einen der Behälter und verschloß diesen fachgerecht.

Die Ware ging anschließend per Luftfracht nach Osaka. Dort wurden die beiden Plastikbehälter per Kurier zum Kunden gebracht und im Beisein des japanischen Vertriebsmitarbeiters der deutschen Herstellerfirma geöffnet. Die Japaner wunderten sich über den Schmutz in einem der Behälter und verweigerten die Annahme. Der japanische Repräsentant des deutschen Unternehmens kündigte anschließend den Vertrag mit seinem deutschen Partner. Die Mühe von fünf Jahren war durch eine kleine Unaufmerksamkeit in Deutschland zunichte gemacht worden.

Was zeigt dieses Beispiel?

Was zeigt dieses Beispiel von kleiner Ursache mit großer Wirkung? Hunderte von Fragen wurden anschließend gestellt, z. B.: Wußte der Mitarbeiter, wie wichtig dieser Auftrag war? Hat der Vorgesetzte alle Informationen zu diesem Auftrag an seine Mitarbeiter weitergegeben? Hat die Kontrolle einschließlich der Selbstkontrolle funktioniert? Welche Schlußfolgerungen sind aus diesem Malheur zu ziehen?

Eine nicht mehr ganz zeitgemäße Definition von Qualität

Diese Fragen führen mitten in das Thema Qualität. Sie zeigen auch, daß Qualität mehr ist als das, was die veraltete Deutsche Industrienorm Nr. 55350 unter Qualität versteht: Danach ist Qualität *„die Gesamtheit der Eigenschaften und Merkmale eines Produkts oder einer Dienstleistung, die sich auf dessen Eignung zur Erfüllung gegebener Erfordernisse beziehen.“* In dieser Definition fehlt der

Hinweis, daß der Kunde über die Erfüllung entscheidet und seine Anforderungen an die Qualität immer höher werden.

Die oben gestellten Fragen zeigen, daß Produktqualität auch durch Führungs-, Organisations-, Informations- und Kooperationsqualität entsteht. Kurz gesagt, Produktqualität entsteht durch Arbeitsqualität.

Eine neue umfassende Sicht von Qualität

Nimmt man einmal die Reklamationen als Qualitätsmaßstab, so haben nach einer Schätzung eines Unternehmens, das sich als Pionier für Qualität versteht, nämlich Löhr & Brokamp in Offenbach, nur etwa 30 Prozent der Reklamationen ihren Ursprung in der eigentlichen Produktion. Davon werden nur fünf bis zehn Prozent vom Mitarbeiter an der Maschine verursacht. Rund 70 Prozent der Reklamationsursachen beruhen auf Fehlern in der Organisation und der Auftragsabwicklung.[1]

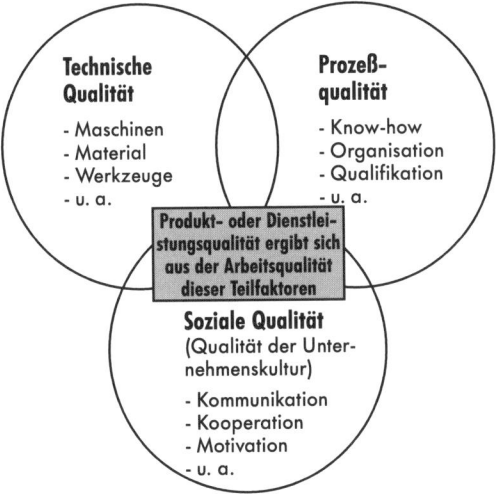

Abb.: Produktqualität entsteht durch Arbeitsqualität

55

Diese Erkenntnisse führten zu einer umfassenderen, zu einer totalen Sichtweise von Qualität und damit zu einer *neuen Qualität von Qualität.* Diese totale Sichtweise drückt sich in den Begriffen Total Quality Management bzw. Total Quality Control und Total Quality Culture aus.

Total Quality Management setzt einen Bewußtseinswandel voraus. Doch ist der Start mit einigen Hindernissen verbunden, denn das (Nichtvorhanden-)Sein von Qualität produziert ein fehlendes Bewußtsein für Qualität. Die täglichen Erfahrungen mit schlechter Qualität und schlechtem Service prägen ein Bewußtsein etwa nach dem Motto „Wie du mir, so ich dir!" Die Folge ist ein gefährlicher Kreislauf, in dem schlechte Qualität ständig reproduziert wird.

Das Qualitätsbewußtsein prägt das Qualitätssein, das Qualitätssein prägt das Qualitätsbewußtsein: ein Teufelskreis

Das Bewußtsein prägt aber auch das Sein. Wenn es gelingt, Qualität als eine neue Geisteshaltung durchzusetzen, sozusagen als „Made by Erika Mustermann", dann wirkt dieses zurück auf das Sein. Die normative Kraft des Faktischen muß auch für die Qualität gelten.

2.1 Qualität als Wettbewerbsfaktor

Die neue Qualität der Qualität ist auch eine Folge veränderter Wettbewerbsverhältnisse auf den nationalen und internationalen Märkten. Während in den Jahren nach dem zweiten Weltkrieg vor allem Quantität gefragt war, fordert der heutige strategisch kaufende Kunde Qualität. Sie ist auch die notwendige Antwort auf veränderte Wettbewerbsverhältnisse, denn der Produktaufdruck „Made in Japan" bringt das euro-industrielle Qua-

Qualität statt Quantität

56

litätsmonopol immer mehr zum Wanken. Die Japaner greifen heute erfolgreich nach dem Weltmarkt, mit Produkten, die sich durch Präzision,
Zuverlässigkeit und Preiswürdigkeit auszeichnen.
Die deutsche Industrie verlor der Reihe nach diese
Qualitäts- und Absatzschlachten: Schiffsbau, Op-
tik-, Motorrad-, TV-, Phono- und Videoprodukti-
on. Die Autoschlacht ist noch nicht entschieden.
Sie wird mit äußerster Härte ausgetragen, da allein Europa ein PKW-Wachstumsmarkt ist. Neuerdings drängen auch die Koreaner auf diesen
Markt. Sie werden bis zum Ende dieses Jahrtau-
sends etwa 10 Millionen Autos produzieren, obwohl sie für den eigenen Markt maximal 1 bis 2
Millionen PKWs benötigen. Wenn Europas Auto-
bauer nicht recht bald Anschluß an das fernöstli-
che Produktionsniveau finden, dann sitzen als-
bald Asiaten in den Chefetagen von VW, Opel, Fi-
at und Renault. In den Autozeitschriften werden
neue Namen als besonders preisgünstige PKW-
Hersteller auftauchen, nämlich Hyundai und Kia.

**Made in Japan - ein
Schlachtruf, der zum
Handeln zwingt**

Andererseits ist nicht zu verkennen, daß die amerikanische und europäische Autoindustrie dabei
sind, wieder zu ihrer alten Stärke zurückzukehren,
teilweise jedoch als Folge einer japanischen
Schwäche. Mercedes-Chef Helmut Werner will die
Produktion bis Ende 1998 von derzeit knapp
600 000 auf rund eine Million PKW erhöhen, eine
Zahl, die sein Kollege Pitschetsrieder von BMW
mit der Übernahme von Roover bereits erreicht
hat. Während die deutschen Autohersteller im ersten Halbjahr 1994 ihren Absatz um gut drei Prozent steigern konnten, verloren die Japaner wäh-
rungsbedingt gut 22 Prozent. Als Antwort darauf
bauen sie ihre Werke in den USA und in Europa
noch weiter aus, um unabhängiger vom Wechsel-

**Deutsche
PKW-Hersteller holen
auf**

57

kursrisiko zu werden. Insofern muß vor jeder Euphorie gewarnt werden.

Gründe für TQM

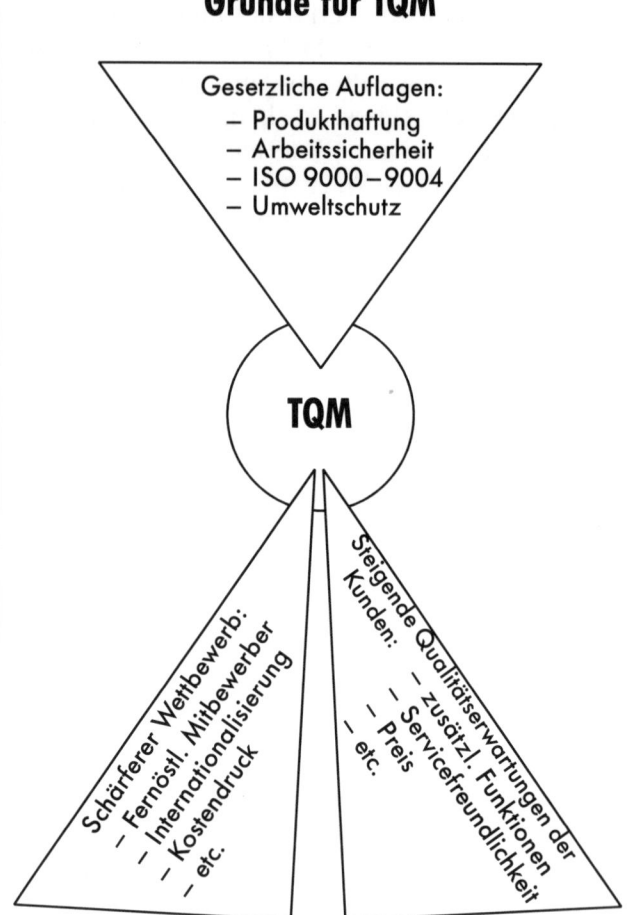

Die Herausforderung durch die asiatischen Tiger zeigt, daß Qualität viel zu wichtig ist, um sie allein den hauptberuflichen Qualitätsprüfern zu

2. DIE NEUE QUALITÄT DER QUALITÄT

überlassen. Die Qualitätssicherung ist ebensowenig für die Qualität verantwortlich wie der Hauptbuchhalter für Gewinn und Verlust oder der Arzt für die Gesundheit jener Patienten, die Kettenraucher oder Trinker sind. Qualität muß zu einem Anliegen für alle Menschen werden, die ihrerseits Qualität erwarten. Jeder, der als Konsument Erwartungen an die Qualität eines Produkts oder einer Dienstleistung stellt, muß diese als Produzent oder Dienstleister selbst einlösen. Das gilt für jeden Manager, Facharbeiter, Politiker, Arzt, Lehrer und Wissenschaftler, also für jeden, der Leistung für einen anderen erbringt und von einem anderen empfängt. Qualität muß zu einem totalen und globalen Anliegen für alle Menschen werden, denn auch die ungelösten Menschheitsprobleme benötigen eine neue Qualität im Denken und Handeln der Verursacher dieser Probleme, die zugleich aber auch die Betroffenen sind. So gesehen ist Qualität nicht nur als Profilzacke von Marktteilnehmern bzw. als Eintrittskarte für Marktneulinge wirtschaftlich notwendig, sondern auch gesellschaftlich überlebenswichtig.

Wer Qualität fordert, muß Qualität leisten

Die Pflicht zur Qualität gilt auch für jene Professoren, die als die obersten Qualitätsgurus firmieren und sich gegen gutes Honorar anschicken, Unternehmen den „richtigen" Weg zu mehr und besserer Qualität zu weisen. Diese Herren sollten bedenken, daß ihre Studenten ihre eigentlichen Kunden sind. Sie sollten das Business Reengineering, das sie selbst propagieren, ernst nehmen und sich auf ihre eigentliche Aufgabe konzentrieren, nämlich Kundenbedürfnisse zu befriedigen. Das wird nicht erreicht, wenn man über die Woche gut dotierte Beraterjobs in der Wirtschaft wahrnimmt und seine Studenten in überfüllten Hörsälen am

Samstag mit Blockvorlesungen abspeist. Der Steuerzahler honoriert sie als Beamte dafür, daß sie akademischen Nachwuchs ausbilden, nicht aber für zeitaufwendige Zweitjobs, für deren Akquisition die universitäre Logistik einschließlich der Sekretärin mißbraucht wird.

Diese Kritik geht auch jene Unternehmen an, die sich einerseits über schlecht ausgebildeten akademischen Nachwuchs und ineffizientes Beamtentum beklagen, aber andererseits mit der Verpflichtung beamteter Professoren als Trainer und Berater diese Mißstände fördern.

2.2 Zero Defect Fight statt Accepted Quality Level

Zu unseren Bewußtseinsdefiziten gehört auch die Ansicht, daß Fertigungs- oder Dienstleistungsfehler unvermeidlich sind. Deshalb spricht man auch vom *Accepted Quality Level* (AQL). Man muß zwar jedem Menschen das Recht zubilligen, Fehler zu machen, ihm aber auch die Pflicht auferlegen, daraus zu lernen, indem er die richtigen Schlußfolgerungen zieht. Es sollten nicht die Gesetze der Wahrscheinlichkeit bemüht werden, um zu beweisen, daß eine 101prozentige Qualität nicht möglich ist. Der Kunde kennt diese Gesetze nicht und will nicht Opfer der mit 0,5 Prozent akzeptierten Qualitätsabweichung sein.

Der Kunde als AQL-Opfer

Die Orientierung an AQL-Werten muß durch eine Null-Fehler-Orientierung ersetzt werden. Kein Mensch würde ein Flugzeug mit akzeptierten Qualitätsmängeln von 0,5 Prozent besteigen. Nie-

Zwei Beispiele zur Nicht-Akzeptanz von AQL-Werten

mand würde mit einer Bank arbeiten, die ihren Kunden einprozentige Minusbeträge als AQL-Rate bei Überweisungen auf deren Konto zumutet. Toleranzüberschreitungen dürfen nicht mehr als natürlich hingenommen und ihre Symptome nicht mehr statistisch verwaltet werden, sondern die Ursachen sind abzustellen.

AQL-Werte behindern den Weg zum Total Quality Management, da es sich hierbei um erlaubte Nichtübereinstimmungen mit der versprochenen Qualität handelt. Unternehmen, die AQL-Werte zur Qualitätsdoktrin erheben, gestehen damit ihre Mittelmäßigkeit ein. AQL ist ein fauler Kompromiß zwischen dem wirtschaftlich Notwendigen und der menschlichen Trägheit.

AQL - eine Doktrin der Mittelmäßigkeit

2.3 Fehlervermeidung statt Fehlerbehebung

Die neue Qualität der Qualität basiert u. a. auf einer anderen Qualität der Herangehensweise an die Erzeugung von Qualität. Danach sollte Qualität nicht in ein Produkt hineingeprüft werden, sondern muß auf allen Stufen der Fertigung immer wieder neu erzeugt werden. Das setzt voraus, daß sich jeder Mitarbeiter als sein eigener Qualitätsinspekteur betrachtet. Fremdkontrolle wird durch Selbstkontrolle ersetzt. Die Funktion der Qualitätskontrolle wird vom Ende der Fertigung an den Anfang und von dort in den Gesamtprozeß verlagert. Sie ist keine Institution mehr, sondern eine Funktion, die jeder Mitarbeiter an seinem Arbeitsplatz selbständig wahrnimmt. Der Arbeitsplatz ist der Ort der primären Qualitätssicherung. So werden Qualitätserzeugung und -sicherung tendenziell mehr und mehr verschmolzen. Der

Selbstkontrolle statt Fremdkontrolle

Qualitätssicherung als Funktion

61

Schwerpunkt liegt hierbei nicht mehr auf dem Qutput, sondern wird in den Prozeß verlagert - wie oben bereits ausgeführt -, da Produktqualität durch Arbeitsqualität entsteht. Darum heißt es z. B. in den Unternehmensrichtlinien der BASF, daß *„Qualitätssicherung alle Tätigkeiten im Unternehmen betrifft"*, und zwar *„als ständiger Prozeß der Qualitätsverbesserung"* - Fehlervermeidung geht vor Fehlerbehebung. „Mach's gleich richtig", lautet die Devise. „Plane, handle, prüfe", lautet eine wichtige Arbeitsregel des TQM/Kaizen. Nachträgliche Fehlererkennung wird so durch vorbeugende, eigenverantwortliche Fehlerverhütung ersetzt.

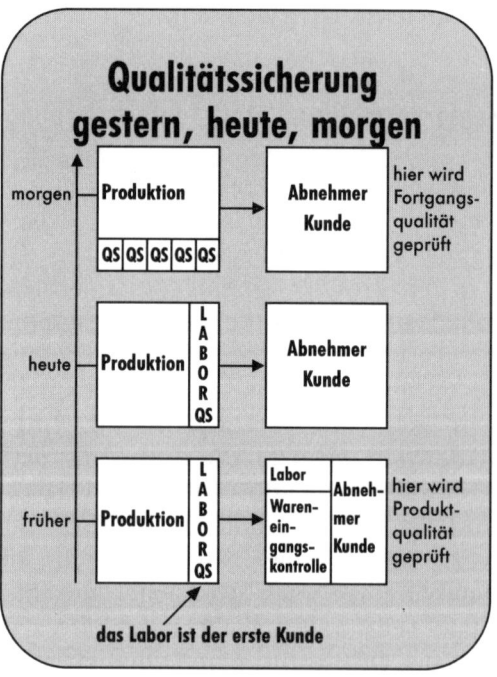

Abb.: Qualitätssicherung gestern, heute, morgen

Historische Entwicklung der QS

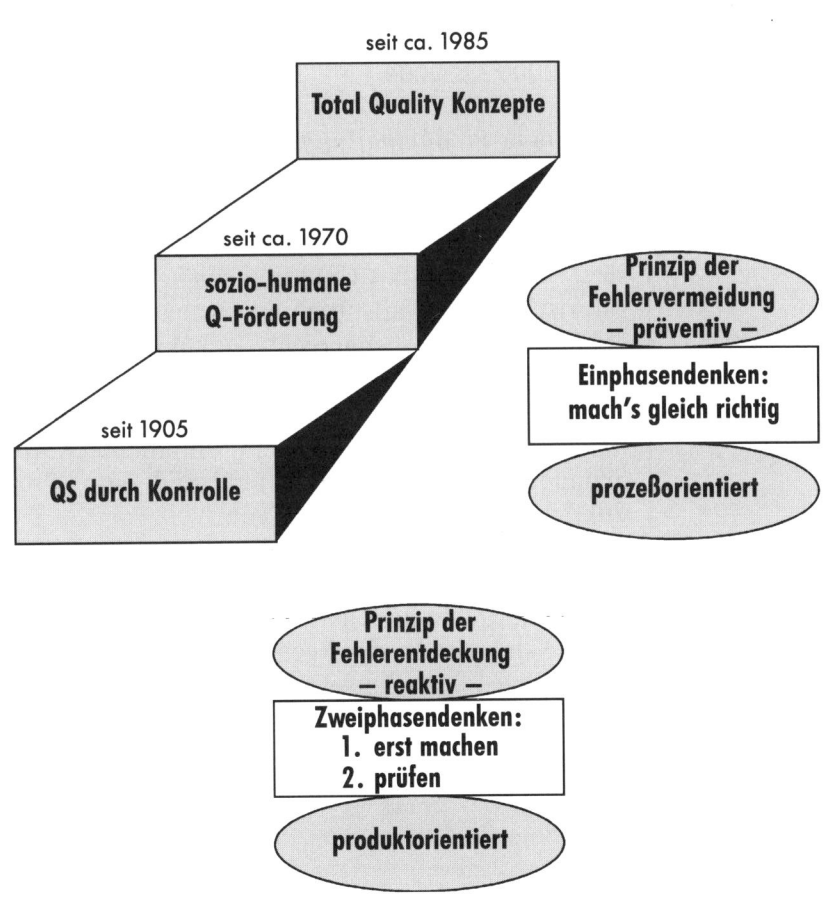

Abb.: Historische Entwicklung der QS

2.4 Die DINormierung der Qualität

Qualität als gesetzliche Vorschrift

Auch der Gesetzgeber hat sich zur Qualität bekannt, jedoch nur, soweit es die Verantwortung anderer betrifft. Vielleicht hätte man das Gesetz zur Produkthaftung mit einem Gesetz zur Politikhaftung ergänzen sollen.

Zwei dickbändige Rechtsquellen sind für die Qualitätsdiskussion bedeutsam: Das Produkthaftungsgesetz vom 1.1.1990 und das DIN/ISO-Normenwerk 9000 bis 9004.

Die Pflichten aus dem Produkthaftungsgesetz

Nach dem *Produkthaftungsgesetz* ist der Hersteller in einem eventuellen Prozeß verpflichtet nachzuweisen, daß ihn kein Verschulden trifft. Die Beweislast wurde also umgekehrt. Der Nachweis setzt voraus, daß das Unternehmen seinen organisatorischen Sorgfaltspflichten nachkommt. Dazu gehört u. a. eine sachgerechte Dokumentation des Qualitätsmanagements, wie sie DIN/ISO 9000 ff. fordert. Diese kann als eine Art Schutzschild gesehen werden, mit dem sich ein Unternehmen vor Schadensersatzforderungen aufgrund von Produkthaftungsfällen schützen kann.

Die DIN/ISO-Norm 9004 definiert zwanzig verschiedene Qualitätssicherungselemente, mit denen die meisten der in der Rechtsprechung geprägten Grundsätze des Produkthaftungsgesetzes abgedeckt werden (vgl. Tabelle).

QS-Elemente und Produkthaftung

QS-Elemente der DIN/ISO 9001	Forderung der Rechtsprechung zur Produkthaftung
1. Verantwortung der Leitung	Pflicht, für wichtige Funktionen ein Organ zu bestellen
2. Qualitätsmanagementsystem (QS-System)	Organisationspflicht des Unternehmens
3. Vertragsüberprüfung	Überwachung von Lieferanten, Beachtung der Instruktionspflicht, § 1 Abs. 3, Satz 1 ProdHaftG
4. Designlenkung (Entwicklung)	Verhinderung von Konstruktionsmängeln
5. Lenkung der Dokumente und Daten	Erhaltung der Nachweismöglichkeiten für fehlendes Verschulden
6. Beschaffung	Wareneingangskontrolle von Teilprodukten, Auswahl von Auftragnehmern
7. Lenkung der vom Kunden beigestellten Produkte	Wareneingangskontrolle von Teilprodukten
8. Kennzeichnung und Rückverfolgbarkeit von Produkten	Erhaltung der Nachweismöglichkeiten für Fehlerfreiheit von Produktionslinien (Chargenverfolgung)

65

9. Prozeßlenkung (in Produktion und Montage)	Verhinderung von Fabrikationsfehlern
10. Prüfungen 11. Prüfmittelüberwachung 12. Prüfstatus	Nachweis der Durchführung von Kontrollen während der Fabrikation und vor In-Verkehr-Bringen
13. Lenkung fehlerhafter Produkte	Beachten des Standes von Wissenschaft und Technik, Produktbeobachtung
14. Korrektur- und Vorbeugemaßnahmen	Beachten des Standes von Wissenschaft und Technik durch Optimierung
15. Handhabung, Lagerung, Verpackung, Konservierung und Versand	Nachweis, daß der Fehler erst nach In-Verkehr-Bringen entstanden ist
16. Lenkung von Qualitätsaufzeichnungen	Erhaltung der Nachweismöglichkeit für fehlendes Verschulden
17. Interne Qualitätsauditis 18. Schulung	Nachweis sorgfältiger Auswahl, Anweisungen und Überwachung der Mitarbeiter
19. Wartung	Produktbeobachtung
20. Statistische Methode	Nachweis Beachtung des Standes von Wissenschaft und Technik, Produktbeobachtung

Abb.: QS-Elemente und Produkthaftung

Mit der DIN/ISO 9000 bis 9004 wurde erstmals ein Regelwerk geschaffen, das eine umfassende Qualitätssicherung bezweckt.

Obwohl technische Normen nur eine empfehlende Funktion haben, werden sie von den Produzenten befolgt bzw. von den Abnehmern verlangt. Im Zusammenhang mit Vertragsproblemen bzw. Reklamationen sind sie eine wichtige, halbrechtliche Grundlage. Sie genießen seit etwa 1990 einen so hohen Stellenwert, daß immer mehr Abnehmer die Zertifizierung der Qualitätssicherung ihrer Lieferanten zumeist nach der Norm 9001 fordern, so wie es in der PKW-Zuliefererindustrie seit einigen Jahren üblich ist. Technische Normen stehen *„nicht außerhalb des gesellschaftlichen Ordnungsgefüges und auch nicht außer Reichweite der Verfassungspostulate."[3]* Das gilt noch mehr für die Regeln zur Good Manufacturing Practise, denn hierbei handelt es sich um verbindliche EG-Vorschriften für die Pharma-Industrie, deren Einhaltung Amtspharmazeuten periodisch überprüfen.

Die Empfehlungen aus DIN/ISO 9000 - 9004

Diese Normen sind die Basis, nach denen sich ein Unternehmen zertifizieren, d. h. seine Qualitätsfähigkeit nachweisen lassen kann (vgl. Kapitel 7, Von der Auditierung zur Zertifizierung). Zwar gab es schon früher viele branchenspezifische Qualitätsnormen, die aber nur Teilaspekte der Qualitätssicherung abdeckten. Die militärischen Beschaffungsbehörden in den USA stellten erstmals in den sechziger Jahren in großem Umfang Forderungen an die Qualitätssicherung von Zulieferfirmen, die in Form von Normen auf spätere Qualitätssicherungssysteme einwirkten.

Die Forderungen der militärischen Beschaffungsbehörden zur Qualitätssicherung

**Die Grundlage:
DIN/ISO 9000**

Die DIN/ISO 9000 bildet die Grundlage des Regelwerkes. Darin werden sehr allgemein die Maßnahmen zur Qualitätssicherung beschrieben. Es handelt sich hierbei allenthalben um ein Gerüst, das viele Gestaltungsmöglichkeiten zuläßt. Den Unternehmen, die die Qualität ihres Qualitätsmanagements zertifizieren lassen wollen, bietet die DIN/ISO 9000 die Möglichkeit, ein bereits bestehendes Qualitätswesen, national und international, entsprechend anzupassen. Die Normen 9001 bis 9003 legen Forderungen an das Qualitätsmanagement für den Fall fest, daß ein Unternehmen nach außen nachweisen will, daß sein Qualitätsmanagementsystem diese Anforderungen erfüllt.

Das Regelwerk fordert, daß ein Unternehmen beschreibt, wie es sein Qualitätsmanagementsystem basierend auf diesen 20 Punkten aufgebaut hat.

**Eine kurze Übersicht
der Anforderungen
aus DIN/ISO 9001**

1. Erklärung der Qualitätspolitik durch die Unternehmensleitung
2. Festlegung der Zuständigkeiten (Verantwortungen und Befugnisse), Mittel und Personal zur Qualitätssicherungs-Nachweisführung, Benennung eines Beauftragten der Unternehmensleitung zur Sicherstellung der Forderung der Normen
3. Prüfung von Verträgen
4. Qualitätssicherung während der Entwicklung (Entwicklungsplanung, personelle Zuordnung der Tätigkeiten, organisatorische und technische Schnittstellen, Vorgaben für die Entwicklung, Entwicklungsergebnis und dessen Prüfung, Entwurfsänderungen)
5. Lenkung von Dokumenten und Daten
6. Qualitätssicherung während der Beschaffung (Beurteilung von Unterlieferanten, Beschaf-

68

fungsunterlagen, Abnahmeprüfung an beschafften Gütern)
7. Lenkung der vom Auftraggeber beigestellten Produkte
8. Kennzeichnung und Rückverfolgbarkeit der Produkte
9. Qualitätssicherung während der Fertigung
10. Qualitätsprüfungen (Eingangsprüfungen, Zwischenprüfungen, Endprüfungen, Prüfaufzeichnungen)
11. Prüfmittelüberwachung
12. Prüfstatus
13. Behandlung fehlerhafter Einheiten
14. Korrektur- und Vorbeugemaßnahmen
15. Qualitätssicherung beim Umgang mit Produkten sowie während deren Lagerung, Verpackung und Versand
16. Lenkung von Qualitätsaufzeichnungen
17. Interne Qualitätsaudits
18. Schulung
19. Qualitätssicherung in der Nutzungsphase (Wartung, Service)
20. Statistische Verfahren

Es ist damit zu rechnen, daß zum Zeitpunkt der Drucklegung dieses Buches die seit einiger Zeit diskutierten Entwürfe zu DIN/ISO 9000 bis 9004 endgültig beschlossen worden sind. Wichtig dabei sind die Begriffsänderungen. So wird z. B. der Begriff Qualitätssicherung durch Qualitätsmanagement ersetzt und soll immer dann verwendet werden, wenn das Strukturelle, Organisatorische und Wirtschaftliche im Vordergrund steht. Der alte Begriff Qualitätssicherung wird für alle Tätigkeiten innerhalb des Qualitätsmanagementsystems beibehalten, mit denen die konventionellen Qualitätsanforderungen erfüllt werden.

**Neue Begriffe:
Qualitätsmanagement
statt
Qualitätssicherheit**

69

Die künftige Philosophie des DIN/ISO-Regelwerkes kann man so definieren:

Die neue Philosophie des DIN/ISO-Regelwerkes

1. Jede Tätigkeit hat Prozeßcharakter.

2. In jedem Unternehmen gibt es ein Netzwerk solcher Prozesse.

3. Alle Prozesse müssen beobachtet und fehlerfrei gestaltet werden.

4. Zu diesem Zweck werden sie in kleine Schritte unterteilt und ständig verbessert.

2.5 Qualität als Führungsaufgabe

Ein Unternehmen, das sich zu einer neuen Qualitätspolitik bekennt, muß damit im Kopf beginnen, und zwar im doppelten Sinne:

„Der Fisch stinkt vom Kopf abwärts." Darum muß Qualität im Kopf und vom Kopf herab beginnen

1. Im *Kopf des Unternehmens*, d. h. auf der Ebene des Vorstands oder der Geschäftsführung. Daraus resultiert die Notwendigkeit, *Qualität als Führungsaufgabe* zu definieren. Die Konsequenz daraus lautet Total Quality *Management* (TQM).

2. Im *Kopf eines jeden Mitarbeiters*. Daraus resultiert die Notwendigkeit, *Qualität als ständige Arbeitsaufgabe* im täglichen Arbeitsverhalten umzusetzen. Das Ziel ist die eigenverantwortliche Total Quality *Control* (TQC).

Die Qualitätsverantwortung der Unternehmensleitung

Es gehört zu den Pflichten einer Führungskraft, die Forderungen der DIN/ISO 9000 ff. umzusetzen. Darin wird der Unternehmensspitze eindeutig die

70

Verantwortung für die Qualität ihrer Produkte und Dienstleistungen zugeschrieben.

Führungskräfte müssen darum die Qualität ihrer Produkte und Dienstleistungen an dem orientieren, was sie den Kunden versprochen haben, nicht jedoch an den Vorgaben der Qualitätskontrolle. Sie sollten Qualität als eine Führungsaufgabe begreifen, die gleichrangig neben die klassischen Führungsaufgaben wie Zielsetzung, Planung, Entscheidung, Kontrolle usw. tritt. Besonders die Kontrolle muß den neuen Anforderungen entsprechen. Hier ist zukünftig zu kontrollieren, ob die Mitarbeiter ihre Selbstkontrolle richtig und ständig wahrnehmen. Soweit es sich um Arbeitsteams handelt, muß geprüft werden, ob eventuelle Fehler intern kontrolliert und korrigiert werden, ohne daß der Vorgesetzte eingreifen muß.[4]

Die Kontrolle der Selbstkontrolle - neue Anforderungen an die Führungsaufgabe „Kontrolle"

Da Qualität durch Arbeitsqualität entsteht, darf der Schwerpunkt der Bemühungen um Qualität nicht mehr nur auf dem Output liegen, sondern muß den Prozeß einbeziehen. Fehlervermeidung erfordert darum, das Zustandekommen eines Produkts genau zu beachten. Infolgedessen hat das *Prozeßmanagement* beim TQM/Kaizen großes Gewicht.

Gutes Prozeß- und Schnittstellenmanagement als TQM/Kaizen-Grundlage

TQM/Kaizen setzt ein Managementverhalten voraus, das auf Kommunikation, Kooperation und Partizipation basiert. Hohe Produkt- und Prozeßqualität ist nur im Dialog mit Kunden und Mitarbeitern möglich, deren Sachverstand aktiv genutzt wird. Bereichsübergreifende Qualitäts-Optimierungsstrategien erfordern - insbesondere an den Schnittstellen - den Handschlag über Abteilungsgrenzen hinweg. Dazu ist ergänzend zum Prozeß-

TQM/Kaizen erfordert bereichsübergreifende Qualitäts-Optimierungsstrategien

71

management ein gutes Schnittstellenmanagement nötig.

2.6 Die Wirtschaftlichkeit der neuen Qualität

Gegensätze, die keine sind: Das Verhältnis von Qualität und Wirtschaftlichkeit

In vielen westlichen Unternehmen werden Qualität und Produktivität bzw. Qualität und Wirtschaftlichkeit noch immer als logische Gegensätze betrachtet. „Entweder das eine oder das andere", so wird argumentiert und dabei das Anspruchsniveau mit der Qualität verwechselt.

Qualität ist das richtige Verhältnis von Tausch- und Gebrauchswert

Qualität ist keine Frage des Preises. Deshalb ist ein Mercedes 190 nicht von besserer Qualität als ein VW-Golf. Ein Produkt ist dann ein Qualitätsprodukt, wenn sein Gebrauchswert mit den Erwartungen des Nutzers übereinstimmt. Produzenten, aber auch Konsumenten haben ein falsches Verständnis vom Verhältnis zwischen Gebrauchswert und Tauschwert. Sie meinen, bei einem niedrigen Tauschwert gibt es weniger Gebrauchswert und umgekehrt. Qualität ist das, was der Kunde als das adäquate Verhältnis von Tausch- und Gebrauchswert definiert.

Ein integraler Qualitätsbegriff hebt den Gegensatz von hoher Qualität und Preiswürdigkeit dialektisch auf

Ein integraler Qualitätsbegriff, der Qualität nicht nur auf die Produktqualität reduziert, sondern andere Qualitätsaspekte einbezieht, hilft, den scheinbaren Gegensatz von hoher Qualität bei gleichzeitiger Preiswürdigkeit dialektisch aufzuheben. Die Japaner liefern den Beweis dafür, daß die „Mach's gleich richtig-Strategie" bei Konstruktion und Produktion interne „Schrottfabriken" vermeidet und so hilft, viel Geld zu sparen. Je rechtzeitiger die Qualitätssicherung im Arbeits-, besser schon im Konstruktionsprozeß betrieben wird, desto schneller können Fehlerquellen erkannt und Fehlerbehebungskosten vermieden werden. Hierzu eines von vielen Beispielen:

Mit gedrehten und gedrechselten Sätzen mußte der Philips-Konzern 1993 zwei Millionen Fernseher zurückrufen. Das, was man in der Rückrufanzeige die mögliche „Verkettung von ungünstigen Umständen" nannte, waren verschmorte TV-Geräte, die diverse Zimmerbrände mit erheblichen Sachschäden auslösten. Ursache war ein Konstruktionsfehler, der Kosten in Höhe von 60 Millionen Gulden nach sich zog.

Ein Beispiel für Fehlerkosten, wenn die Fehler erst beim Kunden entdeckt werden

Abb.: Philips-Anzeige

Nicht viel besser erging es IBM mit der neuen Version des PC-Betriebssystems OS/2 Warp. 1994 wurde ein grober Fehler entdeckt, der in einigen Computern großes Durcheinander anrichtete. Das Handelsblatt schrieb dazu: „*Den zuständigen IBM-*

Beispiel IBM

Managern ist es ein Rätsel, wie die Produktentwicklung so weit fortschreiten konnte, ohne daß der Fehler jemandem aufgefallen war ... Dieser grobe Schnitzer könnte IBMs Pläne, die Kontrolle über die verlorengegangene Vorherrschaft am Markt für PC-Betriebssysteme zurückzugewinnen, erheblich gefährden."[5]

Beispiel Unilever

Etwa 700 Millionen DM kostete den niederländisch-britischen Mischkonzern Unilever die Entwicklung und Markteinführung des neuen Waschmittels „Omo Power". Der Mitbewerber Procter & Gamble und unabhängige Verbraucherverbände wiesen in ihren Labors nach, daß das neue Waschmittel zu einem extremen Verschleiß der Wäsche bei höheren Temperaturen führt. In den Niederlanden ging der Absatz infolge des Omo-Krieges um 20 Prozent zurück. Unilever-Chef Tabaksblat erklärte im September 1994, daß das neue Omo wieder vom Markt genommen würde, falls eine neue Werbe-Gegenkampagne nicht den erhofften Erfolg beschere.[6]

Beispiel Pentium

Der folgenschwerste Fall war wohl der Pentium-Prozessor der Firma Intel, der 5,5 Millionen Mal ausgeliefert worden war. Ende 1994 wurde ein Fließkommafehler mit einer Fehlerhäufigkeit von einmal in 24 Tagen festgestellt. Die Firma Intel sah sich genötigt, Rücklagen von 475 Millionen US-Dollar zu bilden, um die Kosten zu decken, die durch die weltweite Auswechslung des fehlerhaften Prozessors entstehen.

Diese Beispiele zeigen, die teuersten Fehler sind die, die erst der Kunde entdeckt. Diese Fälle lehren zugleich, daß der versicherungswirtschaftliche Grundsatz „Schadensvermeidung vor Schadensbeseitigung" auch für alle anderen Wirtschaftszweige gilt. Jede Mark, die in die Fehlerverhütung investiert wird, spart mehrere Mark für die Fehlerbeseitigung ein (siehe Abbildung). Eine japanische Weisheit lautet: „Qualität und Zuverlässigkeit haben Priorität. Gewinn ist die natürliche Folge eines Qualitätserzeugnisses." Von dieser Sichtweise ausgehend, erzielten die Japaner ihre exorbitanten Exporterfolge.

Mit einer DM für die Fehlerverhütung zwei DM für die Fehlerbeseitigung einsparen

Qualitätskosten im Vergleich zwischen konventioneller QS und TQM

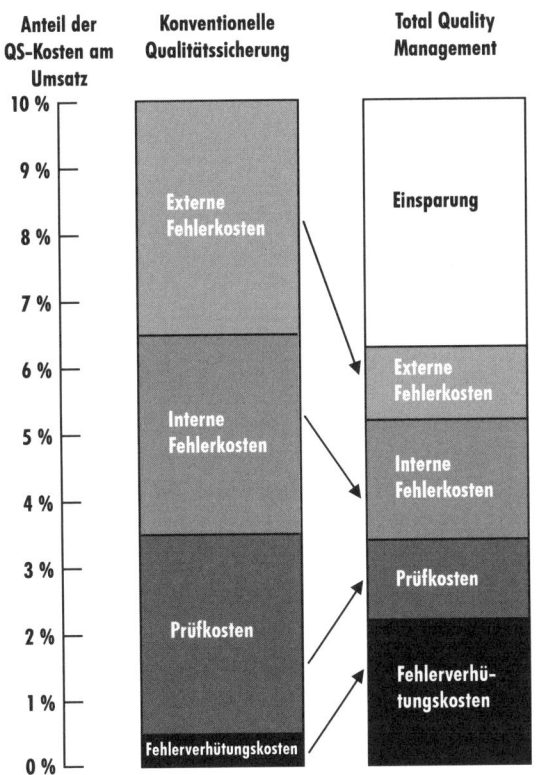

Abb.: Fehlerkosten, Einsparungen

**Von den Japanern
lernen heißt Siegen
lernen**

Ein integraler bzw. totaler Qualitätsbegriff bezieht
sich auch auf die Qualität menschlicher Verhaltensweisen wie Führung, Kommunikation, Kooperation ebenso wie auf Kundenorientierung und
Zeitmanagement. Hierbei handelt es sich i. d. R.
um kostenneutrale Faktoren mit betriebswirt-
schaftlichen Positiveffekten. Auch in dieser Hinsicht können westliche Manager von ihren japanischen Kollegen lernen, die ihre Prioritäten auf
die Verbesserung der Unternehmenskultur setzen
und weniger auf den Gewinn. Ja, sie riskieren sogar den kurzfristigen Gewinn zugunsten strategi-
scher Wettbewerbsziele. So stiegen z. B. in Unternehmen, die Kaizen bzw. TQM einführten, kurzfristig die Produktionskosten, um dann, als die neu-
en Methoden wirkten, wieder zu fallen. Nachdem
der Toyota-Produktionschef Taiichi Ohno in den
fünfziger Jahren anfing, mit TQM zu experimentieren, war es nicht überraschend, daß das Band
häufiger stillstand, was die Arbeiter schnell ent-
mutigte. Doch die Arbeitsteams sammelten rasch
Erfahrung darin, Probleme zu identifizieren und
bis zu ihrer letzten Ursache zurückzuverfolgen.
Von diesem Zeitpunkt an begann die Anzahl der
Fehler drastisch zu sinken. Noch auffallender war
das, was am Bandende geschah: *„Als Ohnos System voll in Gang gekommen war, sank der Umfang der vor dem Versand notwendigen Nacharbeit
kontinuierlich.“*[7]

Die TQM/Kaizen-Anlaufschwierigkeiten mit kurzfristigen Produktionsproblemen sind mit der
Grund dafür, warum viele Unternehmen das TQM/
Kaizen-Experiment vorzeitig wieder abbrechen.
Darum sind auch viele Qualitätszirkel-Projekte in
den letzten zehn Jahren in Deutschland geschei-
tert. Die Angst um den kurzfristigen Erfolg ver-

hinderte den langfristigen. Der Erfolg wurde eher über eine offensive Preispolitik gesucht, die aber nur vorübergehende Zuwachsraten verschaffte. Besser ist es auf jeden Fall, Gewinne, die extern auf dem Markt nicht mehr realisierbar sind, intern durch intelligenteres Arbeiten zu erzielen. Es fällt vielen Unternehmen leichter, die Produktionskosten um 5 Prozent zu senken als den Absatz um 2 Prozent zu steigern. In dem schon erwähnten Unternehmen Löhr & Brokamp z. B. konnte durch TQM-Maßnahmen die Zahl betrieblicher Verbesserungsvorschläge von 340 im Jahre 1990 auf über 7500 im Jahre 1994 gesteigert werden. Das schlanke Opel-Werk in Eisenach lag 1993 mit neun Verbesserungsvorschlägen pro Mitarbeiter einsam an der Spitze der deutschen Wirtschaft. Ein anderer TQM-Pionier, die Firma Mettler-Toledo in Albstadt, konnte in relativ kurzer Zeit die Durchlaufzeiten von 40 auf fünf Tage und die Kosten um 20 Prozent reduzieren. Auf diesem Weg werden Qualität und Preiswürdigkeit kompatibel gemacht. Die Vorteile aus Rationalisierungseffekten werden dem Kunden weitergegeben, so im Falle des Opel-Corsa, der um etwa 30 Prozent kostengünstiger gebaut werden konnte als früher. Wer dem Kunden nützt, nützt sich selbst, z. B. durch Imagevorteile oder größere Marktanteile. Das Beispiel japanischer Produkte zeigt, daß Qualität zu produzieren nicht unbedingt teurer sein muß.

Gewinne, die extern auf dem Markt nicht mehr realisierbar sind, können intern realisiert werden

Einige interessante Beispiele

Literatur

1. Handelsblatt, 25.11.1994
2. Gerd Kriesshammer: Produkthaftung und Qualitätssicherung, in: Der Qualitätssicherungsberater, Köln 1993, S. 5/17
3. Helmut Reihlen, Klaus Petrick: Made in Germany hat Zukunft - Systematische Qualitätssicherung und ihr Nachweis anhand von Normen schaffen Vertrauen; in: A. Lission: Qualität die Herausforderung, Köln 1987, S. 133
4. Walter Simon: Kontrolle ist gut, Vertrauen ist besser; in: Motivation & Management, 1/94, S. 56
5. Handelsblatt, 31.10.1994
6. Handelsblatt, 26.9.1994
7. James P. Womack u.a.: Die zweite Revolution in der Autoindustrie, Frankfurt/Main 1992, S.62

3. Der Kunde steht im Mittelpunkt
Kundenkunde für TQM/Kaizen-Anwender

Wer den Kunden in den Mittelpunkt stellt, wird für den Kunden zum Mittelpunkt

Sprachwissenschaftliche Statistiken belegen, daß die Häufigkeit, mit der der Buchstabe Q verwendet wird, zugenommen hat. Der Grund: Das Wort Qualität wird häufiger benutzt. Es ist der Kunde, der nach Qualität fragt. Quantität - das war die Erwartung des Kunden in Zeiten des Konsummangels, so in den Jahren nach 1945 oder gleich nach der Wiedervereinigung Deutschlands. Die Kunden freuten sich über Qualität als zusätzliches Werbegeschenk des Herstellers. Erst die Qualität machte aus dem „Qualdukt" ein Produkt.

Warum der Buchstabe „Q" häufiger verwendet wird

79

3.1 Das magische Dreieck: Customer first, Quality first, Service first

Die dialektische Einheit von Qualität, Service und Kundennähe

Logische Widersprüche können sich dialektisch auflösen. Ähnlich verhält es sich mit dem Widerspruch dieser Überschrift, nämlich der gleichzeitigen Erstplazierung von Kunden, Qualität und Service. Wer Qualität und Service ernst nimmt, beweist damit seine Kundenliebe. Wer seine Kunden liebt, praktiziert Qualität und Service. Wie bei einem Hologramm ist jedes Teil Träger der Gesamtinformation.

Qualität – das ist die einzig richtige Devise von Unternehmen auf gesättigten Märkten, auf denen der kritische Kunde Qualität nachfragt. Qualität ist die vollständige Fokussierung aller Prozesse im Unternehmen auf den Kunden. Auch stagnierende oder sogar sinkende Einkommen bewirken eine stärkere Qualitätsorientierung, bedingt durch ein bewußteres, strategisch-abwägendes Einkaufen.

Der Kunde ist kritischer geworden

Aber Produktqualität muß sich mit Kundenorientierung paaren, um einen Abnehmer zu finden. Hierzu ein Beispiel:

Ein schlechtes Beispiel einer guten Marke

Der Autor wollte sich im Herbst 1994 einen PKW eines renommierten deutschen Herstellers kaufen, nachdem er in mehreren Werbebriefen zu einer Probefahrt eingeladen worden war. Er besuchte die im hessischen Friedberg gelegene Niederlassung dieses Unternehmens. Es war ein regnerischer Tag. Der Noch-nicht-Kunde betrat mit nassen Haaren, Jeans und seinen schmuddeligen Kindern den Verkaufsraum und mußte sich einen geringschätzigen Blick des Verkäufers gefallen lassen, bevor er in einem Gespräch das Gefühl bekam, dieser Fahrzeugmarke nicht würdig zu sein. Er entschied sich für eine andere PKW-Marke.

Dieses Beispiel zeigt, daß ein gutes Produkt, ja selbst das beste Sonderangebot nichts nützt, wenn es nicht kundenorientiert präsentiert wird. Viele Unternehmen sehen im Kunden noch immer den lästigen Störenfried, dessen unberechenbares Verhalten die besten Pläne über den Haufen wirft, der mit seinen Wünschen die EDV durcheinanderbringt und auch noch auf einwandfrei funktionierenden Produkten besteht. Das mag erklären, weshalb sich zwei von drei Deutschen, so das Ergebnis einer Emnid-Umfrage aus dem Jahre 1994, in Geschäften und Behörden unfreundlich behandelt fühlen.

Der Kunde als lästiger Störenfried

Im Juni 1994 beklagte sich sogar der Vorstandsvorsitzende der Deutschen Bank, Hilmar Kopper, über das arrogante Verhalten seiner Mitarbeiter und Mitarbeiterinnen: *„Wir könnten unsere Vertriebsleistung im Inland um 25 Prozent steigern, wenn sich alle Beschäftigten angewöhnen könnten, jeden Kunden, den sie sehen, freundlich zu grüßen."* Leider, so Kopper, setze sich diese Arroganz fort, vom Mitarbeiter in der Schalterhalle bis hin in den Vorstand.[1] Dieses Beispiel zeigt, daß Unternehmen mit dem „Produktionsfaktor" Freundlichkeit sehr viel Geld verdienen könnten. Diese Einsicht führte dazu, daß die Kundenorientierung verstärkt zu einem Trainingsthema geworden ist, so z. B. bei der Kaufhof AG und bei Karstadt, wo sie Bestandteil der Mitarbeiterbeurteilung ist. Die Mercedes Benz AG trainiert die Freundlichkeit sogar in Form von Theateraufführungen.

Produktionsfaktor Freundlichkeit

Was beim Marketing immer mehr in Vergessenheit gerät

Beide Beispiele, Daimler-Benz und Deutsche Bank, zeigen stellvertretend für viele andere, daß die heiligen Eide, die in den sechziger und siebziger Jahren im Zusammenhang mit dem Marketinggedanken geleistet wurden, letztendlich Meineide waren. Damals wurde Marketing als die vollkommene Ausrichtung des gesamten Unternehmens auf den Markt definiert. Unternehmen sollten nach dieser Idee vom Markt her geführt werden. Heute muß der Begriff Marketing leider für alle Formen der Werbung herhalten, selbst für nervtötende Teppichwerbung am Telefon. Es ist zu hoffen, daß die TQM/Kaizen-Diskussion eine Rückbesinnung auf die guten Vorsätze des Marketing bewirkt.

Einige Banken sind dabei, sich auf ihre Rolle als Dienstleister zu besinnen und streben ein Verhältnis von Front-Office- zu Back-Office-Mitarbeitern im Verhältnis von 50 zu 50 an. Sie versuchen gleichzeitig, so z. B. bei Kundenbetreuern, den Zeitanteil von 45 Prozent für Administration abzubauen, um Zeit für den direkten Kundenkontakt zu gewinnen. Wie zwiespältig die Haltung der Mitarbeiter zu Kunden ist, hat der Autor dieses Buches immer wieder mit der folgenden Frage an seine Seminarteilnehmer feststellen können: „Wer von Ihnen arbeitet im Vertrieb?" Dieses bejahen ein, zwei, maximal drei Teilnehmer. Der Rest sieht sich außerhalb des Vertriebsgeschehens und ist damit einem folgenschweren Irrtum erlegen. Auch

Der Innendienst als Teil des Außendienstes

der Innendienst ist ein Teil des Außendienstes. Goethe drückte das Verhältnis von innen und außen im Faust sinngemäß so aus: *„Nichts ist drinnen, nichts ist draußen, denn was drinnen, ist auch draußen."* Alle Mitarbeiter stehen letztlich auf den Gehaltslisten der Kunden. Alle Gehälter und Rechnungen eines Unternehmens werden letztendlich von den Kunden bezahlt.

Einen ähnlichen Gedanken brachte die ehemalige „Hofschreiberin" der Deutschen Bank, Gertrud Höhler, sehr stilvoll formuliert in die Diskussion. Danach ist der Übergang von draußen und drinnen fließend.[2] Auch Führungskräfte haben in Form ihrer Mitarbeiter ihre internen Kunden. So gesehen ist Führung Dienstleistung am Mitarbeiter.[3] Außerdem bringt der Mitarbeiter als Vorposten des Kunden die authentische Botschaft der Märkte mitten ins Unternehmen. Gute Mitarbeiterführung *„ist Qualitätsvoraussetzung für den Output von Forschung und Entwicklung, von Fertigung und Innovation auf der Produktseite, für Werbung und Marketing und für das Image des Unternehmens in der Öffentlichkeit".*[4]

Gute Mitarbeiterführung ist Voraussetzung für Qualität

Noch allzuoft werden neue Produkte deshalb geplant, weil Liquidität, Produktionskapazität oder Technik verfügbar sind. Das trifft auf produktionsorientierte Fabriken zu, die sich bemühen, ein Produkt effizient zu produzieren. Dort ist der Service das letzte Glied der Wertschöpfungskette und in der Regel ein untergeordnetes. Die lange Lieferzeit wird technisch und organisatorisch begründet; der Kunde muß sie akzeptieren. Für die Zufriedenheit der Kunden ist ausschließlich der Vertrieb zuständig. Qualität wird auf technische und funktionale Details im Produktionsprozeß reduziert. Vor- und nachgelagerte Qualitätsfaktoren werden negiert. Losgelöst vom Absatzmarkt wird die Einzeloptimierung interner Funktionen und der Logistik betrieben.

Produktorientierung statt Kundenorientierung: eine falsche Sichtweise

TQM/Kaizen-Prämisse: Nicht was die Technik kann, sondern was der Kunde will

Im Gegensatz dazu ist TQM/Kaizen primär kundenorientiert. Dieser Ansatz geht davon aus, daß alle Aktivitäten am Ende zu einer höheren Kundenzufriedenheit führen müssen. *„Ausgangspunkt ist, was der Kunde will, und nicht, was die Technik kann."*[5] Der Schwerpunkt von TQM/Kaizen liegt nicht nur in der Aufrechterhaltung von Qualität im Fertigungsprozeß, sondern definiert Qualität als ein totales Anliegen, das alle Unternehmensfunktionen betrifft. Da sämtliche Tätigkeiten und Prozesse in einem Unternehmen qualitätsrelevant sind, muß ein Qualitätsmanagementsystem auch alle Tätigkeitsfelder eines Unternehmens umfassen.

Dieser Unterschied von Produkt- bzw. Produktionsorientierung und Kunden- bzw. Marktorientierung drückt sich auch in den Begriffen „Market in" und „Product out" bzw. „Reverse Engineering" und „Industrial Engineering" aus.

Reverse Engineering statt Industrial Engineering

Das traditionelle „Industrial Engineering" will ein Produkt kostengünstig produzieren. Im Gegensatz dazu orientiert sich das „Reverse Engineering" an der Lösung von Kundenproblemen und versucht, die dazu notwendigen Kapazitäten bereitzustellen und diese ständig zu verbessern.[6] Kundenorientierte Produktion wird zu einer Art Dienstleistung für den Kunden.[7] Dessen Zufriedenheit ist Maxime aller Planungen, Entscheidungen und Handlungen des Unternehmens bzw. der Lieferanten. Er, nicht die DIN-Qualitätsdefinition, ist oberster Qualitätsrichter. Hier wird das Prinzip *„der Kunde bekommt das Beste, was wir produzieren"* umgekehrt in *„wir produzieren allerbestens das, was der Kunde braucht"*.[8] Ähnlich wurde es in der Hochkonjunktur des Marketing formuliert: „Finde Wünsche

Der Kunde als oberster Qualitätsrichter

und erfülle sie" statt „Erfinde Produkte und verkaufe sie". Horst Wildemann resümiert, daß die *„strikte Ausrichtung und Überprüfung aller Aktivitäten in der Fabrik auf Kundennutzen und Markterfolg vor unproduktiven, nicht wertschöpfenden Aktivitäten innerhalb der Organisation schützt".*[9]

Der Kunde ist König. Nur mit bester Qualität, gutem Service und einer kundenorientierten Ausrichtung werden Unternehmen zum Hoflieferanten. Um das zu erreichen, muß ein Unternehmen diese drei Aufgaben immer wieder neu erfüllen:

Der Kunde ist König

- den Kunden verstehen,
- dem Kunden dienen,
- dem Kunden nutzen.

Der Kunde ist König und muß dabei nicht einmal nachweisen, daß er das Handwerk seiner Lieferanten versteht. *„Das Königliche seiner Rolle besteht darin, daß er einzig und allein das gelieferte Produkt mit seinen Erwartungen vergleicht."*[10]

Darum muß sich die Definition von Qualität an dem orientieren, was dem Kunden versprochen wurde, keinesfalls an dem, was Entwicklungsingenieure und Fertigungstechniker qualitativ für machbar halten. Qualität ist die Erfüllung von erwarteten oder vereinbarten Kundenwünschen. Ein Produkt hat dann die richtige Qualität, wenn es sich für den geplanten Verwendungszweck gut eignet und den Erwartungen des Kunden voll entspricht. Auf einen kurzen und prägnanten Nenner gebracht, wird Qualität heute so definiert: *Qualität ist, wenn der Kunde wiederkommt, nicht aber*

Qualität ist, wenn der Kunde wiederkommt

85

die Ware. (Beim Dienstleister kommt statt der Ware ein blauer Brief.)

Die Multiplikation von Positiv- und Negativbotschaften

Qualität ist für den Kunden etwas Selbstverständliches, solange sie gut ist. Ist er zufrieden, erfährt dieses niemand, der ihn nicht direkt danach fragt. Wehe aber, der Kunde ist unzufrieden. Dieses teilt er unaufgefordert Arbeitskollegen, Nachbarn, Freunden und anderen Menschen mit, die diese Negativbotschaft multiplizieren. Fachleute schätzen, daß ein frustrierter Kunde seinen Ärger bis zu 15 Personen mitteilt, seine Freude jedoch maximal drei Menschen.

3.2 Die Qualität der Dienstleistung

Der „Moment der Wahrheit" beim Dienstleister

Bei einem Dienstleister braucht der Kunde ein Grundvertrauen in das Unternehmen. Fehler, die dieses Vertrauen stören, sind schwerwiegender als Produktfehler in der Industrie, da sie nicht rückgängig gemacht werden können. Im Dienstleistungsbereich entstehen die „Produkte" erst im Augenblick der Begegnung zwischen Kunden und Anbieter. In diesem „Moment der Wahrheit" arbeiten Mitarbeiter ohne Netz und Stange. Bei diesem direkten und persönlichen Kontakt erlebt der Kunde die Unternehmenskultur des Anbieters. Entscheidungen sollten in diesem Moment nicht nach Vorschriften, sondern dem Unternehmen und dem Kunden angemessen getroffen werden. Wenn der Kunde am Tresen steht, kann man nicht mehr in einem Handbuch nachsehen. Verhaltensfehler gegenüber den Kunden sind „Dienstleistung-Produktfehler". Diese Produkte tragen die Bezeichnungen *Beziehung* und *Vertrauen*. Wenn Firmenangehörige hiervon ausgehend den Kundennutzen als oberstes Unternehmensziel definieren und das Wort (Dienst-)*Leistung* beachten, dann stellt sich auch beim Dienstleister der wirtschaftliche Erfolg fast von allein ein.

Ein Kundenbedürfnis zu befriedigen bedeutet, *das Richtige gleich beim ersten Mal zu tun und jedesmal richtig zu liefern oder zu leisten.*[11] In Zeiten des Wirtschaftswunders hieß es, „bei uns steht der Mitarbeiter im Mittelpunkt". In Zeiten des schärfer gewordenen Wettbewerbs hat der Kunde den Mitarbeiter vom Mittelpunkt verdrängt. Jeder Mitarbeiter muß begreifen: nur wenn er den Kunden in den Mittelpunkt seines Handelns stellt, wird er für den Kunden zum Mittelpunkt. Das ist der beste und sicherste Weg, den eigenen Arbeitsplatz zu sichern.

Der Kunde steht im Mittelpunkt

Da Produkte und Dienstleistungen immer ähnlicher werden, sind für den Käufer die Unterscheidungsmerkmale kaum mehr wahrnehmbar. Man kann bei einem Dutzend Reiseveranstalter eine Pauschalreise an den gleichen Ort, in das gleiche Hotel, mit der gleichen Fluggesellschaft buchen. Der TQM/Kaizen-orientierte Anbieter wird sie daher mit einem Zusatznutzen ausstatten, der ihn von Mitbewerbern unterscheidet. Dieser Zusatznutzen sollte sich in der Regel in einer stärkeren Kundenorientierung ausdrücken, um sich so einen festen Platz im Gedächtnis des Kunden zu sichern. Daraus entsteht ein persönliches Grundvertrauen in das Unternehmen, aus dem ein spezielles Vertrauen in dessen Dienstleistungen erwächst.

Vom Nutzen des Zusatznutzens „Kundenorientierung"

Für das Management leitet sich hieraus die Pflicht ab, allen Mitarbeitern bewußt zu machen, daß sie die Qualitätserwartungen, die sie als Konsumenten

Der Mitarbeiter als Treuhänder des Kunden

an ein Produkt oder eine Dienstleistung stellen, auch als Produzenten von Qualitätserzeugnissen erfüllen müssen. Die Rolle des Mitarbeiters muß als Treuhänder der Kunden neu definiert werden. Auf Jubiläumsfeiern und in Todesanzeigen sollte zukünftig nicht mehr davon gesprochen werden, was ein Mitarbeiter für sein Unternehmen, sondern davon, was er für dessen Kunden getan hat.

TQM/Kaizen-praktizierende Unternehmen sind extrem kundenorientiert, d. h.:

Kundenorientierte Verhaltensweisen

- Sie schauen nicht gebannt auf ihre Mitbewerber, sondern auf ihre Kunden.
- Sie sind marktnah, indem sie kundennah sind.
- Sie versuchen das Unternehmen mit den Augen ihrer Kunden zu sehen.
- Sie hören ihren Kunden zu, denn sie wissen, Vertrauen zu gewinnen und zu erhalten ist wichtiger, als geschliffen zu argumentieren.
- Sie wollen keine Kunden verlieren, indem sie Diskussionen gewinnen.
- Sie wissen, der Kunde behält auch im Unrecht immer recht, spätestens dann, wenn er den Lieferanten wechselt.

3.3 Die neue Sichtweise: Der Kunde arbeitet in der Nachbarabteilung

Ein Blick in die Qualitätsgeschichte: Qualität als persönliche Verpflichtung gegenüber dem Nachbarn

Kundenbezogene Verhaltensdefizite lassen sich mit einem Blick in vorindustrielle Zeiten korrigieren. In den früheren Dorfgemeinschaften gab es noch keinen anonymen und weit entfernten Markt. Anschaulich und humorvoll zeigt dies das Beispiel des berühmten gallischen Dorfes, in dem Obelix die Hinkelsteine und der Druide den Zau-

88

bertrank lieferten. Beide waren sich ihrer gegenseitigen Verpflichtung bewußt, Qualität zu liefern. Das brachten die Nachbarschaft und der Überlebenskampf gegen die Römer mit sich. Qualitätsarbeit war zugleich eine Norm des Zusammenlebens, der man wegen seines guten Rufes entsprach. Die Verpflichtung zur Qualität wurde später in die Zunftordnungen geschrieben und zur Handlungsmaxime für alle Lehrlinge, Gesellen und Meister erklärt. Erst mit dem Aufkommen größerer nationaler und internationaler Märkte wurden die Beziehungen zwischen Kunden und Lieferanten anonymer.

Diese Anonymität mit ihren qualitätsmindernden Auswirkungen läßt sich mit einer Sichtweise reduzieren, bei der sich Kunden und Lieferanten nicht erst auf dem Absatz- bzw. Beschaffungsmarkt begegnen, sondern schon in den Nachbarabteilungen des eigenen Unternehmens. Die weiterverarbeitenden Abteilungen sind die Kunden, die vorgelagerten die Lieferanten (siehe Abbildung Seite 50). Interne Lieferanten sollten sich folgende Fragen stellen: Kennt der Kunde unsere Stärken und Schwächen? Was können wir besser machen? Umgekehrt sollten sich die internen Kunden fragen: Kennt unser Lieferant unsere Wünsche, Ziele und Probleme? Kennt er unsere Kunden und deren Wünsche, Ziele und Probleme?

Kunden und Lieferanten im eigenen Unternehmen

Bei dem Autozulieferer Löhr & Brokamp in Offenbach gilt dieser Knigge für das Verhältnis interner Kunden und Lieferanten:

Nimm nichts Falsches an.
Tu nichts Falsches.
Gib nichts Falsches weiter.

89

Statt auf Falsches zu reagieren, wäre es besser, wenn sich Abteilungen mit ihren internen Kunden und Lieferanten in einem TQM-Zirkel zusammensetzten, um diese Fragen auszudiskutieren (vgl. hierzu das Kapitel 6, Die Praxis der TQM/Kaizen-Zirkel).

Lieferant-Kunde-Prozeßkette

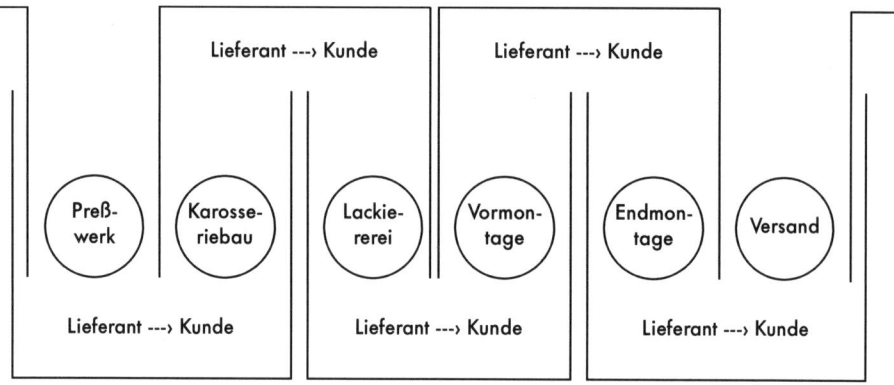

Lean Management = Prozeßmanagement + Schnittstellenmanagement

Literatur

1. Handelsblatt, Juni 1994
2. Gertrud Höhler: Spielregeln für Sieger, Düsseldorf 1993, S. 246
3. Ebenda, S. 84f
4. Ebenda, S. 86
5. Dirk Bösenberg, Heinz Metzen: Lean Management, Landsberg 1992, S. 95
6. Horst Wildemann: Lean Management, Frankfurt/Main 1993, S. 21
7. Ebenda, S. 26
8. Dirk Bösenberg, Heinz Metzen: a.a.O., S. 92
9. Horst Wildemann, a.a.O., S. 94
10. Gertrud Höhler, a.a.O., S. 94
11. Annette Bach: Qualitätsmanagement – Managementqualität; in: Franz Biehal (Hrg.): Lean-Service, Wien-Bern 1993, S. 84

4. Der TQM/Kaizen-Erfolg hat viele Väter
Vom Taylorismus zum Toyotismus

Die TQM-Familie hat eine lange Tradition

Die Geschichte des Lean Management und damit zugleich die des TQM/Kaizen begann nicht erst mit der japanischen PKW-Produktion bzw. der bereits erwähnten MIT-Studie, sondern schon in den zwanziger Jahren, und zwar in den USA. Wesentliche Erkenntnisse lieferten auch Untersuchungen aus Europa, so z. B. die Tavistock-Studien aus England, in denen schon 1950 der Leistungsvorteil von Gruppenarbeit am Beispiel des Steinkohlebergbaus nachgewiesen wurde. Auch das VOLVO-Experiment aus den siebziger Jahren gehört zur Lean-Historie, ebenso wie Null-Fehler-Programme und deutsche Lernstattgruppen. Keine Führungskraft kann sagen, sie hätte das alles

Die Wurzeln der Lean-Historik liegen im Westen

nicht gewußt. Das komplette Wissen um Lean Management liegt ausformuliert und methodisch durchdifferenziert seit mindestens 25 Jahren auch im Westen vor.

4.1 Der Taylorismus: Fortschritt und Rückschritt in einem

Von 1895 an veröffentlichte Frederick Winslow Taylor (1856-1915) eine Reihe von Schriften, in denen er versuchte, die Methoden der experimentellen Wissenschaft auf den Betrieb anzuwenden. Er vereinigte in sich den Theoretiker und den Praktiker. Als Arbeiter, Ingenieur, Betriebsleiter, Jurist, Unternehmensberater und Präsident der „American Society of Mechanical Engineers" konnte er aus einem reichen Fundus an Wissen und Erfahrungen schöpfen.

F. W. Taylor - ein Theoretiker und Praktiker

Aus seinem wichtigsten Buch „The Principles of Scientific Management" leitet sich später der Begriff *Wissenschaftliche Betriebsführung* als Synonym für *Taylorismus* ab. Taylors Maxime lautete: *„Ersatz des persönlichen Arbeiterurteils durch eine Wissenschaft."*[1] Jeder Arbeitsvorgang wurde genau untersucht und von ihm in seine Elemente zerlegt und exakt berechnet. Überflüssige Handgriffe und „tote" Zeiten beseitigte er durch Zeitnahmen und Bewegungsstudien. Auch die Werkzeuge wurden mit Blick auf die zu leistende Arbeit und das geplante Material entsprechend genormt.

Der Taylorismus als Wissenschaft der Arbeitsorganisation und Betriebsführung

Neben die wissenschaftliche Analyse der Arbeitsvorgänge trat später die wissenschaftliche Auslese der Arbeiter. Jedem Arbeiter sollte die Arbeit übertragen werden, zu der er am besten geeignet war. So wurde F. W. Taylor Begründer einer neuen „Wissenschaft", die sich gleichermaßen als Wissenschaft der Arbeitsorganisation und Wissenschaft der Betriebsführung versteht (vgl. unten „Taylors Prämissen").

Hauptziele des Taylorismus

Dieses waren die zwei Hauptziele des Taylorismus:

1. den Produktionsprozeß für die Betriebsleitung überschaubar, berechenbar und kontrollierbar zu machen,

2. die Arbeiter durch Anreizsysteme zur Leistungssteigerung zu motivieren.

Das Fließband - die Krönung des Taylorismus

Der Taylorismus fand seinen sichtbarsten Ausdruck im Fließband, das es möglich machte, den Produktionsprozeß als räumlich-zeitliches Kontinuum darzustellen. In allen tayloristischen Nachfolgekonzepten wurde immer wieder versucht, den Menschen der „Fließband-Maschine" anzupassen, bis der Toyotismus den umgekehrten Weg versuchte, nämlich die Maschine dem Menschen anzupassen.

Taylors Prämissen

1. Durch *systematische Personalselektion* wird die am besten geeignete Person für jede Arbeit ermittelt, um so optimale Bewegungsabläufe zu garantieren.

2. Durch die Einführung *kurzer Pausen* wird die Arbeitsleistung quantitativ und fachlich verbessert.

3. Durch *Leistungslohn* wird die Leistungsbereitschaft auf hohem Niveau gehalten.

4. Durch *arbeitswissenschaftliche Gestaltung* des Arbeitsplatzes (Licht, Temperatur, Farbe, Layout) wird die Leistungsfähigkeit des Arbeiters optimiert.

5. Durch *weitgehende Arbeitsteilung* werden die Anforderungen an den einzelnen Arbeitsplatz so weit reduziert, daß bei Neuanstellungen kurze Anlernzeiten genügen.

6. Durch die *Trennung von Arbeitsvorbereitung und -ausführung* wird eine spezialisierte Leistungs- und Kontrollfunktion geschaffen (spezialisierte Funktionsmeister).

Der Taylorismus ist in den USA entstanden, da man das Kampffeld der Kosten hier zuerst entdeckte. Schon damals wurde die Senkung der Stückkosten zum entscheidenden Hebel, um die Konkurrenzfähigkeit zu erhalten. In dieser Hinsicht konnte Taylor bei der Midvale Steel in Philadelphia große Erfolge erzielen. So wurden nach Einführung seines Systems die Hilfsarbeiterstellen von 600 auf 140 abgebaut bei einer gleichzeitig von 16 auf 59 Tonnen gestiegenen Tagesleistung und einem Lohnanstieg von 1,15 auf 1,88 Dollar. Transport- und Verladekosten halbierten sich. In Maschinenbetrieben, die Taylor nach seinen Grundsätzen der wissenschaftlichen

Beispiele tayloristischer Früherfolge

95

Betriebsführung organisierte, verdoppelte sich die Produktivität pro Mann und Maschine im Zeitraum von drei Jahren. Das war der Grund dafür, daß bis 1940 mehr als 90 Prozent aller US-Industriefirmen Taylors Rationalisierungs- und Anreizsystem übernahmen.

Tayloristische Erfolge am Beispiel der Ford-Werke

Jahr	Produktionsbedingungen	Durchschnittl. Dauer des Arbeits- vorganges
1908	Arbeiter holten sich alle Teile in die Werkstatt, bearbeiteten und montierten diese zum PKW; lange Ausbildung.	514 Min. (8,56 Std.)
1909	Die perfekte Austauschbarkeit der Teile war erreicht; jeder Arbeiter führte nur noch einen einzigen Arbeitsschritt aus und ging dabei von PKW zu PKW.	2,3 Min.
1913	Das Fließband wurde eingeführt. Das Auto wurde am Arbeiter vorbeigeführt. Schnelle Ausbildung in einigen Minuten.	1,19 Min.

Abb.: Tayloristische Erfolge

Taylor bezweifelte auch die lineare Arbeitsorganisation und entwickelte stattdessen das Funktionsmeisterprinzip, bei dem jeder Arbeiter Anweisungen und Aufträge von acht Spezialmeistern erhält (Prüfmeister, Instandhaltungsmeister, Geschwindigkeitsmeister, Vorrichtungsmeister und vier Planungsmeister), die für die Ausfertigung von Arbeits- und Unterweisungskarten, die Zeit- und Kostenabrechnungen sowie die Produktionsdisziplin zuständig sind. Ferner schlug er eine Arbeitsteilung der Führungsaufgaben vor, damit *„der Gang der Werkstätte nicht vom Betriebsdirektor abhängig"* ist.[2]

Funktionsmeisterbetrieb versus lineare Arbeitsorganisation - ein mißlungener Versuch einer anderen Aufbauorganisation

Die nachfolgend aufgeführten Restriktionen des Taylorismus waren Ursache einer teilweise sehr scharfen Kritik am System der wissenschaftlichen Betriebsführung und lösten alternative Denkprozesse aus, so u. a. bei Toyota in Japan:

Restriktionen des Taylorismus

- Hand- und Kopfarbeit wurden getrennt. Alle geistigen Elemente wurden aus der Tätigkeit des Arbeiters eliminiert. Eigenes Wissen, Ideen und durch Generationen gewonnene Erfahrungen sollten und konnten nicht mehr in den Arbeitsprozeß eingebracht werden.

- Kopfarbeit war das Privileg der Führungsmannschaft. Sie allein kannte die Grundsätze der wissenschaftlichen Betriebsführung und verstand sie zum Nutzen aller anzuwenden.

- Taylor degradierte den Arbeiter zum „homo oeconomicus", der als träge galt und so mit materieller Gratifikation oder Sanktion zur Arbeit angehalten werden mußte. Daraus folgte eine starke Gewichtung, insbesondere der Führungsaufgabe Kontrolle. Psychische, seelische, soziale Aspekte blieben im Produktionsprozeß fortan unberücksichtigt.

97

- Die extreme Arbeitsteilung des Taylorismus bedingte eine Entfremdung zwischen dem Arbeiter und seinem Produkt, die sich u. a. in mangelnder Qualität und Demotivation ausdrückte.

- Betriebliche Abläufe sollten sich im Rahmen der formalen Organisation vollziehen, die keine anderen als die vorgeschriebenen dienstlichen und funktionellen Inhalte zuläßt.

Interessant ist, wie sich die Japaner, so z. B. Konsuke Matsushita, Vorstandsberater der Matsushita Electric Industrial Co., zur tayloristischen Praxis westlicher Unternehmen äußern:

Eine japanische Meinung zum Taylorismus

„Wir sind die Gewinner, und der industrielle Westen wird weiter verlieren: Sie können nicht viel daran ändern, weil die Ursachen Ihrer Fehler in Ihnen selbst liegen.

Ihre Unternehmen sind nach dem Taylorschen Modell ausgerichtet. Sie sind fest davon überzeugt, daß dies der richtige Weg ist, ein Unternehmen zu führen. Für Sie besteht das Wesentliche des Managements darin, die Idee von den Köpfen der Bosse in die Hände der Arbeiter zu bringen.

Wir stehen jenseits des Modells von Taylor: Unternehmertum - das wissen wir - ist heute so komplex und schwierig, das Überleben der Unternehmen in einer zunehmend unvorhersagbaren Umweltentwicklung so gefährdet, voller Konkurrenz und voller Gefahren, daß der fortwährende Bestand von der tagtäglichen Mobilisierung jedes Gramms Intelligenz abhängt.

Für uns besteht der Kern des Managements insbesondere in der Kunst, die intellektuellen Ressourcen aller Mitarbeiter für den Dienst am Unternehmen zu mobilisieren und zu bündeln. Weil wir die Tragweite der neuen technologischen und ökonomischen Herausforderungen besser einschätzen konnten, wissen wir, daß die Intelligenz einer Handvoll Technokraten, so brillant und smart sie auch sein mögen, nicht länger für den realen Erfolg ausreicht.

Nur wenn wir die kombinierte Kraft der Hirne aller Mitarbeiter nutzen, können wir die Turbulenz und die Bedrohung der heutigen Umwelt in den Griff bekommen."[3]

Trotz dieser Kritik am Menschenbild des Taylorismus und an den Auswüchsen in der Entstehungsphase ist festzuhalten, daß Taylor die organisatorischen Grundlagen der modernen mechanisierten Massenproduktion schuf, die ihrerseits zur Ursache für die Automation und industrielle Revolution wurde. In Deutschland fand der Taylorismus mit der Gründung des Reichsausschusses für Arbeitszeitermittlung (REFA) seine organisatorische Plattform. Selbst seine schärfsten Kritiker übernahmen ihn nach 1920 in Form des Stachonow-Systems in der Sowjetunion, um die sozialistische Wirtschaft zu stimulieren, denn - so ein sowjetischer Ökonom - der Taylorismus bringt *„gewisse fortschrittliche Ideen und Thesen zum Ausdruck, worin sich die Entwicklungsbelange der wissenschaftlich organisierten gesellschaftlichen Großproduktion widerspiegeln"*.[4]

Taylors positive Rolle in der Industriegeschichte

99

4.2 Human Relation: TQM/Kaizen schon in den zwanziger Jahren

In den zwanziger Jahren versuchten viele US-Firmen den Taylorismus zu perfektionieren. Eine von vielen Untersuchungen mit diesem Ziel wurde weltberühmt und zum Ausgangspunkt eines neuen managementtheoretischen Ansatzes. Gemeint sind die *Hawthorne-Experimente*, die ab 1924 liefen. Diese Untersuchungen, die im Hawthorne-Werk der Western Electric Company in Chicago begannen, sollten zunächst die Wirkung von Beleuchtungsart und -stärke auf die Arbeitsleistung der Arbeiter ermitteln. Dazu hatte man eine Test- und eine Kontrollgruppe gebildet, wovon die eine unter gewohnten Beleuchtungsverhältnissen und die andere bei wechselnden Lichtstärken arbeiten mußte. In der Testgruppe wurde die Lichtstärke in regelmäßigen Abständen erhöht und erwartungsgemäß stieg auch die Arbeitsleistung an. Überraschend war jedoch, daß auch die Arbeitsleistung der unter normalen Lichtverhältnissen arbeitenden Kontrollgruppe anstieg. Noch größere Überraschung entstand, als dann in der Testgruppe die Beleuchtung bis auf die Stärke einer Kerze abgeschwächt wurde, die Arbeitsleistung aber weiterhin zunahm.

Wegen dieser überraschenden und unverständlichen Ergebnisse beauftragte man den Nationalökonomen und Psychologen Elton Mayo von der Harvard-Universität, umfassende Studien über den Einfluß physischer Bedingungen auf den Arbeitsprozeß anzustellen. Dazu führte er mit seinen Mitarbeitern eine Reihe von Experimenten durch, die der Intention und den Ergebnissen nach dem

Die kopernikanische Wende durch die Hawthorne-Experimente

Beleuchtungsexperiment glichen. Obwohl es die Aufgabe war, den Einfluß äußerlicher Arbeitsbedingungen (Lohn, Pausen, Temperatur usw.) quantitativ zu bestimmen, stand am Ende der Untersuchungen die Entdeckung des bis dahin unbekannten „Faktors der menschlichen Beziehungen", womit die psychischen und sozialen Begleitphänomene der industriellen Arbeit gemeint sind.

Die Entdeckung des „Faktors der menschlichen Beziehung" durch Elton Mayo

Die Ergebnisse der Hawthorne-Studie stellten die Gültigkeit der Aussagen des Scientific-Management in Frage. Im Gegensatz zur tayloristischen Konzeption des „homo oeconomicus", der nach individueller Nutzenmaximierung strebt, kamen Mayo und seine Mitarbeiter zu folgenden Schlußfolgerungen:

1. Das Produktionsergebnis wird durch soziale Normen und nicht durch physiologische Leistungsgrenzen bestimmt.

2. Nichtfinanzielle Anreize motivieren mehr als finanzielle.

Die neuen Erkenntnisse der Human-Relation-Schule

3. Industriearbeit ist nicht nur formelle, sondern auch informelle Gruppenarbeit. Dementsprechend handeln die Arbeiter nicht nur als Individuen, sondern meist im Kontext der Gruppenbeziehungen.

4. Das soziale Leben der Arbeiter ist durch die Berufssphäre bestimmt. Arbeit stellt nichts Fremdes im Leben der Arbeiter dar. Sozialer Status, Verbrauchsgewohnheiten, gesellschaftliche Beziehungen u. a. m. stehen mit der Arbeit und dem Betrieb in engster Beziehung.

Mary Parker Follet - eine noch frühere Taylorismuskritikerin

Obwohl die Entstehung und Entwicklung der Human-Relation-Bewegung eng an den Namen Elton Mayo geknüpft sind, gilt es festzustellen, daß die Bedeutung des menschlichen Faktors im Produktionsprozeß bereits zu einem früheren Zeitpunkt von Mary Parker Follet (1868-1939) herausgearbeitet worden war. In ihren Arbeiten hatte sie die tayloristische Theorie wegen deren Einseitigkeit, Reiz-Reaktion-Mechanismus und Ignorierung psychologischer Aspekte kritisiert.

Die fehlende empirische Begründung mag eine Ursache dafür sein, daß Mary Parker Follets Arbeiten mehr oder weniger in Vergessenheit gerieten.

Leistungssteigerung und Leistungsbegrenzung durch Sozialnormen

Während Taylor den Lohn als elementaren Stimulus des Arbeitsverhaltens betrachtete und dementsprechend an die leistungssteigernde Kraft des Akkordsystems glaubte, gelang es der Human-Relation-Bewegung nachzuweisen, daß die Leistung eines Arbeiters nicht nur durch seine physische, sondern in erster Linie durch seine „soziale Kapazität" bestimmt ist. Dieser Nachweis konnte im berühmt gewordenen „Bank-Wiring-Room-Experiment" erbracht werden. Gedanklicher Ausgangspunkt war hierbei, für eine bestimmte Arbeit einen individuellen Stundenlohn kombiniert mit einer Gruppenakkordprämie zu bezahlen.

Bei diesem Experiment zeigte sich deutlich, daß die Arbeiter ihre Leistung zurückhielten, obwohl eine höhere quantitative Leistung, die ohne Überanstrengung hätte erbracht werden können, angemessen honoriert worden wäre. Die Arbeiter verzichteten also bewußt auf einen möglichen Mehrlohn, indem sie ihre Leistung absichtlich niedrig hielten.

Dieses Experiment führte zu der Erkenntnis, daß die tatsächliche Ausbringungsmenge industrieller Arbeit nur im losen Zusammenhang mit der möglichen physischen Tagesleistung der Arbeiter steht. Sie ist in erster Linie eine Funktion sozialer Normen, die sich in den verschiedenen Arbeitsgruppen gebildet haben. In der untersuchten Gruppe lag die Norm für eine angemessene Tagesarbeit bei zwei vollständig zu verdrahtenden Schaltbrettern. Arbeiter, die mehr oder weniger produzierten, wurden entweder als Akkordbrecher oder aber als Nassauer betrachtet. Für den Fall eines erhöhten Produktionsausstoßes rechneten die Arbeiter mit einer Heraufsetzung der Akkordnorm, was einer Reduzierung der Löhne gleichkäme. Eine zu große Unterproduktion wurde andererseits als unfair gegenüber der Geschäftsleitung betrachtet. Man glaubte, dadurch Schwierigkeiten zu bekommen.

Der empirische Nachweis - ein Beispiel

Die Ergebnisse dieses Experiments zeigen, daß die Annahme, der Arbeiter würde nur seinen egoistischen Zielen nachgehen, falsch ist. Vielmehr wurde deutlich, daß Arbeit eine Gruppentätigkeit, d. h. ein sozialer Prozeß ist und das Verhalten des Arbeiters wesentlich von den Normen jener Gruppe abhängt, deren Mitglied er ist. Der materielle Lohn und die physischen Arbeitsbedingungen sind deshalb nicht die einzigen entscheidenden Faktoren für die Arbeitsleistung. Der Wunsch nach Anerkennung, Sicherheit und echter Zugehörigkeit, nach Prestige und Status sind ebenso wichtig. Allein die Tatsache, im Blickpunkt der Wissenschaftler zu stehen, hatte dazu geführt, daß sich ein elitäres Gruppenbewußtsein herausbildete, aus dem Motivation und Identifikation resultierten. Diese Aspekte gingen als soge-

Der Hawthorne-Effekt

nannter *Hawthorne-Effekt* in die sozialwissen-schaftliche Diskussion ein.

Die Hawthorne-Experimente zeigten, daß das persönliche Leistungsverhalten hauptsächlich durch die Art und Weise der sozialen Beziehungen am Arbeitsplatz bestimmt wird. Im Gegensatz zu Taylor, der sich für die Leistung des einzelnen Arbeiters interessierte, betont die Human-Relation-Schule, daß es die Organisation nicht mit Individuen, sondern stets mit Arbeitsgruppen zu tun hat, die sich nicht unbedingt mit den formellen Arbeitseinheiten zu decken brauchen. Die Mitglieder solcher Gruppen gehen Wechselbeziehungen ein, die nicht unbedingt dem Fluß der Arbeit entlang, sondern kreuz und quer durch den ganzen Betrieb verlaufen.

Die Bedeutung informeller Gruppenbeziehungen

Diese informellen Gruppen sind für die Human-Relation-Schule von besonderer Bedeutung, da sie nicht nur - wie schon erwähnt - den Arbeitsrhythmus ihrer Mitglieder bestimmen, sondern auch das Sicherheitsgefühl, die sozialen Verhaltensformen sowie die Bewertung der Betriebsumwelt.

Informelle Gruppen ergänzen die formelle Organisation

Während die tayloristische Organisationstheorie solche informellen Gruppen als Störfaktor betrachtet, sieht die Human-Relation-Schule sie als wichtig und notwendig für das betriebliche Funktionieren an:

„Informelle Beziehungen sind nicht zufällig und nebensächlich für den Ablauf des Betriebes, im Gegenteil: Keine Organisation vermag wirksam zu funktionieren, wenn sie nicht ein parallel laufendes, spontanes Netz zwischenmenschlicher Beziehungen enthält.“[5]

Eines der Hauptziele der Human-Relation-Schule bestand nun darin, für die Zufriedenheit der Arbeitnehmer zu sorgen, indem die informellen Gruppenbeziehungen beachtet wurden. Zufriedenheit wurde als Voraussetzung von Leistung definiert. Darum sei eine Organisation, in der die Mitarbeiter zufrieden sind, auch die leistungsfähigste.

Zufriedenheit als Leistungsanreizfaktor

Ein weiteres wichtiges Resultat der Human-Relation-Experimente modifizierte auch jene Annahmen des Scientific-Managements, wonach allein Vorarbeiter, Meister oder Abteilungsleiter die Mitarbeiter führen. Bei verschiedenen Untersuchungen wurden sogenannte „informelle Führer" festgestellt, die dadurch, daß sie die Gruppennormen am besten erfüllten, aus der Gruppe herausragten und diese beeinflußten. Auch bei dem schon erwähnten „Bank-Wiring-Room-Experiment" ging ein Arbeiter klar als informeller Führer der Gruppe hervor, während der Abteilungsleiter als formeller Führer keinen großen Einfluß auf die Gruppe ausübte. Vielmehr stand er unter dem Druck, der Gruppe zuzustimmen.

Die Entdeckung des informellen Führers

Es stellt sich nun die Frage, mit welchen Mitteln die Ziele der Human-Relation-Praxis erreicht werden sollen. Als Folge der Experimente gab es verschiedene Methoden, die zumeist gleichzeitig anzuwenden sind.

Methoden der Human-Relation-Praxis

Eine besondere Rolle, um menschliche Beziehungen positiv zu gestalten, spielt die Kommunikation zwischen den verschiedenen Rangstufen des Betriebes. Die Mitarbeiter und insbesondere jene, die mit Führungsaufgaben betraut sind, sollen lernen, auf andere zu hören und Fragen zu stellen, die einen Überblick über gegebene Situationen er-

Die Rolle der Kommunikation als Leistungsfaktor

möglichen, die eigenen Gefühle und die der anderen zu erkennen sowie die soziale Realität des Betriebes zu beobachten.

Delegation als Leistungsfaktor

Auch wurde darauf hingewiesen, wie wichtig die Delegation von Aufgaben, Verantwortung und Kompetenzen ist. Danach sollen untere Ränge an den Entscheidungen der oberen beteiligt werden, besonders in Angelegenheiten, die sie selbst betreffen. Delegation wird in diesem Zusammenhang auch als Mittel zur Freisetzung des schöpferischen Potentials der Beschäftigten auf allen Ebenen des Betriebes empfohlen.

Demokratische Führung als Leistungsfaktor

Auch das Führungsverhalten muß - so eine weitere Empfehlung der Human-Relation-Schule - einer gründlichen Revision unterzogen werden. An die Stelle des bis dahin vorherrschenden autoritären Führungsstils sollte das Konzept „demokratischer Führung" treten. Man war der Meinung, daß die"möglichen Führungsstile anhand der Begriffe „demokratisch", „autoritär" und „laisser-faire" operationalisierbar seien. Nach entsprechenden Untersuchungen - u. a. mit Kindergruppen - gelangte man zu der Erkenntnis, daß die „personenbezogene Führung" bessere Auswirkungen auf die Produktivität hat als die „produktionsbezogene".

Der schwarze Freitag 1929 und die nachfolgende Weltwirtschaftskrise bereitete den Hawthorne-Experimenten ein plötzliches Ende. Dann kam der zweite Weltkrieg. Noch bevor die Diskussion über die Erkenntnisse aus Chicago begann, griffen die amerikanischen Manager wieder zu den ihnen vertrauten Mitteln der Kommandowirtschaft mit Planung und Kontrolle im Zentrum des Führungsverhaltens.

Es ist unzweifelhaft das Verdienst der Human-Re-lation-Schule, die Managementtheorie und Indu-striesoziologie bis in die Gegenwart hinein be-fruchtet zu haben. Während sie in den siebziger Jahren vor allem durch die marxistische Kritik be-kannt wurde und sich den Vorwurf einer Mana-gersoziologie gefallen lassen mußte, feiert sie heute im Zusammenhang mit den Themen Lean-Management, TQM/Kaizen ihre Wiedergeburt. Sie lieferte die empirischen Grundlagen für die Wirk-samkeit „japanischer Personal- und Unterneh-mensführung", noch bevor die Japaner diese praktizierten. Selbst der heutigen Diskussion bie-tet sie den theoretischen Rahmen für das Ver-ständnis der Wirksamkeit von TQM/Kaizen, denn die Betonung der Eigenverantwortung geht auf Mayo und seine Mitarbeiter zurück, 70 Jahre be-vor die Literatur zum Thema „Schlankes Manage-ment" geschrieben wurde. Das gilt auch für die Entdeckung der Organisation als offenes soziales System mit formalen und informellen Strukturen. Man könnte die Begriffe der Human Relation und „TQM/Kaizen durch Human Relation" fast syno-nym verwenden. Die Erkenntnisse von Mayo und seinen Mitarbeitern haben kaum an Aktualität eingebüßt.

Human Relation als empirische Grundlage für den Toyotismus

4.3 Organisationsentwicklung (OE): TQM/Kaizen in den siebziger Jahren

Hauptberufliche Organisationsentwickler haben die Erkenntnisse der MIT-Studie über schlankes Management nicht erstaunt. Sie können auch nur lächeln über das, was Kaizen-Papst Imai als „neueste Neuigkeit" propagiert und was sich bei genauerem Hinsehen als Schnee von gestern ent-

Nichts Neues aus Japan: Die Sicht der OE-Fachleute

107

puppt. Bereits vor zwanzig Jahren entstand das *Organization Development* als eine Methode des gewollten und geplanten organisatorischen Wandels. Die Deutsche Gesellschaft für Organisationsentwicklung definiert OE so:

Eine wichtige Definition

„Organisationsentwicklung ist ein längerfristig angelegter, organisationsumfassender Entwicklungs- und Veränderungsprozeß von Organisationen und der in ihr tätigen Menschen. Der Prozeß beruht auf Lernen aller Betroffenen durch direkte Mitwirkung und praktische Erfahrung. Sein Ziel besteht in einer gleichzeitigen Verbesserung der Leistungsfähigkeit der Organisation (Effektivität) und der Qualität des Arbeitslebens (Humanität)."

OE-Ziele:

personenbezogen	unternehmens-bezogen	organisations- und strukturbezogen
Änderung von Einstellungen und Verhaltensweisen	größere Selbstkontrolle u. -steuerung	Optimierung der Organisationsstruktur
Änderung der „inneren Situation"	Abbau von Gruppenrivalitäten	Entbürokratisierung
Qualifizierung	intensivere Zusammenarbeit	effiziente Ablauforganisation
Persönlichkeitsentwicklung	Klärung der Organisations- und Abteilungsziele	organisatorische Transparenz

Viele Unternehmen verschrieben sich einen OE-Prozeß als Therapie, um Organisationsgeschwulste zu kurieren. Schon in den siebziger Jahren machten die zunehmende Bürokratisierung, der Wertewandel im Denken und Handeln der Mitarbeiter sowie die durch das Vordringen der Mikroelektronik ausgelöste Organisationskrise umfassende Gesundungs- und Fitneßstrategien notwendig.

Vergleich:

Management by OE	Traditionelles Führen
Organisation durch Organisationsangehörige mittels Selbstdiagnose und -therapie	Organisation durch Fachleute von oben und außen
Zielsuche als ständiger Prozeß zwischen Angehörigen aller Ebenen und Bereiche	Autoritatives Festlegen von Aktionszielen durch die Organisationsleitung
interdisziplinäre und ganzheitliche Vorgehensweise	monodisziplinäre und spezialistische Vorgehensweise
konstruktive Konfrontation: Konflikte als Entwicklungsherausforderung	Konfliktaustragung durch Dominanz, Flucht und aggressives Abreagieren
Organisation des Veränderns durch Selbststeuerung --› statt --›	**Verändern der Organisation mittels Fremdsteuerung**

Betroffene zu Beteiligten machen

Das Team als Bindeglied zwischen Individuum und Unternehmen

Prozeßorientierung tritt neben das Ergebnisdenken

Das bis dahin kaum genutzte Problemlösungspotential der Mitarbeiter wurde aktiviert. Da Veränderungen mit Widerständen einhergehen, lautete ein zentraler Denkansatz der OE: „Betroffene zu Beteiligten machen." Man wußte, daß selbsterarbeitete Teambeschlüsse mit größerer Akzeptanz umgesetzt werden als Top-down-Anordnungen. Eine OE-orientierte Personalentwicklung fordert, *human resources* stärker zu nutzen, indem Mitarbeitern mehr Verantwortung übertragen wird, wie das in TQM/Kaizen-Konzepten der Fall ist. Schon in den siebziger Jahren - so die Vorstellungen der Organisationsentwickler - sollte das Team als zentrales Bindeglied zwischen Individuum und Unternehmen treten. Arbeit und Lernen wurden als Einheit definiert, denn den Organisationsentwicklern ging es darum, die Anpassungsfähigkeit an die vielfältigen Unternehmenseinflüsse zu steigern und das Problemlösungspotential zu verbessern. Lange vor TQM/Kaizen erkannten OE-orientierte Trainer und Berater, daß die Prozeßorientierung gleichberechtigt neben die Ergebnisorientierung treten muß. Statt „one best way" wurde der Weg als das Ziel definiert, denn „erst müssen die Prozesse verbessert werden, ehe verbesserte Ergebnisse erzielt werden"[6].

Der Erfolg der Diskussion um Lean-Management liegt u. a. darin, daß OE-orientierte Strategien unter anderen Begriffen von denen zur Kenntnis genommen werden, die sie einige Jahre zuvor noch als eine Art Sozialträumerei ablehnten. Dazu gehört insbesondere das technische Management.

4.4 Der Volvoismus als Teil des Toyotismus: Schwedische Erfahrungen mit der Gruppenarbeit

Die Erkenntnisse und Vorstellungen des Organization Development wurden Mitte der siebziger Jahre erstmals in Schweden umgesetzt. Der Pharmakonzern ASTRA und der PKW-Hersteller VOLVO betrieben ihre Produktion großflächig mit teilautonomen Gruppen. Hierbei spielte auch die in den siebziger Jahren vehement geführte Diskussion um die „Humanisierung der Arbeit" eine beachtliche Rolle. Durch sozialdemokratisch geführte Regierungen in Deutschland und Skandinavien und die Präsenz von Gewerkschaftern auf den Regierungsbänken hatte dieses Anliegen einen guten Nährboden gefunden.

Humanisierung der Arbeit mit teilautonomen Gruppen

Bei ASTRA und VOLVO, aber auch bei anderen Unternehmen, die sich mit der Gruppenarbeit anfreundeten, stiegen Quantität und Qualität der Produktion, sanken die Fehlzeiten- und Fluktuationsraten. In Kalmar baute VOLVO eine Fabrik im Sinne von Taiichi Ohno, allerdings ohne von ihm je gehört zu haben. Das dortige Fertigungslayout wurde unter Verzicht auf das Fließband den Mitarbeitern soweit wie möglich angepaßt und nicht etwa die Menschen den Maschinen, so wie es der tayloristischen Tradition entsprach. Dieses waren die Hauptelemente, mit denen man die Arbeit neu stukturierte:

Erfolge

111

Neustrukturierung der Arbeit bei VOLVO

1. Erweiterung des Tätigkeitsspielraums (job-enlargement),
2. Erweiterung des Verantwortungsspielraums (job-enrichement),
3. Tätigkeitenwechsel (job-rotation).

Hier, aber auch in anderen Unternehmen, sollten möglichst viele Arbeiter die Aufgaben von mehreren bzw. anderen Arbeitsplätzen beherrschen.

Auch dispositive Aufgaben wurden von den Arbeitsgruppen wahrgenommen. Das bewirkte schon damals flache Hierarchien. Die noch vorhandenen Meister hatten fortan mehr Zeit für administrativ koordinierende Führungsaufgaben.

Kritik der MIT-Forscher

Die beteiligten Forscher der MIT-Studie sehen im VOLVO-Modell keinen Beitrag zur schlanken Produktion, sondern eher eine Form der „Neo-Handwerkskunst". Diese ist jedoch ihrer Meinung nach nicht zeitgemäß, da in den neunziger Jahren die noch verbleibenden Routinearbeiten in der PKW-Endmontage immer konsequenter automatisiert werden. Darum wird die Belegschaft schlanker Fabriken ausschließlich aus hochqualifizierten Problemlösern bestehen, die ständig über Systemoptimierung nachdenken. *„Der Haken der Neo-Handwerkskunst ist, daß sie dieses Ziel nie erreichen wird, weil sie in die andere Richtung strebt, zurück zu einer Handwerksaera als Selbstzweck."*[7] Die MIT-Forscher kritisieren, daß statt vieler Teile in einem langen Takt wenige in einem kurzen montiert werden sollten. Sehr viel Zeit geht beim „Neo-Handwerk" verloren, um nachzubessern und Teile anzupassen. *„Im gut organisierten schlanken Produktionssystem sind diese Aktivitäten überflüssig."*[8]

112

Bei dieser Bewertung durch die MIT-Studie ist zu berücksichtigen, daß VOLVO nicht zu den 90 PKW-Montagewerken der Studie gehörte, die von den Wissenschaftlern besucht und untersucht wurden. Außerdem ist anzunehmen, daß den US-Forschern der Kontext unbekannt ist, der in den siebziger Jahren zu vielfältigen Aktivitäten in Richtung Humanisierung der Arbeit führte und über Änderungen von Arbeitsstruktur und Organisation ungewollt schlanke Konzepte vorwegnahm. VOLVO lieferte - was die Gruppenarbeit angeht - den Beweis, daß neben dem tayloristischen auch andere Produktionskonzepte wirksam sind. Insofern hatten die skandinavischen Bemühungen mit teilautonomen Gruppen Pionierfunktion für die 10 bis 15 Jahre später einsetzende schlanke Produktionsweise.

Kritik der MIT-Kritik

Literatur

1. F. W. Taylor: Die Grundsätze wissenschaftlicher Betriebsführung, München/Berlin 1919, S. 121
2. Ebenda, S. 53
3. Reinhard K. Sprenger: Mythos Motivation, Frankfurt/Main 1993, S. 164
4. D. M. Gvisiani: Management. Eine Analyse bürgerlicher Theorien von Organisation und Leitung, Berlin 1974, S. 262
5. F. J. Roethlisberger, W. J. Dickson: Management and the Worker; Cambridge, Hass. 1939; zitiert nach Oetterli, J.: Betriebssoziologie und Gesellschaftsbild, Westberlin 1971, S. 552
6. Heinrich Dürscheid: Wie werden wir schnell lean? in: Manager-Seminare, 12/93
7. James Womack u. a.: Die zweite Revolution in der Autoindustrie, Frankfurt/Main 1992, S. 107
8. Ebenda

5. Leanwork ist Teamwork
Teambildung als organisatorische Grundlage von TQM/Kaizen

Gemeinsam stärker sein

Das Thema Kooperation ist alt. Sogar der Ökonomie-Altmeister Karl Marx widmete diesem Sujet in seinem Hauptwerk „Das Kapital" viele Seiten. *„Abgesehen von der neuen Kraftpotenz, die aus der Verschmelzung vieler Kräfte in eine Gesamtkraft entspringt, erzeugt bei den meisten produktiven Arbeiten der bloße gesellschaftliche Kontakt einen Wetteifer und eine eigene Erregung der Lebensgeister (animal spirits), welche die individuelle Leistungsfähigkeit der einzelnen erhöhen ..."*[1]

Der Komplex Kooperation hat viele Aspekte. Will man der Gesamterscheinung gerecht werden, muß unterschieden werden zwischen der Kooperation als einer Form der Interaktion zwischen mehreren Individuen, als einem Einzelverhalten und als ei-

Aspekte der Kooperation

nem Führungsstil.[2] So ist unter einem *kooperativen Führungsstil* das bewußte und institutionelle Beteiligen aller Mitarbeiter an der Lösung anstehender Probleme zu verstehen.

Kooperatives Verhalten zeichnet sich durch Hilfsbereitschaft und Gemeinsamkeit im Hinblick auf die zu bewältigende Aufgabe aus.

Teamwork ist eine Sonderform der Zusammenarbeit in Gruppen, bei der alle Mitglieder gleiche Rechte und Pflichten haben und die Führung untereinander regeln.

5.1 Formen der Gruppenarbeit

Die eigentliche Gruppenarbeit im klassischen Sinne findet idealtypisch in diesen drei Formen statt:

5.1.1 Die Arbeit in Gruppen nebeneinander

Hier arbeiten alle an ihrer Aufgabe, aber gemeinschaftlich mit anderen. Das war z. B. der Fall, wenn sich früher die Frauen des Dorfes zum Spinnen trafen, dabei sangen und plauderten. Dieses Nebeneinander stimulierte die Einzelleistung, man lernte voneinander und löste kleine Probleme gemeinsam.

Beispiel Spinngemeinschaft

5.1.2 Die Arbeit in Gruppen füreinander

Hier wird im Prinzip auch nebeneinander an Einzelarbeitsplätzen gearbeitet, jedoch wird das jeweilige Arbeitsergebnis an Kollegen oder andere Arbeitsgruppen weitergereicht. Kontakte treten sporadisch auf, jedoch nur dort, wo es erforderlich ist, sich abzustimmen oder Probleme zu lösen. Jeder ist für Menge und Qualität selbst zuständig und verantwortlich. Ein Staffelteam, z. B. eine 4 x 100 Meter-Sprintmannschaft, ist mit einer solchen Gruppe vergleichbar. Jeder bemüht sich um ein gutes Einzelergebnis und gibt dann seinen Staffelstab an das nächste Mannschaftsmitglied weiter. In der Industriesoziologie wurde hierfür der Begriff der „gefügeartigen Kooperation" geprägt.

Beispiel
Staffelmannschaft -
gefügeartige
Kooperation

5.1.3 Die Arbeit in Gruppen miteinander

Hier geht es um ein gemeinsames Arbeitsergebnis hinsichtlich Menge und Güte. Jeder ist für das Gesamtergebnis mitverantwortlich, auch wenn er nur Teilaufgaben verrichtet. Der Idealtypus hierfür ist eine Fußballmannschaft. Wenn es spieltaktisch geboten ist, sind die Spieler bereit, *alle* Positionen einzunehmen. Das Tor, das jeder gern selbst schießen würde, wird demjenigen überlassen, der am günstigsten zum gegnerischen Tor steht. Mannschaftsleistung geht vor Einzelleistung. Für diese Form von Gruppenarbeit steht in der Industriesoziologie der Begriff „teamartige Kooperation".

Beispiel
Fußballmannschaft -
teamartige
Kooperation

5.1.4 Die Arbeit in Gruppen als latentes Gegeneinander

Denkbar ist aber auch, daß die Gruppenmitglieder gegeneinander arbeiten, indem sie ihre individuellen Interessen in der Gruppe durchzusetzen versuchen. Hier trifft sich zwar eine Gruppe, aber nicht zum eigentlichen, manifesten Zweck der Gruppenarbeit. Die manifeste Funktion kann darin bestehen, z. B. ein Problem zu lösen, die latente Funktion einzelner Gruppenmitglieder jedoch darin, sich zu profilieren oder andere zu denunzieren.

Manifeste und latente Funktionen von Teamwork

Formal findet Gruppenarbeit als Konferenz, Projektgruppe, Qualitätszirkel oder selbststeuerndes Arbeitsteam statt. Auch informelle Gruppen können einen positiven Beitrag für das Organisationsgeschehen leisten. Im folgenden gilt den sich selbst steuernden Arbeitsgruppen die besondere Aufmerksamkeit.

5.2 Selbstgesteuerte Arbeitsgruppen

Ein durchgängiges Merkmal schlanker Produktion ist die Installation ständig zusammenarbeitender Gruppen mit einem hohen Maß an innerbetrieblicher Selbständigkeit und Verantwortung. Das bedeutet, daß die Gruppe die Gestaltung der Arbeitsabläufe, die Verteilung der anfallenden Arbeiten, die Mengen und Qualitätskontrollen sowie die Lösung von Konflikten selbständig regelt. Die Gruppe leistet also nicht nur die Arbeit, sondern organisiert sich innerhalb vorgegebener Rahmenbedingungen selbst. Sie ist für die Erledigung eines überschaubaren Arbeitskomplexes voll verantwortlich. Das Ergebnis ist ein Produkt bzw. eine Dienstleistung, die an einen internen oder externen Abnehmer geliefert wird. Im einzelnen bedeutet dieses:

Die Aufgaben und Arbeitsweisen sich selbst steuernder Arbeitsgruppen

117

- Die planenden, steuernden und kontrollierenden Funktionen werden in die ausführenden (re)integriert.

- „Zerstückelte" Tätigkeiten werden zu sinnvollen und überschaubaren Arbeitsgebieten zusammengefaßt.

- Die Gruppenmitglieder verrichten nicht nur gleichartige oder ähnliche Arbeitsgänge, sondern auch vertiefende, z. B. die Qualitätskontrolle und Instandhaltung.

Eigenverantwortung statt Besserwisserei

„Mit dieser Eigenverantwortung der Teams hört die Besserwisserei des Managements auf", so ein Ausspruch von Johann Tikart, Geschäftsführer der Firma Mettler-Toledo, Albstadt. Damit können auch Kosten gespart werden, denn Investitionsentscheidungen von oben verursachen Kosten unten, und zwar immer dann, wenn Mitarbeiter nicht in den Entscheidungsprozeß einbezogen wurden.

Erfolge durch Eigenverantwortung - ein Beispiel

Über den Erfolg solcher teilautonomen Teams berichtet Rolf Berth, Leiter der Kienbaum-Berth-Akademie, Düsseldorf, in einem Fachaufsatz am Beispiel der Firma Hewlett Packard, Böblingen.[3] Dort wurde den Mitarbeitern einer Leiterplattenfertigung am 2. Mai 1988 eröffnet, daß sie von diesem Tag an den Betrieb selbst zu leiten hätten, ohne Meister und andere Vorgesetzte. Es gab nur eine Vorgabe: Die Effizienz des Vorjahres hinsichtlich Stückzahlen und Ausschuß durfte nicht unterschritten werden. Im Prinzip also wurde einer größeren Gruppe von Mitarbeitern die Frage gestellt: „Was würdet ihr anders machen, wenn ihr völlige Freiheit hättet?" Die Erfolge sprechen für sich: Die Produktionsmenge stieg um 31 Prozent, die genehmigte Ausschußquote konnte um 27 Prozent gesenkt werden, und das alles bei einer fast vollständigen Abschaffung der Nachtschicht.

Mit selbstgesteuerten Arbeitsgruppen wurde bereits in den siebziger Jahren experimentiert, begleitet von vielfältigen Versuchen, neue Arbeitsformen einzuführen. Da die Gewerkschaften mit der Forderung nach einer Humanisierung der Arbeit hinter diesen Experimenten standen (vgl. den Abschnitt über den Volvoismus in Kapitel 4), stießen sie bei den Arbeitgebern auf wenig Gegenliebe. Für den damaligen DGB-Vorsitzenden Heinz-Oskar Vetter war klar, daß die Gewerkschaften von der Humanisierung der Arbeit einen Verstärkereffekt für ihre übrige gesellschaftspolitische Mitbestimmung zu erwarten hätten.[4]

Die Verbindung von selbstgesteuerten Arbeitsgruppen und Humanisierung der Arbeit

Interessant ist, daß der Vorsitzende der Industriegewerkschaft Metall, Klaus Zwickel, zwanzig Jahre später forderte, daß die deutschen Unternehmen sich die in Japan flächendeckend praktizierte Gruppenarbeit zum Vorbild nehmen sollen. *„Es besteht die Gefahr, daß das deutsche Management dieses kostensparende Produktionsverfahren verschläft oder verschleppt."*[5] Das müßte Klaus Zwickel seinem Mitarbeiter Siegfried Roth ins Stammbuch schreiben, denn der spricht sich in gewerkschaftsnahen Publikationen eindeutig gegen Gruppenarbeit aus: *„Eine ‚Kopie' des japanischen Team-Modells würde also einen Verzicht auf wesentliche qualifikatorische und soziokulturelle Grundlagen unseres Produktionsmodells bedeuten."*[6] Natürlich hat Siegfried Roth ganz recht, wenn er darauf aufmerksam macht, daß Gruppen-

Die Meinung der IG Metall zur Gruppenarbeit

arbeit in Japan unter anderen soziokulturellen und organisatorischen Bedingungen stattfindet als bei uns, aber das ist kein Argument gegen „deutsche" Gruppenarbeit. Ein japanisches Auto läuft genauso gut wie ein deutsches und ein deutsches genauso gut wie ein japanisches, trotz unterschiedlicher Bedingungen der soziokulturellen Herkunft.

Beispiel Bayer AG

In der Chemieindustrie werden die Vorteile der Gruppenarbeit bereits genutzt. So ersetzt die Bayer AG, Leverkusen, von 1995 an die bisher funktionale Arbeitsteilung schrittweise durch interdisziplinär besetzte Teams. Diese Prozeßteams sollen die in der Produktion anfallenden Aufgaben ganzheitlich und eigenverantwortlich übernehmen. Für jeden Betrieb sollen individuelle Lösungen erarbeitet werden, und zwar unter Einbeziehung der Mitarbeiter.[7]

Der Unterschied zu anderen Formen der Gruppenarbeit

Im Gegensatz zu solchen teilautonomen Gruppen, die *ständig* zusammenwirken, arbeiten Qualitätszirkel, Projektteams und Wertanalyse-Gruppen *sporadisch* an ausgewählten Einzelproblemen, wobei die Teammitglieder oft aus verschiedenen Abteilungen kommen.

5.3 Zusammensetzung des Teams

Es gibt viele Möglichkeiten, Gruppen zusammenzusetzen. Die Zusammensetzung kann z. B. nach

Unterschiedliche Kriterien für die Zusammensetzung des Teams

- fachlichen,
- psychologischen,
- hierarchischen,

- geschlechtlichen oder
- altersbedingten Merkmalen

erfolgen. Denkbar ist auch eine Kombination der genannten Merkmale. Wie eine Gruppe zusammengesetzt wird, ergibt sich letztlich aus der Aufgabe, dem zur Verfügung stehenden Personal und der Bereitschaft der Vorgesetzten, Mitarbeiter für Aufgaben in Projektteams freizustellen. Dort, wo Arbeitsgruppen als Leanteam ständig zusammenarbeiten sollen, stellt sich die Frage der Zusammensetzung selten, da die Gruppenbildung mit der vorhandenen Belegschaft vollzogen wird. Der Fall des neuen Opelwerkes in Eisenach, bei dem die neue Belegschaft u. a. nach Gesichtspunkten der Teamfähigkeit rekrutiert wurde, ist einmalig.

Anders verhält es sich bei der Bildung von Qualitätszirkeln oder anderen Projektgruppen, die zusammenkommen, um ein Problem zu lösen. Hier stellt sich schon eher die Frage nach der adäquaten Zusammensetzung entsprechend dem vorgegebenen Problem.

Die beiden englischen Sozialwissenschaftler Charles Margerison und Dick McCann haben sich, wie andere vor ihnen auch, mit der Frage beschäftigt, wie ein Team ideal zusammengesetzt wird. Sie kreierten den „Teammanagement-Kreis", der helfen soll, die richtigen Talente und Charaktere zusammenzubringen. Ausgehend von der Psychologie des Schweizer Psychoanalytikers C. G. Jung (1875-1961) hängt das Teamverhalten des einzelnen davon ab, wie er sich in den folgenden vier Lebensbereichen verhält:

Die ideale Zusammensetzung des Teams

1. Zwischenmenschliche Beziehungen - introvertiert oder extrovertiert,
2. Informationsbeschaffung - praktisch oder kreativ,
3. Entscheidungsfindung - analytisch oder intuitiv,
4. Selbst- oder Fremdorganisation - strukturiert oder flexibel.

Daraus ergeben sich *acht Teamrollen*:

Der Berater

Der *Berater* ist jemand, der mit viel Geduld Informationen beschafft und diese allgemein verständlich aufbereitet. Er ist verliebt in das Detail, läßt sich viel Zeit, um Entscheidungen vorzubereiten, die er aber gern anderen überläßt.

Der Kreative

Der *Kreative* stellt Bestehendes in Frage. Zu diesem Zweck denkt er intensiv über neue Wege und Methoden nach, ist flexibel bzw. experimentierfreudig und arbeitet gern selbständig. Er paßt nicht in hierarchiebetonte, konservative Firmen, denn als Querdenker eckt er an.

Der Überzeuger

Der *Überzeuger* ist ein kontaktfreudiger - also extrovertierter - Typ, der gern Ideen aufnimmt und dafür Verbündete sucht. Als detailorientierter Berater interessiert er sich eher für das Ganze. Ein Überzeuger hat beruflich und privat einen großen Bekanntenkreis, den er aktiv missioniert.

Der Bewerter

Der *Bewerter* ist derjenige im Team, der sich bemüht, Ideen zu verwirklichen. Er prüft, ob Vorschläge realisierbar sind. Als objektiv denkender Realist würdigt er zwar das Kreative an Ideen, fragt aber eher danach, ob der Markt sie aufnimmt. Richtig aktiv wird er, wenn der Prototyp oder eine marktreife Dienstleistung vorliegt. Wird das neue Produkt vom Markt aufgenommen, befriedigt ihn dieses. Dann aber wendet er sich schon dem nächsten Produkt oder Projekt zu, das es zu beurteilen oder entwickeln gilt.

Es ist nicht leicht, den *Entscheider* für das Neue zu begeistern. Hat sein Teamkollege, der Überzeuger, das aber geschafft, übt er Druck aus auf die noch nicht Überzeugten. Der Entscheider gestaltet gern und organisiert Abläufe. Für ihn gilt: „No problems, only opportunities." Als Troubleshooter ist er für das Team unentbehrlich. So nützlich er für das Team - vor allem als Katalysator - ist, so schlecht sind in der Regel seine privaten Beziehungen. Der Entscheider verkörpert den Normaltyp des Managers, d. h. er schätzt Autorität, pflegt Ressortdenken, achtet auf Hierarchien und bewertet Menschen nach ihrem Beitrag zum Betriebsergebnis.

Der Entscheider

Die Rolle des *Machers* besteht darin, das auszuführen, was das Team konzipiert und beschlossen hat. Er liebt Pläne, schätzt Effizienz und ist darum derjenige, der ständig mahnt, Pläne und Budgets einzuhalten. Dabei hilft ihm seine Liebe zu Ordnung und Regelmäßigkeit. Er ist auch dort, wo es um Routinearbeit geht, zuverlässig und standfest. Er ist nicht kreativ. Sein Wert für das Team besteht darin, daß er die Lokomotions-Funktion wahrnimmt.

Der Macher

Der *Prüfer* vertieft sich gern ins Detail und sorgt dafür, daß alles seine Ordnung hat. Er fürchtet die Unordnung, sobald Belege fehlen oder Papiere herumflattern. Seine Arbeit verrichtet er überwiegend im Stillen. Konfliktfähigkeit gehört nicht zu

Der Prüfer

123

seinen Stärken. Andere staunen über seine rasche
Auffassungsgabe und seinen Blick für Details.

Der Bewahrer

Der *Bewahrer* ist ein Werte-Kultivator. Zu seiner
Aufgabe gehört, die Gruppe vor Kritik von außen
zu schützen, ob berechtigt oder nicht. Er sorgt für
das nötige „Wir-Gefühl" und grenzt Abweichler
aus. Andererseits greift er schwächeren Teammitgliedern unter die Arme und sorgt für Stabilität
im Team. Überhaupt betätigt er sich gern als Hel-
fer. Veränderungen steht der Bewahrer eher skep-
tisch gegenüber. Insgesamt ist er für eine ausfüh-
rende Vorgesetztenposition weniger geeignet.

Einen ähnlichen Ansatz, jedoch mehr auf das Management bezogen, findet man in dem Buch von
Rolf Berth.[8] Er lehnt sich an den US-Amerikaner
Harold Leavitt an, der eine *Typologie* entwickelt
hat, die sich abseits von psychologischen Persön-
lichkeitsmodellen am Managementprozeß orientiert, also an Führungsfunktionen wie *Ideen haben, Ziele setzen, planen, entscheiden, realisieren,
kontrollieren* u. ä. (siehe hierzu die Abbildung
„Management-Regelkreis" in Kapitel 1). Danach
gibt es sechs grundlegende Manager-Persönlich-
keiten, die sich quantitativ folgendermaßen verteilen:

**Sechs grundlegende
Persönlichkeiten - das
Modell von Leavitt**

- Entdecker   11%
- Analysierer   32%
- Anpasser   11%
- Visionär   5%
- Macher   19%
- Organisierer   22%

- Gesamt   100%

Visionäre und *Entdecker* sind die Innovatoren mit neuen Ideen. Beide sind für das Neue offen und fortschrittsgläubig. Diese beiden „Typen" entsprechen dem *Kreativen* im Modell von Margereson und McCann.

Der Visionär und Entdecker

Der *Analysierer* ist der Prototyp des Ordentlichen. Er verkörpert Logik und Verstand, hat wenig Sinn für Soziales, wirkt kühl und ist oft ein pedantischer Zahlenmensch. Dieser Typ entspricht dem des *Bewerters*.

Der Analysierer

Wegen seiner neurotischen Neigungen ist der *Anpasser* wenig führungstauglich. Man kann ihn eher als vergangenheitsorientiert und konservativ charakterisieren. Zwischen ihm und dem *Bewahrer* gibt es charakterliche Parallelen.

Der Anpasser

Mit einer gewissen Rücksichtslosigkeit geht der *Macher* ans Werk. Ihn zeichnet Kumpelhaftigkeit und ein selbstsicheres Auftreten aus. Dieses sind seine wahren Antriebskräfte: extreme Eigenliebe und Selbstbezogenheit.

Der Macher

Der *Organisierer* hat wie Faust zwei Seelen in seiner Brust: die des Anpassers und die des Machers. Er löst Probleme am liebsten am Reißbrett statt auf dem Schlachtfeld. Man kann ihn als typischen Generalstäbler einordnen, der über zuviel Arbeit klagt, nach Sicherheit strebt und Risiken vermeiden will.

Der Organisierer

Jeder Typ hat seine „typologische" Heimat, bezogen auf den Managementprozeß und seine Anhängerschaft unter den Mitarbeitern. Jeder hat spezielle Stärken und Schwächen, die ein Unternehmen in seiner Gesamtheit dringend benötigt.

125

Die Bedeutung der Gruppengröße

Die Zahlen sechs bzw. acht spielen auch im Zusammenhang mit der *Gruppengröße* eine wichtige Rolle. Denn die Gruppengröße ist ein bedeutender sozialpsychologischer Faktor, den es besonders dann zu beachten gilt, wenn Problemlösungsteams eingesetzt werden.

Die Bedeutung des gruppensyner-getischen Effekts für die Gruppenleistung

Der sogenannte gruppensynergetische Effekt (Energie durch Synthese) wird in der Regel erst bei einer Gruppengröße von mindestens 4 Mitgliedern wirksam. Bei 4 bis 6 Mitgliedern kann sich der einzelne eher Gehör verschaffen als bei Gruppen mit 8 und mehr Mitgliedern. Hier dominieren einzelne, und es bilden sich Untergruppen, ohne daß sich die Ideen- und Arbeitsqualität steigern. Außerdem kann eine zu große Gruppe hemmend und einschüchternd auf einzelne Mitarbeiter wirken.

5.4 Nutzen der Gruppenarbeit

Theoretische Vorarbeiten durch die Hawthorne-Studie und die Sozialpsychologie

Die theoretischen Grundlagen der Vor- und Nachteile, der Formen und Probleme von Gruppenarbeit wurden schon in den dreißiger Jahren in den USA erarbeitet. Die Sozialwissenschaft konnte aus dem Reservoir der berühmten Hawthorne-Studie schöpfen (vgl. Kapitel 4), bei der erstmals herausgearbeitet wurde, inwieweit sozialpsychologische Faktoren für den Arbeitsprozeß bedeutsam sind. Angereichert wurden diese Erkenntnisse durch die Arbeiten bedeutender deutschsprachiger Sozialpsychologen, z. B. J. L. Moreno und Paul Lewin, die in die USA emigriert waren. Von ihnen stammen wichtige Begriffe der Gruppendynamik, die heute noch notwendig sind, um gruppenpsychologische Prozesse zu erklären. Immer wieder gab und gibt es Experimente, in denen Gruppen- und Einzelleistung vergleichend getestet werden. Gegen viele dieser Studien ist einzuwenden, daß sie in der Regel mit ad hoc gebildeten Testgruppen im universitären Rahmen durchgeführt wurden. Die Gruppenmitglieder lernten sich erst mit Testbeginn kennen. Im Gegensatz dazu sind betriebliche Teams relativ fest konstituiert und bestehen zumeist aus Personen, die sich bereits kennen und miteinander gearbeitet haben.

Bei der Frage nach dem Nutzen ist zu unterscheiden zwischen der Gruppenarbeit in Form sich selbst steuernder Arbeitsgruppen und anderen Formen wie Qualitätszirkeln und Projektteams, die sporadisch zusammentreten und sich wieder auflösen, wenn ein Problem behoben ist.

Was den Nutzen von Leanteams angeht, so spricht der Erfolg der Japaner für sich. Dort arbeiten knapp 70 Prozent der in der PKW-Industrie beschäftigten Mitarbeiter ständig in Teams. 1988 wurde im OPEL-Werk in Bochum Gruppenarbeit eingeführt. Die Produktivitätssteigerung lag dort zwischen 12 und 18 Prozent. OPEL-Chef Louis R. Hughes: *„Der Erfolg liegt nicht in moderneren Fabriken, sondern in dem Engagement der Arbeiter und Angestellten."*[9]

Ein Erfolgsbeispiel aus dem Hause OPEL

Noch mehr will sein ehemaliger General Motors Mitstreiter José Ignacio López bei seinem neuen Arbeitgeber VW erreichen. Schon 1995 will er Produktivitätsweltmeister mit schlanken Produktionskonzepten, insbesondere mit TQM/Kaizen und Gruppenarbeit, werden (vgl. Kapitel 6, Die Praxis der TQM/Kaizen-Zirkel).

Die Ziele von VW-López

Bei anderen Formen der Kooperation, z. B. bei Projektgruppen, muß eine Gruppe an sich nicht besser

127

**Verschiedene Erfolgs-
voraussetzungen für
Gruppenarbeit**

sein als der einzelne. Ob sie besser ist, hängt von vielen Faktoren ab, z. B. von der Art des Projekts, der Zusammensetzung des Teams, den Verhaltensweisen des Teams, besonders des Teamleiters, der Art der Entscheidungsfindung (Abstimmung, Kompromiß), der Größe des Teams, der Interaktionsintensität und der An- oder Abwesenheit von Experten.

**Ursachen für den
Leistungsvorteil von
Teamwork**

Sind einfache Aufgaben zu lösen, bei denen es eine „richtige" Lösung gibt, sind Gruppenleistungen denen einzelner Personen überlegen. Die Mehrleistung ergibt sich dann aus der Multiplikation von unterschiedlichen Meinungen. Noch eindeutiger tritt der Leistungsvorteil von Teamwork dort auf, wo reale Probleme, z. B. betriebliche, zu lösen sind. Ursachen hierfür sind:

**Wechselspiel von Idee
und Kritik**

1. Das bessere Urteilsvermögen aufgrund der breiteren Informationsbasis sowie des Wechselspiels von Idee und Kritik.

Komplementäreffekt

2. Die gegenseitige Ergänzung hinsichtlich Können und Wissen der Gruppenmitglieder; auch werden Stärken und Schwächen ausgeglichen (Komplementäreffekt). Im Team wird Wissen und Können weitergegeben, ohne daß unangenehme „Lehrer-Schüler-Situationen" hergestellt werden. Jeder ist in schneller Folge abwechselnd Lehrender und Lernender. Das gilt auch für den Teamleiter.

**Informationsspeicher-
kapazität**

3. Die größere Informationsspeicherkapazität, bedingt durch mehrere Informationsspeicher (Gruppenmitglieder). Was A vergessen hat, weiß B noch. Was B vergessen hat, weiß A noch. Außerdem ist der Erhebungsaufwand für Informationen und deren Abrufzeit geringer.

4. Die größere Kreativität und Produktivität; je heterogener das Erfahrungspotential und die Denkansätze der Teilnehmer sind, um so eher werden Ideen entwickelt. Eine Idee bringt oft eine weitere hervor.

Assoziationseffekt

5. Die stärkere Entscheidungsakzeptanz: Entscheidungen als Ergebnisse von Teamdiskussionen werden eher und stärker befolgt als einseitig angeordnete. Die kollektive Kontrolle wirkt verpflichtender als die Prüfung durch einzelne Personen.

Akzeptanz von Entscheidungen

6. Die Gelegenheit, Bedürfnisse nach Selbstachtung, Anerkennung und Selbstverwirklichung zu befriedigen. Je selbständiger und eigenverantwortlicher ein Team arbeitet, um so mehr entfaltet sich die Leistungsbereitschaft der Mitarbeiter.

Befriedigung psychologischer Bedürfnisse

7. Die stete Weiterbildung und Persönlichkeitsentwicklung infolge der Delegation von Aufgaben, Verantwortlichkeiten und Kompetenzen.

Qualifikationsentwicklung

Diese Beispiele zeigen, daß eine organisiert zusammenarbeitende Gruppe nicht nur eine Vereinigung von in einem bestimmten Bereich tätigen Menschen ist, sondern selbst auch Produktivkraft. Diese Produktivkraft ist stärker als die Summe der individuellen Kräfte und Leistungen der einzelnen Gruppenmitglieder. Ebenso wie das Ganze mehr ist als die Summe seiner Teile, ist auch die Arbeitsgruppe mehr als die Summe der in ihr vereinigten Individuen. Diese Erkenntnis spielt nicht nur für die körperliche Arbeit, sondern auch für das geistige Schaffen eine große Rolle. Einer der Vorzüge der teamförmigen Kooperation liegt eben darin, daß

Kooperation als Produktivkraft

sich die geistige Leistungsfähigkeit mehrerer einzelner Personen verschmelzen läßt. Damit wird die Gefahr falscher Entscheidungen verringert. Gute Teamarbeit kennt nur Gewinner.

5.5 Kooperation als Arbeits- und Führungsverhalten

Teamfördernde Verhaltensweisen

Ob und inwieweit ein Team leistungsfähiger als die Summe der Einzelleistungen ist, hängt u. a. von den teamfördernden Verhaltensweisen der Teammitglieder ab. Ein Team, das erfolgreich arbeiten will, muß Regeln einhalten, die den Einsatz aller Erfahrungen, Ideen und Kräfte ermöglichen. Die folgenden fünf grundlegenden Verhaltensweisen, die auch in anderen Situationen zwischen Menschen als selbstverständlich gelten, sind notwendig, um den Leistungsvorteil von Teamwork (gruppensynergetischer Effekt) nutzbar zu machen:

☞ Jede Meinung im Team wird akzeptiert und diskutiert.

☞ Jedem wird zugehört.

☞ Prozesse und Ergebnisse werden visualisiert.

☞ Kompromißbereitschaft ist selbstverständlich.

☞ Hilfsbereitschaft ist geltende Norm.

Kooperatives Verhalten ist, um es kurz auszudrücken, gekennzeichnet durch Hilfsbereitschaft und Gemeinsamkeit im Hinblick auf die zu bewältigende Aufgabe. Doch unser Erziehungssystem und die individualistischen Leistungsprinzipien unserer

Gesellschaft und damit unsere herrschenden Denk- und Verhaltensgewohnheiten stehen dem Erfordernis kooperativen Denkens und Handelns entgegen und machen produktive Teamarbeit häufig unmöglich. Einerseits dressiert und prämiert unsere Gesellschaft den einzelnen für die Befriedigung seines Egoismus. Schüler und Auszubildende werden zu qualifizierbaren, meßbaren und erkennbaren Einzelleistungen erzogen. Die Folge ist, daß sich jeder im Wettbewerb mit jedem sieht. Andererseits erfordert die Komplexität der zu lösenden Aufgaben, daß sich der einzelne in seinem Gewinnstreben gemeinsamen Zielvorstellungen unterordnet. Die fortschreitende technologische und ökonomische Spezialisierung und die damit wachsende Abhängigkeit verschiedener beruflicher Disziplinen voneinander erfordern stärker denn je die Zusammenarbeit. Diese wird zur Existenzbedingung. Ein Betrieb, dessen Mitarbeiter nur miteinander, aber nicht füreinander arbeiten, geht langsam, aber sicher unter.

Der Widerspruch zwischen individualistischem Verhalten in unserer Gesellschaft und kooperativer Notwendigkeit in der Arbeitswelt

Leider erliegen auch Vorgesetzte teamfeindlichen Verhaltensweisen, indem sie versuchen, ihre Mitarbeiter mit einem System aus Unter- und Überordnung, mit Befehl und Gehorsam zu führen. In dem Maße aber, in dem die Anforderungen an das Wissen und die Fähigkeiten des einzelnen wachsen, Spezialkenntnisse und die Einsicht in Zusammenhänge gefordert werden, nimmt die Möglichkeit ab, eine Abteilung oder ein Unternehmen durch Anordnung und Befehl zu leiten. Das ist einer der Gründe, warum die Ford AG verstärkt Teamtrainings für ihre Führungskräfte durchführen will, denn die *„Matrixorganisation der Zukunft"* bringt es mit sich, *„daß ein Mitarbeiter sich mit mehr als einem Vorgesetzten abzustimmen habe"*.[10]

Befehl und Gehorsam - teamfeindliches Führungsverhalten

Rang- und Statuskämpfe sind teamfeindlich

Auch der hierarchische Aufbau vieler Unternehmen kann teamfeindliche Verhaltensweisen bewirken. Ursächlich sind Rang- und Statuskämpfe, oft auch die Konkurrenzangst, woraus fast zwangsläufig Profilierungsverhalten resultiert.

Der „wahre" Leiter eines Teams ist nicht mehr derjenige, der über die Richtigkeit oder Abwegigkeit von Ideen urteilt. Führer bzw. Coach ist derjenige, der durch die Kenntnis von Denk- und Verhaltenstechniken den Teammitgliedern zu einer gemeinsamen Entscheidung verhilft. Er steht nicht über, sondern als Primus inter pares inmitten seiner Mannschaft.

Kooperation mit anderen Abteilungen

Kooperatives Verhalten als ein Abwägen zwischen den Interessen des Ganzen und denen des Individuums

Eine Führungskraft muß nicht nur die Kooperation in ihrem Team sicherstellen, sondern auch die Kooperation zu anderen Vorgesetzten bzw. Abteilungen herstellen. Diesen Rollen gerecht zu werden verlangt Flexibilität und Anpassungsvermögen, aber ebenso ein Gespür dafür, wann Teamegoismus eher ein Störfaktor und wann eine notwendige Schutzmaßnahme gegen unzumutbares Verhalten anderer ist. „*Kooperatives Verhalten ist also keine konstante Größe, sondern ein Abwägen zwischen den Interessen des Ganzen, denen einzelner Abteilungen und denen des Individuums. Für diesen labilen, immer wieder neu zu definierenden Zustand gilt es ein Gespür zu entwickeln.*"[11]

132

5.6 Checkliste zur Festlegung der Aufgaben im Leanteam

Diese Liste wurde dem Autor freundlicherweise von einem Zulieferunternehmen der PKW-Industrie zur Verfügung gestellt. In der Liste sind alle Aufgaben aufgeführt, die in einer normalen Arbeitsgruppe dieses Produktionsbetriebes anfallen. Gewisse Überschneidungen sind unvermeidlich. Es handelt sich also um Aufgaben, die vorher von Fachabteilungen oder Vorgesetzten wahrgenommen wurden.

Je mehr Aufgaben von einer Arbeitsgruppe selbständig erledigt werden, um so größer ist die Teamreife der Gruppe. Dieser Reifegrad wird bestimmt durch die Menge und Qualität der von den Gruppenmitgliedern selbständig durchgeführten Aufgaben.

Der Reifegrad wird ein- bis zweimal jährlich ermittelt, entweder durch den Vorgesetzten oder durch interne Auditoren (vgl. S. 136).

133

Allgemein

- [ ] Standards: definieren, festlegen, dokumentieren, informieren, visualisieren, überprüfen und ggf. anpassen
- [ ] Zusammenarbeit
  - gruppenübergreifend
  - mit Fachabteilungen
- [ ] Ständiges Verbessern (KVP)

Qualität

- [ ] Mitarbeiterselbstkontrolle
- [ ] Q-Förderung
- [ ] Q-Audit
- [ ] Reklamationsbearbeitung
- [ ] Ermittlung von Qualitätskennzahlen

Fertigung

- [ ] Leistung gemäß vorgegebener Standards
- [ ] A/NA/ZZ erfassen und minimieren
- [ ] Termine einhalten, bestätigen, Probleme melden
- [ ] Muster herstellen

Logistik

- [ ] Steuerung (Schicht-, Tages-, Wochen-, Monatsprogramm)
- [ ] Kapazitätsplanung: Schichtplanung und Personaleinsatz
- [ ] Disposition (intern) von Rohmaterial, Halbzeugen und Hilfsmaterial
- [ ] Betriebsdaten (Rückmeldungen)
- [ ] Einplanung von Mustern und Versuchen

Personal/Sozialwesen

- [ ] Weiterbildung/Training
- [ ] Umbesetzung/Versetzung
- [ ] Personalführung
- [ ] Urlaubs- und Vertretungsplanung
- [ ] Personalführung
- [ ] Entlohnung
- [ ] Tätigkeitsprofil

134

Technische Systeme

- [ ] Kleine und große Wartung
- [ ] Reparatur klein/groß
- [ ] Optimierung von Anlagen, Prozessen und Abläufen
- [ ] Energie und Versorgungstechnik
- [ ] Umbau, Neubau
- [ ] Störmeldungen

Controlling

- [ ] Budgetplanung
- [ ] Budgetverantwortung
- [ ] Meldungen (Stückzahl, Leistung etc.)
- [ ] Zielbewertung und -verfolgung
- [ ] ständige Kostenoptimierung
- [ ] Visualisierung der Kennzahlen

Planung und Arbeitsvorbereitung

- [ ] Strukturen und Abläufe
- [ ] Arbeitsplatzgestaltung
- [ ] F-Pläne erstellen, pflegen
- [ ] Verbesserungen durchführen

- [ ] Arbeitsanweisungen erstellen, pflegen
- [ ] Muster herstellen

Arbeitssicherheit/Umwelt

- [ ] Abfallvermeidung, -verwertung und -entsorgung
- [ ] Vorbeugende Arbeitssicherheit (Unfallgefahren vermeiden, Personenschutz fördern)
- [ ] Ordnung und Sauberkeit
- [ ] Inbetriebnahme neuer Maschinen bzw. Wiederanfahren vorhandener Anlagen

Einkauf

- [ ] Dispositionen (extern)
- [ ] Mitsprache bei Einkauf von Hilfsstoffen
- [ ] Abwicklung von Fremdleistungen
- [ ] Spezifikation von Hilfsmaterial

Anläufe/Projekte

- [ ] Mitarbeit bei Anläufen
- [ ] Projektunterstützung

135

Beurteilungsbogen für den Reifegrad der Gruppe
(mit freundlicher Genehmigung der PEBRA GmbH, Sulzbach/Saar)

Gruppe:	
Zuordnung:	
Anzahl Gruppenmitglieder:	
Gruppensprecher:	
interne Lieferanten:	interne Kunden:

Hauptaufgaben der Gruppen:

Aufgaben / Reifegrad	wird zu wieviel Prozent von der Gruppe selbständig wahrgenommen									
	10	20	30	40	50	60	70	80	90	100
1. Qualität										
2. Fertigung										
3. Logistik										
4. Personal										
5. Instandhaltung Technik										
6. Kosten										
7. Planung AV										
8. Sicherheit Umwelt										
9. Einkauf										
10. Anläufe (Versuche, Projekte)										
Summe:										

Stand (Datum):	Durchschnittlicher Reifegrad: $\dfrac{n\%}{10} =$

Unterschrift: _____   _____

Gruppensprecher   Bereichsverantwortlicher Auditor

Literatur

1. Karl Marx: Das Kapital, Berlin 1974, Band 1, S. 345
2. Peter Schneider: Kooperation, unveröffentliche Seminarunterlage der AEG-Telefunken
3. Rolf Berth: Die Revolution findet doch statt, in: Gablers Magazin 8/94, S. 40f.
4. Heinz-Oskar Vetter: Humanisierung der Arbeitswelt als gewerkschaftliche Aufgabe, in: Gewerkschaftliche Monatshefte 1/73, S. 9
5. Handelsblatt, 3.11.1994
6. Siegfried Roth: Gruppenarbeit in Zeiten der Lean Production - Japanisierung oder eigener Weg? In: Jürgen Howaldt und Heiner Minssen (Hrg.): Lean, leaner..., Dortmund 1993, S. 18
7. Handelsblatt, 28.11.1994
8. Rolf Berth: Erfolg, Düsseldorf 1993, S. 327ff
9. Management Wissen, 3/90
10. Handelsblatt, 25.11.1994
11. Peter Schneider: a.a.O.

6. Die Praxis der TQM/Kaizen-Zirkel
Kleine Gruppen mit großer Wirkung

Kleine Gruppen mit großer Wirkung

Team-Zweierschritt

Lean Management wird im Team-Zweierschritt praktiziert. Die Mitarbeiter arbeiten einerseits in einer teilautonomen Gruppe und andererseits, was Sonder- oder Problemfälle betrifft, in einer oder auch mehreren Projektgruppen. Für die Projektgruppen empfiehlt sich das Instrument der TQM/Kaizen-Zirkel, insbesondere bei Mitarbeitern ohne Führungs- oder besondere Fachverantwortung. TQM/Kaizen-Zirkel sind ein Führungsinstrument, mit dem der Sach- und Fachverstand der Basis genutzt werden soll.[1]

138

6.1 TQM-Zirkel in ihrer klassischen Form

Mit TQM- bzw. Kaizen-Zirkeln sind hier jene Gruppen gemeint, die üblicherweise als Qualitätszirkel (QZ) bezeichnet werden. Da der Begriff Qualitätszirkel durch seine historische Entwicklung bedingt insbesondere die Produktqualität im Auge hatte, sollte zweckmäßiger von TQM/Kaizen-Zirkeln gesprochen werden, um das umfassendere, über die Produktqualität hinausgehende Arbeitsspektrum auszudrücken. Damit wird man auch dem japanischen Wort für Qualitätszirkel gerecht, Jishu Kanri, was soviel bedeutet wie Problemlösungsgruppe.

Begriffe, die dasselbe meinen: QZ, TQM/Kaizen-Zirkel, Problemlösungsgruppen

6.1.1 Wie werden TQM/Kaizen-Zirkel gebildet?

TQM/Kaizen-Zirkel sind Gruppen von fünf bis höchstens acht Mitarbeitern, die sich mindestens einmal monatlich treffen, um Arbeitsprobleme zu besprechen und Lösungen zu erarbeiten. Die Sitzungen dauern etwa 60 bis 90 Minuten.

Wieviele Mitarbeiter sich wie oft für wie lange treffen

Die Zirkelteilnehmer verrichten im allgemeinen gleiche Arbeiten und kommen aus der gleichen Abteilung. Es kann aber sinnvoll sein, andere Berufsgruppen oder Mitarbeiter anderer Abteilungen hinzuzuziehen, um Schnittstellenprobleme zu lösen.

Woher die Zirkelteilnehmer kommen

Grundsätzlich sind alle Unternehmensangehörigen zur TQM/Kaizen-Zirkelarbeit eingeladen. Die Praxis hat aber gezeigt, daß sich ein bestimmter Mitarbeitertyp besonders eignet, und zwar Mitarbeiter,

Anforderungsprofil der Zirkelteilnehmer

139

- die sich als zuverlässig erwiesen haben,
- die über gute Kenntnisse und Fähigkeiten verfügen,
- die gelernt haben, selbständig zu arbeiten,
- die sich kooperativ verhalten,
- die den Mut haben, Dinge selbständig in die Praxis umzusetzen.

Zirkel suchen sich ihre Themen selbst

Die TQM/Kaizen-Zirkel sollten sich ihren Arbeitsgegenstand selber suchen. Denkbar ist aber auch, den Zirkeln wichtige Themen zur Bearbeitung vorzuschlagen.

Lösungsvorschläge werden - soweit wie möglich - von den Zirkeln selbst realisiert, ansonsten sind Vorgesetzte oder Fachabteilungen für die Umsetzung zuständig.

Die Teilnahme an den Zirkelsitzungen ist freiwillig. Die Zirkelzeit wird normal bezahlt.

Je nach den betrieblichen Gegebenheiten bleibt der Zirkel bestehen oder wird, nachdem die größten Probleme behoben sind, aufgelöst oder neu zusammengesetzt.

Hier sollten Zirkel gebildet werden

TQM/Kaizen-Zirkel sollten dort gebildet werden, wo die Mitarbeiter täglich zusammenarbeiten und die Probleme allen bekannt sind oder alle angehen. Hier haben die Zirkelianer eine unmittelbare Umsetzungs- und Erfolgskontrolle sowie den gemeinsamen Nutzen aus Arbeitsverbesserungen.

Sie werden vornehmlich in solchen Bereichen gebildet, in denen es Qualitätsprobleme oder Rationalisierungspotentiale gibt. Auch anderer Handlungsbedarf kann zur Bildung von Zirkeln führen.

6.1.2 Welche Themen bearbeiten TQM/Kaizen-Zirkel?

Wir reden über das, was wir machen, wie wir es machen und wie wir es besser machen könnten, lautet das Arbeitsmotto von TQM/Kaizen-Zirkeln. Alles, was einem reibungslosen Arbeitsablauf im Wege steht, muß im TQM/Kaizen-Zirkel besprochen werden, z. B. Nachtarbeit oder der schlecht koordinierte Einsatz von Material, Maschinen, Energie und Geräten. Die Probleme können sich auf die Produktqualität, den Fertigungsablauf, Sicherheitsfragen, Werkzeugverbesserungen, die Zusammenarbeit u. a. beziehen. So soll auch die Eigenverantwortlichkeit der Mitarbeiter gestärkt werden.

Das Arbeitsmotto und der Arbeitsgegenstand von TQM-Zirkeln

Was die *Produktqualität* angeht, so sind insbesondere die folgenden Fragen zu diskutieren:

Themen zur Produktqualität

• Wie vermeiden wir schlechte Arbeit?
• Was ist bei schlechter Arbeit zu tun?
• Was sind die Folgen schlechter Arbeit?

Mitarbeiter müssen wissen, was zu tun ist, um schlechte Arbeit zu vermeiden, und was, wenn sie schlechte Arbeit nicht vermeiden konnten. Sie müssen über die wirtschaftlichen Konsequenzen schlechter Arbeit für den Betrieb informiert werden.

Das müssen Mitarbeiter wissen

TQM/Kaizen-Zirkel zielen auf den gesamten betrieblichen Leistungsprozeß und damit auf eine Verbesserung des Wirkungsgrades. Deshalb arbeiten TQM/Kaizen-Zirkel eher und mehr an Problemen der *Fertigungs- bzw. Prozeßqualität* als an der Produktqualität. Hier kann es um diese und ähnliche Fragen gehen, ja um alles, was einem reibungslosen Arbeitsablauf im Wege steht:

Themen zur Prozeßqualität

- Einsparungen von Energie und Material
- Verwertung von Resten
- Gestaltung von Formularen
- Termintreue
- Logistik
- Möglichkeiten der EDV-Nutzung
- Möglichkeiten der Fertigungsoptimierung
- Einhaltung von Ordnung und Sauberkeit
- Vorbeugende Instandhaltung
- Rüstzeitenoptimierung

Themen zur sozialen Qualität

Auch Themen aus dem Bereich der *sozialen Qualität* werden in TQM/Kaizen-Zirkeln diskutiert. Hierzu einige Beispiele:

- Einarbeitung neuer Mitarbeiter
- Unfallverhütung
- Informationsflußverbesserung
- Urlaubsplanung
- Fehlzeitenreduktion
- Schichteinsatzplanung

Denkbar und zweckmäßig wären auch Eigenaudits als Zirkelthema. Das Arbeitsspektrum ist fast unerschöpflich, ausgenommen sind nur die Dinge, die tarifvertraglich oder arbeitsrechtlich geregelt sind. Auch Themen, die außerhalb des eigenen Arbeitsbereiches liegen oder anderen Hierarchieebenen vorbehalten sind, werden ausgespart.

Das ist zu beachten

Ansonsten ist darauf zu achten, daß während der Anlauf- und Anwärmphase keine zu schwierigen Themen behandelt werden, um die Gefahr von Mißerfolgen zu vermeiden. Darum sind solche Aufgaben auszuwählen, die der Zirkel aus eigener Kraft in seinem Arbeitsbereich lösen kann. Das ist wichtig, denn im TQM/Kaizen-Zirkel sollen Probleme nicht nur besprochen, sondern nach Möglichkeit gelöst werden.

Mit Zirkeln wird der Versuch unternommen, das kreative und innovative Potential von Mitarbeitern intensiver zu nutzen, um Qualität und Produktivität zu steigern. Das Richtziel ist, den betrieblichen Wirkungsgrad durch stärkeres Einbeziehen der Qualifikationen von Mitarbeitern an der Basis zu erhöhen.

Ziele der Zirkelarbeit

6.1.3 Wer leitet die TQM/Kaizen-Zirkel?

Jeder Zirkel wird von zwei Moderatoren geführt. Diese sind Mitarbeiter, Vorarbeiter oder Meister, die von ihren Kollegen fachlich und menschlich akzeptiert werden. Sie haben die Fähigkeit, Probleme in die Sprache ihrer Kollegen zu übersetzen, ohne durch formelle Autorität das Engagement und die Kreativität der Mitarbeiter abzublocken. Höhergestellte Vorgesetzte können wohl in einer Konferenz die Moderatorenfunktion übernehmen, jedoch nicht in einem TQM/Kaizen-Zirkel. Es entstünde eine Hierarchiebarriere, die auch zu einer Kommunikationsbarriere werden könnte.

Moderation durch Kollegen

Die Moderatoren werden in zwei Zweitagesseminaren für ihre Aufgabe trainiert. Denn: Eine Tonne Begeisterung ist wertlos, wenn sie nicht mit einigen Kilo Know-how verbunden wird. Vermittelt werden die folgenden Grundkenntnisse und Fertigkeiten:

Inhalt und Ablauf der Moderatorenausbildung

- Die TQM/Kaizen-Zirkelidee: Herkunft, Zweck und Ziele
- Moderations- und Visualisierungstechniken

143

- Analytische und kreative Problemlösungstechniken
- Frage- und Kommunikationstechniken
- Zielsetzungstechniken

Zwischen den beiden Seminaren findet ein Erfahrungsaustausch der Moderatoren mit dem Zirkel-Koordinator und dem gegebenenfalls eingesetzten externen Berater statt. Dieses Treffen dauert zwischen zwei und drei Stunden. Auch nach der Ausbildungsrunde sollten diese Treffen von Zeit zu Zeit stattfinden.

Die Rolle des Zirkel-Koordinators

Die Zirkel werden von einem Koordinator betreut. Er hält den Kontakt zu den Zirkeln, informiert, organisiert und aktiviert diese. Fachvorgesetzte und Stabsabteilungen sind verpflichtet, ihn nach besten Kräften zu unterstützen.

Der Zirkel-Koordinator sollte über folgende Eigenschaften bzw. Qualifikationen verfügen:

- Vertrauen in das Wissen und Können der Basis
- Kooperatives Denken und Handeln
- Organisations- und Koordinationsvermögen
- Technisches Verständnis für Fertigungsprobleme
- Überzeugungs- und Durchsetzungsvermögen

Er ist zugleich zentraler Ansprechpartner für den externen Projektberater.

Der Koordinator sollte nach Möglichkeit an einigen Zirkelsitzungen teilnehmen, unbedingt jedoch an der Moderatorenausbildung und den Erfahrungsaustauschtreffen. Sein Zeitaufwand, um das Projekt zu betreuen, beträgt monatlich etwa vier bis fünf Arbeitsstunden.

6.1.4 Welcher organisatorische Aufwand entsteht?

TQM/Kaizen-Zirkel müssen in die Organisation des Unternehmens voll integriert werden. Sie sollten sorgfältig geplant werden und innerhalb eines Jahres weitgehend selbständig zum Nutzen der Firma arbeiten. Dabei darf keine Bürokratisierung entstehen, denn Zirkel sollen auch entbürokratisierend wirken. TQM/Kaizen-Zirkel ergänzen die Arbeit im Rahmen der bestehenden Unternehmensorganisation, ohne zur Parallelorganisation zu werden.

Vorsicht vor Bürokratisierung!

Mitarbeiter müssen an diese neue Form der Zusammenarbeit, der sie ggf. mißtrauisch begegnen, gewöhnt werden. Aus diesem Grund sollten TQM-Zirkel in der Startphase intensiv betreut und ständig aktiviert werden. Dem dienen u. a. die Erfahrungsaustauschtreffen.

Intensive Betreuung ist notwendig

Vorab muß unter Umständen eine Betriebsvereinbarung mit dem Betriebsrat abgeschlossen werden, falls dieser sie fordert.[2] Außerdem müssen Arbeitsformulare (Anwesenheitsliste, Protokollblatt und Formular für Verbesserungsvorschläge) erstellt werden.

Vor Projektbeginn ist es ebenfalls notwendig, die Führungskräfte der Abteilungen, in denen TQM/Kaizen-Zirkel gebildet werden, über das Projekt zu informieren und sie dafür zu gewinnen. Hierfür bieten sich Präsentationen der TQM/Kaizen-Zirkelidee zweckmäßig an.

Führungskräfte sind mitverantwortlich für den Erfolg von TQM-Zirkeln

TQM/Kaizen-Zirkel arbeiten nur dann erfolgreich, wenn die Vorgesetzten der jeweiligen Bereiche

Mögliche Probleme

und Abteilungen diese Idee mittragen. Hieran könnte es insofern mangeln, da Führungskräfte der unteren Ebenen oft einen Verlust an Macht und Status befürchten.

Eine zu lange Durchlaufzeit der in Zirkeln entwikkelten Ideen und Verbesserungsvorschläge wirkt erfolgshemmend.

Von vorneherein zu berücksichtigen ist, daß sich die Erfolge von Zirkeln erst langfristig einstellen, die Projektkosten jedoch kurzfristig anfallen. Da Zirkel ein *strategisches Führungsinstrument* zur Entwicklung von Mitarbeiterressourcen sind, sollte dies nicht zu Verunsicherungen führen.

Die Qualität der Projekt-verantwortlichen

Jedes Zirkelprojekt steht und fällt mit den richtigen Personen: Berater, Koordinator und Moderatoren. Sie sind sorgfältig auszuwählen und auf ihre Aufgabe vorzubereiten. In verschiedenen Unternehmen hat es sich gezeigt, daß Frauen aufgrund ihrer guten kommunikativen Fähigkeiten als Team-Moderatorinnen besonders geeignet sind. TQM/Kaizen-Zirkel werden ihrem Gegenstand nur dann gerecht, wenn die Verantwortlichen Qualität verkörpern und vorleben.

6.1.5 Welche Erfolge bringen TQM/Kaizen-Zirkel?

TQM-Zirkel sind die besten und billigsten Unternehmensberater

Alle Mitarbeiter leisten wertvolle Beiträge zur Arbeitsoptimierung, wenn das Management es versteht, deren Know-how zu nutzen. Führungskräfte, die alles allein machen oder alles kontrollieren wollen, entmündigen ihre Mitarbeiter. Die eigenen Mitarbeiter sind die besten Unternehmensberater und TQM/Kaizen-Zirkel die billigsten „Beratungsinstitute". TQM/Kaizen-Zirkel eignen sich insofern auch als Medizin gegen Führungs- und Expertenarroganz. Die besten Erfolge erzielen die neuen Qualitätskollektive im Rahmen einer langfristigen und umfassenden Qualitätsstrategie.

Kurzfristig verbessert sich die Kommunikation und Kooperation in der Fertigung oder auch in der Verwaltung. Ziel ist ein offeneres und problembewußtes Verhalten in der Gruppe und gegenüber den Vorgesetzten. Nur in einem hierarchiearmen und angstfreien Umfeld kann des Gefühl der Mitverantwortung gedeihen. Insofern tragen TQM-Zirkel dazu bei, Statusunterschiede zwischen Mitarbeitern und Vorgesetzten abzubauen.

Der kurzfristige Nutzen

Mittelfristig können Qualitätsverbesserungen und kostenreduzierende Verbesserungsvorschläge erwartet werden. Zirkelanwender berichten immer wieder, daß dank ihrer Zirkel personelle Engpässe besser überbrückt werden konnten und der Arbeitseinsatz allgemein flexibler gestaltet werden konnte.

Der mittelfristige Nutzen

In der Literatur wird das Verhältnis von Aufwand und Ertrag von 1:3 bis 1:10 angegeben. In Projekten, die der Autor in den Jahren von 1984 bis 1994 durchführte, konnten Erfolge im Verhältnis von 1:40 erreicht werden, so bei der Firma TEROSON in Heidelberg.[3] In einem Zirkelprojekt der Citibank Deutschland AG, das der Autor ebenfalls betreute, wurden von sieben Zirkeln im Laufe eines Jahres 74 Verbesserungsvorschläge eingereicht, die zu 80 Prozent umgesetzt werden konnten. Der Projektverantwortliche errechnete, daß

Der langfristige Nutzen

2,5 Prozent des Jahresgewinns von diesen Zirkeln erwirtschaftet wurden.[4]

Solche Ergebnisse sind möglich, weil die Kooperation im Zirkel eine ergiebige Quelle für Kreativität und Produktivität ist. Je heterogener das Wissen und Denken der Zirkelmitglieder ist, um so eher werden neue Ideen entwickelt. Entscheidungen als Ergebnisse von Teamdiskussionen werden eher und besser akzeptiert als Einweganweisungen von oben. Leistungsstolz tritt an die Stelle von Gleichgültigkeit. Die Zugehörigkeit zu einem TQM/Kaizen-Zirkel gibt Mitarbeitern Gelegenheit, die Motivationsbedürfnisse nach Anerkennung, Selbstachtung, Kommunikation und stärkerer Selbstverwirklichung zu befriedigen. Während die kommunikationspsychologischen Motivationstechniken um die konkrete Arbeitstätigkeit einen weiten Bogen machen, wendet sich „Motivation by TQM-Circle" dem Arbeitsinhalt zu und schafft Motivation über sicht- oder fühlbare, auf alle Fälle aber meßbare Erfolge. Der Erfolg ist der stärkste Motivator, denn nichts ist so erfolgreich wie der Erfolg. Auf diesem Wege werden bisher ungenutzte Leistungspotentiale aktiviert. Der starke Wirkungsgrad von TQM/Kaizen-Zirkeln erklärt sich u. a. damit, daß hierbei über den unmittelbaren Arbeitszusammenhang hinaus die gesamten Fähigkeiten und Erfahrungen der Mitarbeiter zur Optimierung des Arbeitsprozesses genutzt werden. Insgesamt gilt: TQM/Kaizen-Zirkel sind kleine Gruppen mit großer Wirkung.

Motivation durch TQM-Zirkel

6.2 Zirkelähnliche Formen der Gruppenarbeit

Schon lange setzen westliche Unternehmen zirkelähnliche Projektgruppen ein, um von diesen betriebliche Probleme lösen zu lassen. Sie tragen nur selten die Bezeichnung Zirkel. Manche firmieren unter der Bezeichnung „Montagskreis", andere unter „XY-Gesprächsrunde". Drei hauptsächliche Formen haben sich herauskristallisiert:

Verschiedene Namen für den gleichen Zweck

6.2.1 Null-Fehler-Programme

Aufgrund neuartiger Qualitätsanforderungen in der Wehr- und Raumfahrttechnik veranstalteten amerikanische Unternehmen mit Beginn der sechziger Jahre Null-Fehler-Programme.

USA als Vorreiter

Bei Null-Fehler-Programmen unterscheidet man zwischen *umfeld- bzw. situationsbedingten Fehlern,* deren Ursachen außerhalb des Verantwortungsbereiches des Mitarbeiters zu suchen sind, und *personenbezogenen Fehlern*, die aus einem Mangel an Kenntnis oder Aufmerksamkeit resultieren. Für letztgenannte ist der Mitarbeiter verantwortlich, sie sollten mittels Zero-Defekt-Kampagnen beseitigt bzw. minimiert werden.

Der Unterschied zwischen umfeldbedingten und personenbedingten Fehlern

In der Praxis laufen solche Null-Fehler-Programme als Kampagne - teilweise auch als „Schneeball-Schulung" - von oben nach unten. Sie werden auch in Gruppen betrieben.

Praxis von Null-Fehler-Programmen

Null-Fehler-Programme bewegen sich vorwiegend auf der technischen Sachebene. Das unterscheidet sie von Qualitätszirkeln, die oft auch auf der menschlichen Beziehungsebene tätig sind.

149

6.2.2 Wertanalyse

WA-Ziel

Die Wertanalyse ist eine Methode der Kostensenkung, mit der bestehende Rationalisierungsverfahren ergänzt werden. Dabei wird ein laufend erzeugtes Produkt bzw. dessen einzelne Bestandteile nach Funktionen und zugeordneten Kostenwerten untersucht. Ziel ist eine Kostensenkung.

Der Begründer der Wertanalyse, Larry D. Miles, definiert sie so:

„Die Wertanalyse ist eine organisierte Anstrengung, die Funktionen eines Produkts, einer Dienstleistung für die niedrigsten Kosten zu erstellen, ohne daß die erforderliche Qualität, Zuverlässigkeit und Marktfähigkeit eines Produktes, der Dienstleistung negativ beeinflußt werden!"[5]

Der Unterschied zu TQM-Zirkeln

Während in Qualitätszirkeln der eigene Arbeitsbereich untersucht wird, bearbeiten WA-Gruppen auch Probleme fremder Bereiche. Außerdem sind sie vorwiegend problemlösend tätig, während Zirkel auch problemsuchend wirken. Das Vorgehen der Wertanalyse ist DIN-genormt, während Zirkel ihr Vorgehen kreativ selbst gestalten.

Ein weiterer wesentlicher Unterschied ist, daß die Wertanalyse direkt auf Qualitäts- oder Produktivitätssteigerungen zielt, während bei Zirkeln dieses oft indirekt geschieht. Außerdem wird die Wertanalyse häufig als Top-down-Strategie betrieben, während Zirkel eher von unten nach oben wirken.

6.2.3 Lernstatt

Lernstattgruppen waren ursprünglich als Sprach-
schulungen für ausländische Mitarbeiter konzipiert - so bei der Hoechst AG. Doch bald wurde
hier auch über grundlegende Zusammenhänge der
Betriebsorganisation und des Fertigungsablaufes
gesprochen. Da sich deutsche Mitarbeiter ebenfalls für diese Fragen interessierten, wurde auch
für sie die Werkstatt bald zur Lernstatt. So wurde
das Lernen mit dem Arbeitsprozeß verknüpft.

Die Werkstatt als Lernstatt

Während Null-Fehler-Programme und Wertanaly-
seteams hauptsächlich für produkt- und verfahrenstechnische Zwecke eingerichtet werden, geht
es in Lernstattgruppen eher um einen individuellen Erfahrungsaustausch der Mitarbeiter
untereinander. Das wird deutlich an der Art und
Weise, wie die Hoechst AG in einer ihrer
Firmenbroschüren den Zweck dieser Kleingruppen
definiert, mit denen die Einheit von Arbeit und
Lernen bezweckt wird.

Der Unterschied zu anderen Formen der Gruppenarbeit

*„Die Lernstatt ist eine Einrichtung in Produktions-
betrieben zum Austausch und zur Vertiefung betrieblicher Erfahrungen, zur Erweiterung des
Grundwissens über betriebliche Zusammenhänge
und zur Förderung der Kommunikation im Betrieb."*

Definition

Hier geht es also um ein „learning-by-doing"
bzw. um ein ganzheitliches Lernen, das über die
reine Wissensvermittlung hinausgeht. Im Vordergrund steht die Entwicklung der sozialen Qualität.
Folgerichtig lautet der Lernstatt-Grundgedanke
bei BMW:

„Notwendige Veränderungen in unserem Unternehmen können nachhaltig nur unter gleichrangiger Berücksichtigung von Mensch, Technik und Ökonomie erreicht werden. "

Lernstatt als Instrument der Organisationsentwicklung

Die Lernstatt ist somit ein praktisches Instrument der Organisationsentwicklung. Der Unterschied zu Qualitätszirkeln besteht in der stärkeren Betonung mensch- und gruppenbezogener Aspekte. Die Lernstatt bewegt sich mehr auf der Beziehungsebene, während Zirkel eher auf der technischen Sachebene wirken. Doch die Grenzen zwischen Qualitätszirkeln und Lernstattgruppen sind fließend.

6.3 „López-Wunder-Wochenzirkel"

Die Vorgehensweise: Analyse entlang der Wertschöpfungskette

Die Wirtschaftspresse ist voll von Lobeshymnen dafür, wie es dem baskischen „Wundermanager" im VW-Vorstand José Ignacio López gelingt, Volkswagen durch Kostenersparnisse wieder zu volkstümlichen Verkaufspreisen zu verhelfen. Seine spezielle QZ-Variante soll dem VW-Konzern geholfen haben, an allen Stellen des Konzernkörpers Fett abzubauen. Von Januar bis März 1994 fanden 1400 mehrtägige Zirkelsitzungen mit je zwölf Mitarbeitern statt, bei denen ein spezielles Produkt bzw. Teilprodukt im Mittelpunkt stand. Das Besondere seiner Vorgehensweise besteht darin, daß die Gruppe einen Ausschnitt der Wertschöpfungskette, z. B. den Motorenbau, bearbeitet. Zwei Hauptziele sollen mit dieser Vorgehensweise erreicht werden, nämlich die Optimierung eines Fertigungsausschnitts und die Beseitigung jeglicher Art von Verschwendung. Dazu zählen alle Tätigkeiten, die nicht direkt zur Wertschöpfung am Produkt beitragen und für die der Kunde

ergo nicht zu zahlen bereit ist, z.B. Überprodukti-
on, Wartezeiten und lange Produktionswege. Zu
diesem Zweck wird ein Produkt bzw. Zwischen-
produkt auf dem Wege durch die Produktion, soweit es die eigene Abteilung betrifft, „verfolgt"
und analysiert und der Prozeß schließlich optimiert. Es ist nicht außergewöhnlich, daß ein Ferti-
gungsbereich dabei gänzlich umgestellt wird.

Diese Vorgehensweise ist nichts VW-Spezifisches.
Das Konzept wurde unter der Bezeichnung PICOS
schon bei General Motors, dem früheren Lopez-
Arbeitgeber, erfolgreich praktiziert. PICOS ist eine
Abkürzung für *Purchased Input Concept Optimi-
zation (with) Suppliers.* Andere Unternehmen, die
mit diesem Konzept arbeiten, nennen es MORE-
Programm (Methode zur Optimierung des Res-
sourcen-Einsatzes). Ein Teil des Erfolges des VW-
Konzerns besteht darin, das Konzept medienwirk-
samer als andere Unternehmen zu vermarkten.
Unterstützt wurde dieses durch das besondere Interesse der Massenmedien an der Person des J. I.
López, dem der Vorwurf der Industriespionage gemacht wird. Ob dieser Vorwurf berechtigt ist, mag
dahingestellt bleiben. Die Kritik jedoch, daß es
ihm eher um das Präsentieren von Erfolgen als
um das Optimieren von Abläufen geht, ist nicht
von der Hand zu weisen. Leider gibt es genügend
Anhänger in der deutschen Industrie, die den
López-Erfolgskult pflegen, so z. B. die Möbelfirma
Flötotto, die ein neues Bürosystem „López-Linie"
taufte.

> **Der General-Motors-Ursprung des Konzepts**

Abgesehen von der Medienpräsentation sind die
Erfolge dieser Vorgehensweise bei VW beachtlich,
vorausgesetzt, die veröffentlichten Zahlen stimmen. In der PKW-Fertigung ist die Produktivität

Eine beachtliche Erfolgsbilanz

in den ersten fünf Monaten des Jahres 1994 um 21 Prozent, in der Verwaltung um 22 Prozent, in der Logistik um 30 Prozent und bei Lieferanten sogar um 60 Prozent gestiegen. López erklärt den Erfolg seiner Teams damit, daß die Arbeiter „glücklich" seien, weil sie endlich gefragt und ermächtigt würden, die notwendigen Veränderungen selbst vorzunehmen.[6] Das Programm soll durch den sofortigen Transfer von „schlank-machenden" Verbesserungsvorschlägen Produktivitätssteigerungen von bis zu 30 Prozent bewirken.[7]

Zweifel an López

Allerdings gibt es auch Stimmen, die López widersprechen, wenn er behauptet, die Produktivität in den VW-Werken um 20 Prozent gesteigert zu haben. Mathematisch mag die Zahl durchaus stimmen, wenn man die Produktivitätssteigerungen aus den Workshops einfach addiert. *„In der Automobilproduktion aber baut ein Arbeitsgang auf dem nächsten auf. Das Tempo richtet sich nach der langsamsten Gruppe. Wenn ein Workshop seine Produktivität theoretisch um 30 Prozent erhöhen könnte, nutzt dieses kaum etwas, wenn die Kollegen am Band hinter ihnen mit dem alten Tempo weitermachen."*[8] Wegen der angeblich hohen Produktivität meldete das Werk Wolfsburg einen Personalüberhang von 5000 Beschäftigten. Als der Personaldirektor Peter Hartz jedoch mehrere hundert Arbeiter aus Wolfsburg abziehen wollte, war keiner der „Entbehrlichen" entbehrlich.

Ablauf des Workshops

Das Wochenprogramm mit ganztägigen Workshops gestaltet sich so:

1. Tag

1. Tag: Die Teilnehmer lernen das Konzept zur durchgängigen Optimierung der Wertschöpfungs-

kette kennen. Sie werden in die Lean-Philosophie eingeführt, erlernen einfache Problemlösungsmethoden, diskutieren die Idee der Standardisierung und üben, Probleme und Ideen zu visualisieren.

2. Tag: Den Umgang mit Basisdaten erlernen die Teilnehmer, indem sie die Basisdaten für den abgegrenzten Bereich erheben und dabei die Schnittstellen zu den vor- und nachgelagerten Bereichen mit untersuchen. Schwachstellen werden erkannt und Verschwendung identifiziert. **2. Tag**

3. Tag: Jetzt beginnt die Analyse der Ursachen für die ermittelten Probleme. Es werden Lösungsideen gesammelt und schließlich Maßnahmepläne verabschiedet. Dabei wird auf sofort umsetzbare Verbesserungsvorschläge geachtet. Bei Maßnahmen, die einen längeren Realisierungsaufwand erfordern, werden Verantwortliche und Termine benannt. **3. Tag**

4. Tag: Die schnell und leicht transferablen Verbesserungsvorschläge werden umgesetzt. **4. Tag**

5. Tag: Probebetrieb und Dokumentation der im Verlauf des Workshops angestellten Analysen, Ideen und Einsparungspotentiale; Präsentation der erreichten und noch erreichbaren Ergebnisse vor Entscheidungsträgern, die sofort über die Umsetzung entscheiden; Verpflichtung der Teilnehmer, die verabschiedeten Maßnahmepläne bis zum festgesetzten Termin umzusetzen. **5. Tag**

Um die Arbeit zu erleichtern und die Produktion von Verbesserungsvorschlägen zu beschleunigen, ist jeder Programmschritt standardisiert. Checklisten und Standardformulare wirken unterstützend.

155

Außerdem wird zu einem großen Teil auch in Untergruppen mit besonderen Aufgabenstellungen gearbeitet. Dadurch ist gewährleistet, daß sowohl in die Breite als auch in die Tiefe gearbeitet wird.

Ursachen des Erfolges: Unterstützung durch das Management

Was die Gründe für den Erfolg angeht, so steht an erster Stelle die uneingeschränkte Unterstützung durch das Management. Außerdem werden, obere und mittlere Führungskräfte von López in die Pflicht genommen, das Know-how der Basis aktiv und ständig zu nutzen. Die „López-Wunder-Wochenzirkel" werden bei VW also wirkungsvoll als Führungsinstrument eingesetzt. Andere Unternehmen praktizieren Qualitäts-Workshops weniger wirkungsvoll, weil sie die Qualitätsbotschaft gehört haben, ohne ihren Sinn begriffen zu haben. Sie könnten mit ähnlichen QZ-Varianten vergleichbare Erfolge erzielen, vorausgesetzt, die Projekte hätten eine ähnlich hohe Priorität wie bei VW und würden ebenso aktiv unterstützt. Eine weitere Voraussetzung muß das Management erfüllen, nämlich Kopf- und Handarbeit als gleichwertig zu begreifen und Handarbeitern mit ebensoviel Wertschätzung gegenüberzutreten wie Kopfarbeitern. In einem Interview wurde ein Vertreter der oberen Etagen von Mitsubishi nach den Erfolgsursachen seines Unternehmens befragt:

Fragesteller: Was ist das Geheimnis Ihres Erfolges?
Antwort: Wissen Sie, wir nehmen die hier arbeitenden Personen ernst.
Fragesteller: Ja gut, und weiter?
Antwort: Nun, nichts weiter, wir nehmen diese Menschen ernst.
Fragesteller: Ich verstehe, und was heißt das?
Antwort: Daß wir diese Personen ernst nehmen.[9]

Mitarbeiter ernst zu nehmen, das ist die Grundregel erfolgreicher Zirkelarbeit. Der Autor dieses Buches konnte bei seinen Zirkelprojekten einen ebenso hohen Nutzen wie bei VW erzielen, aber nur deshalb, weil das Management der betreffenden Firmen voll hinter der Qualitätsidee stand und ein einflußreicher Mitarbeiter zum Qualitätsverantwortlichen ernannt wurde, der den Zirkelianern mit Respekt und Wertschätzung gegenübertrat und den festen Willen hatte, der QZ-Idee zum Erfolg zu verhelfen.[10]

Literatur

1. Walter Simon: Kleine Gruppen - Große Wirkung, in: Harvardmanager, VI/1984, S. 42ff
2. Walter Simon: Entwurf einer Qualitätszirkel-Betriebsvereinbarung, in: Personal 6/1984, S. 251
3. Walter Simon/Hans-Jürgen Tragbar: Qualität kann man nicht in ein Projekt hineinprüfen, man muß sie auf allen Stufen neu erzeugen; in: Handelsblatt, 24.2.1986
4. Walter Simon/Paulo Sylla: Das Experiment der Citibank mit Qualitätszirkeln, in: Bankkaufmann 8/86, S. 17ff
5. Walter Simon/Martin Heß: Handbuch Qualitätszirkel, Köln 1989, S. 78
6. Handelsblatt, 30.05.1994, S. 17
7. Handelsblatt, 22.09.1993, S. 19
8. Der Spiegel, 4/1994, S. 93
9. Reinhard K. Sprenger: Mythos Motivation, Frankfurt/M. 1993, S. 122
10. Walter Simon, Hans-Jürgen Tragbar, a.a.O.

7. Von der Auditierung zur Zertifizierung
Qualität von A bis Z

Von der Auditierung zur Zertifizierung

Audit - eine Form der Revision

Der Begriff *Audit* umschreibt den schlichten Sachverhalt einer Prüfung bzw. Kontrolle. In Form der Revision werden sie schon seit Jahrzehnten in Unternehmen der Finanzwirtschaft durchgeführt, um buchungstechnische Abläufe auf ihre Richtigkeit zu überprüfen. Auch industrielle Großunternehmen beschäftigen schon lange Revisoren, die die Ordnungsmäßigkeit von Abläufen in Abteilungen und Zweigstellen untersuchen und darüber den vorgesetzten Abteilungen der Zentrale berichten.

Eine Definition

Ein Audit ist nach DIN/ISO 8402 *„eine systematische und unabhängige Untersuchung, um festzustellen, ob die qualitätsbezogenen Tätigkeiten und die damit zusammenhängenden Ergebnisse den geplanten Anforderungen entsprechen und ob diese Anordnungen wirkungsvoll verwirklicht und geeignet sind, die Ziele zu erreichen.“* Hier wird Qualität von A bis Z geprüft, da zwischen der Auditierung und der Zertifizierung alle Buchstaben des Alphabets mit konkreten Tätigkeiten angesprochen werden.

Bei den Audits ist zu unterscheiden zwischen solchen, die ein Unternehmen intern durchführt, um Qualitätsgewißheit zu erlangen, und solchen, die extern, z. B. von Kunden gemacht werden, um den Lieferanten hinsichtlich seiner Qualitätsfähigkeit zu überprüfen. Zu unterscheiden ist auch, um welche Art von Audit es sich handelt, um ein

- Systemaudit,
- Prozeßaudit oder
- Produktaudit.

Auditarten

Beim Systemaudit werden alle Bereiche eines Unternehmens auf der Grundlage der Norm 9001 beurteilt, beim Prozeßaudit nur das Herstellungsverfahren. Im Produktaudit werden die Endprodukte unter Augenschein genommen. Das Normenwerk der DIN ISO 9000 ff. sieht jedoch keine Produktprüfung vor.

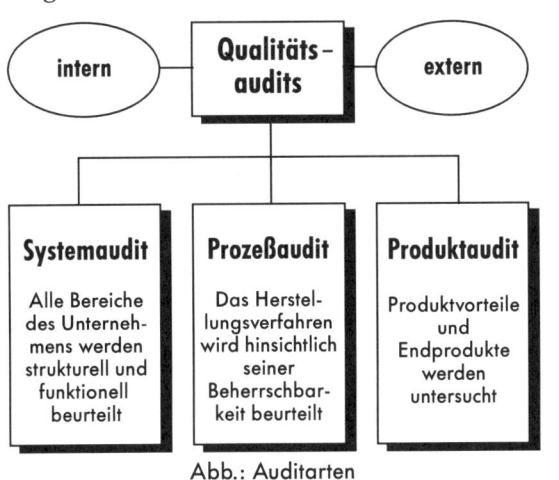

Abb.: Auditarten

159

Das Audit als Führungsinstrument

Wenn man, so wie in Kapitel 2 geschehen, Qualität als Führungsaufgabe definiert, dann sind Qualitätsaudits notwendige Führungsinstrumente, mit denen die Qualitätsziele eines Unternehmens erreicht werden. In dieser Hinsicht dient das Qualitätsaudit, wenn es intern durchgeführt wird, präventiven Zwecken. Ein Qualitätsaudit sollte deshalb nicht erst dann durchgeführt werden, wenn sich die Qualitätsprobleme häufen, sondern spätestens dann, wenn sie vermutet werden.

Der Sinn eines jeden Audits ist es, einen einmal erreichten Stand zu prüfen, Schwachstellen zu erkennen und zu beseitigen. Jeder Auditbericht muß Korrekturen auslösen.

Qualität wird im DIN/ISO-Normenwerk ausdrücklich als Führungsaufgabe hervorgehoben. Dementsprechend finden sich in den Auditfragebögen zwei Dutzend Fragen[1], die sich direkt an die Führungsmannschaft richten, darunter diese:

Wichtige Fragen an die Unternehmensführung

- *Ist die grundsätzliche Zielsetzung und Verpflichtung zur Qualitätspolitik durch die oberste Leitung festgelegt und in Kraft gesetzt?*
- *Gibt es eine von der obersten Leitung unterschriebene Qualitätspolitik?*
- *Sind die Zuständigkeiten aller leitenden und ausführenden Mitarbeiter (welche die Qualität der Angebotsprodukte beeinflussen) festgelegt, und werden sie beachtet?*

Aus den vielen Fragen, die das Verhältnis von Qualität und Management betreffen, ergeben sich folgende Verantwortlichkeiten für die oberste Leitung eines Unternehmens:

- *Festlegung der Qualitätspolitik*
- *Verpflichtung aller Mitarbeiter auf die Qualitätspolitik*
- *Formulierung von Qualitätszielen*
- *Qualitätsentwicklung durch qualitätsbezogene Information, Motivation und Qualifikation der Mitarbeiter*
- *Festlegung der organisatorischen, technischen und personellen Maßnahmen*
- *Klare Regelung der Zuständigkeiten und Arbeitsabläufe*
- *Ernennung eines Beauftragten für das Qualitätsmanagement*
- *Vorbildliches Qualitätsverhalten der Führungskräfte*

Die Qualitätsverantwortung der Unternehmensleitung

7.1 Zertifizierungsaudit

Europäische Industrieunternehmen bemühen sich neuerdings um ein Papier, das sie als qualitätsfähig ausweisen soll, das aber eher eine Aussage über die Qualitätswahrscheinlichkeit enthält. Es handelt sich hierbei um das schon erwähnte Qualitätszertifikat auf der Basis von DIN/ISO 9001 bis 9003. Den Anstoß hierzu geben Unternehmen, die von ihren Lieferanten den Nachweis der Qualitätsfähigkeit verlangen. Nicht selten beauftragen diese Zulieferer einen Unternehmensberater zwecks Beratung und eine Zertifizierungsgesellschaft, die Zertifizierung durchzuführen, ohne zu wissen, worum es eigentlich geht.

Zertifizierung als Nachweis der Qualitätsfähigkeit

Zur Zertifizierung wird eine unabhängige Zertifizierungsgesellschaft eingeschaltet, die ein Zertifizierungsaudit durchführt. Diese Zertifizierung ist einem Führerschein vergleichbar, wobei die Fahr erlaubnis nicht garantiert, daß der Fahrer alle Vorschriften der Straßenverkehrsordnung einhält.

Das Produkt wird nicht zertifiziert

Im Rahmen eines Zertifikataudits wird geprüft, ob die Dokumente zum Qualitätsmanagementsystem und das in der Organisation bestehende Qualitätssicherungssystem die Forderungen von DIN/ISO 9001, 9002 und 9003 erfüllen. Die meisten Unternehmen lassen sich nach der Norm 9001 zertifizieren. Damit sind die Normen 9002 und 9003 mit abgedeckt. Die Abbildung auf der Folgeseite zeigt, daß die Normen 9002 und 9003 in der Norm 9001 aufgehen.

Der Leitfaden DIN ISO 9000 ff. trägt zu Unrecht die Bezeichnung Norm, da er nur ein Wegweiser zu den anderen Normen ist. Das gilt auch für die 9004, bei der er sich um ein Traktat über allgemeine Aspekte der Qualitätspolitik, der Personal- und Unternehmensführung handelt, voll von Allgemeinplätzen und Nullaussagen, wie z. B. dieser: „Ein äußerst wichtiges Mittel jeder Organisation sind die beteiligten Personen" (9004-2, S.14). Leider ist auch festzustellen, daß dieser Leitfaden im Lichte der neueren Unternehmensforschung eher ein Rückschritt hin zu einer tayloristischen und bürokratischen Herangehensweise ist. Wer TQM ernst nimmt, kann über die DIN ISO 9004 nur lachen.

Leitfaden zur Auswahl und Anwendung der Normen 9000 bis 9004

DIN/ISO 9000

Qualitätsmanagementsysteme;
Modell zur Darlegung der Qualitätssicherung in Design/Entwicklung, Produktion, Montage und Kundendienst.

Dieses Regelwerk wird angewendet, wenn Forderungen an Produkte und Dienstleistungen oder Prozesse gestellt werden, für die vom Lieferanten Leistungsvorgaben zu spezifizieren sind, wobei der Lieferant bzw. Auftragnehmer die volle Verantwortung von der Entwicklung bis zum Kundendienst übernimmt

DIN/ISO 9001

Qualitätsmanagementsysteme;
Modell zur Darlegung der Qualitätssicherung in Produktion und Montage.

Dieses Regelwerk wird angewendet, wenn die Entwürfe und Spezifikationen für Produkte und Prozesse sowie andere Tätigkeiten nicht Gegenstand der Vereinbarung sind und damit sich der QM-Nachweisumfang nur auf die Qualitätsfähigkeit der Produktion bzw. Montage beziehen.

DIN/ISO 9002

Qualitätsmanagementsysteme;
Modell zur Darlegung der Qualitätssicherung bei der Endprüfung und Vertragsprüfung.

Dieses Regelwerk wird angewendet, wenn Entwicklung/Konstruktion, Produktion und Nutzung sowie Produkt- und Prozeßinformationen nicht Gegenstand der Vereinbarungen sind und der QM-Nachweisumfang sich auf die Endprüfung bezieht.

DIN/ISO 9003

Qualitätsmanagement und Elemente eines Qualitätsmanagementsicherungssystems;

Leitfaden für Dienstleistungen und verfahrenstechnische Produkte mit Hinweisen zum Auf- und Ausbau eines QM-Systems, das dem Stand der Technik entspricht und umschreibt damit in einem umfassenden Rahmen die unternehmerische Sorgfaltspflicht in Hinblick auf Qualitätsmanagement zu dem Zwecke, eine hohe Qualitätsfähigkeit eines Unternehmens zu erzielen. Die Norm versteht sich als universelles Regelwerk für jede Art von Produkten

DIN/ISO 9004

Abb.: Übersicht DIN/ISO 9000 bis 9004

163

Vom Sinn und Unsinn der Trainerzertifizierung

Bald werden sich auch Deutschlands Managementtrainer zertifizieren lassen müssen. Es gibt bereits Unternehmen, die das Zertifikat voraussetzen, wenn sie einen Weiterbildungsauftrag vergeben. Weiterbildungsleiter, die dieses verlangen, sollten ihren Verstand auditieren lassen. Die Zeitschrift „management & seminar" spricht von einer abenteuerlichen Situation: „*Auf der einen Seite erhöhen die Firmen den Druck auf die Trainer und Weiterbildungs-Institute, die ihrerseits mit allen möglichen Qualitäts-Sicherungs-Maßstäben (ISO) antworten. Auf der anderen Seite wissen die allermeisten Unternehmen eigentlich gar nicht, welche Kriterien sie denn anlegen sollen, um Bildungsarbeit, gleichgültig ob eingekaufte oder intern geleistete, zu beurteilen.*"[2] Das ist auch deshalb schwierig, weil die Vorgaben für Dienstleistungsunternehmen viel zu allgemein gehalten sind, als daß sie als Bedienungsanleitung geeignet wären. Viele Bildungsbeauftragte in Unternehmen übersehen auch, daß insbesondere Einzeltrainer als Persönlichkeiten mit ihrem Wissen und Können allein über die Qualität einer Seminarmaßnahme entscheiden.

Manche Trainer sind in ihrer Art das „Produkt", so z. B. Vera Birkenbihl, eine bekannte Kommunikationstrainerin. Produkte sind aber nicht Gegenstand der Zertifizierung. Wenn Trainer und Berater jedoch ihre Loseblattsammlung oder Aktenordnung dokumentieren lassen sollten, dann hat das keinerlei Aussagekraft über die Trainingsqualität, denn es wird nur geprüft, ob ein Produkt nach einem festgelegten Qualitätsmanagementsystem hergestellt worden ist. Außerdem sind Aussagen über Qualität und Erfolg von Bildungsmaßnahmen immer mit einer gewissen Unsicherheit im Hinblick auf die Zurechenbarkeit der erzielten Ergebnisse belastet. Qualität und Erfolg eines Seminars zeigen sich oft erst im nachhinein in der Arbeitswelt.

Besonders bedenklich wird die Trainerzertifizierung, wenn die Zertifizierung von Gesellschaften bzw. deren Gesellschaftern wahrgenommen wird, die selbst Weiterbildung anbieten (z. B. die Industrie- und Handelskammer). Wer prüft hier wen? Außerdem stellt sich die Frage, wer die Auditoren auditiert. Der umseitig abgebildete Brief der CERTQUA, eine Zertifizierungsgesellschaft der deutschen Spitzenverbände, die sich speziell auf Trainerzertifizierung spezialisiert hat, spricht wohl für sich. Wer entscheidet, daß sich Zertifizierer nicht zertifizieren? Welche Qualitätsgewißheit hat dann das Bildungsunternehmen, das sich von der CERTQUA zertifizieren lassen will? Wenn man bedenkt, daß es theoretisch möglich ist, die Herstellung von Betonschwimmwesten zertifizieren zu lassen, dann kann sich auch ein Trainingsinstitut zertifizieren lassen, das sich auf spiritistische Wahrsagerei für Manager spezialisiert hat. Dieses Unternehmen hat dann ein höheres Qualitätsimage als ein jahrzehntelang tätiger Trainer ohne Zertifizierung, aber mit solider theoretischer Grundlage und praktischer Erfahrung.

Trainer zertifizieren

Trainer -
Merkwürdigkeiten der
Zertifizierung

CERTQUA

Gesellschaft der Deutschen Wirtschaft zur Förderung und Zertifizierung von Qualitätssicherungssystemen
in der Beruflichen Bildung mbH

Adenauerallee 8a
53113 Bonn
Tel: 0228-104 480
Fax: 0228-104 482

I P W
Herrn Dr. Walter Simon
Mittelstraße 19

61231 Bad Nauheim

Bonn, 04.05.1995
Km/Ct

Sehr geehrter Herr Dr. Simon,

haben Sie besten Dank für Ihr Schreiben vom 26. April 1995.

Wir freuen uns über Ihr Interesse, die Zertifizierung von IPW nach DIN EN ISO 9000 ff. durch CERTQUA vornehmen zu lassen.

Als Anlage übersende ich Ihnen unsere Informationsschrift sowie ein Leistungsverzeichnis. Für die Erörterung von konkreten Einzelheiten des Ablaufs, den Anforderungen und den Kosten einer Zertifizierung des IPW sollten wir ein persönliches Gespräch vereinbaren. Gerne erwarte ich Ihre Terminvorschläge.

Zu Ihrer Frage nach der Zertifizierung von CERTQUA erlauben Sie mir folgenden Hinweis: Zertifizierer werden nicht zertifiziert. Es besteht die Möglichkeit für Zertifizierungsstellen, sich bei der Trägergemeinschaft für Akkreditierung (TGA) akkreditieren zu lassen. Diese Akkreditierung ist freiwillig und keine obligatorische Voraussetzung für die Aufnahme der Zertifizierungstätigkeit. Üblicherweise treten Zertifizierungsstellen, die eine Akkreditierung nach der EN 45012 anstreben, nach mehrjähriger Geschäftstätigkeit in das Akkreditierungsverfahren bei der TGA ein. CERTQUA hat diesen Schritt sofort mit Aufnahme der Zertifizierungstätigkeit unternommen (November 1994) und befindet sich derzeit im Akkreditierungsverfahren.

Für weitere Rückfragen stehe ich Ihnen unter der telefonischen Durchwahl (0228) 104-480 gerne zur Verfügung.

Mit freundlichen Grüßen

Monika Kegelmann M.A.   Anlagen

Abb.: Brief CERTQUA an den Autor

In diesem Zusammenhang ist es für Kenner ein Rätsel, warum Handelsunternehmen, so z. B. VOBIS, die ihre Handelsware weder entwickeln noch herstellen, eine Zertifizierung nach DIN/ISO 9001 erhalten. Wahrscheinlich ist das geschehen, weil es für das Handelsunternehmen ein Imagegewinn und für die Zertifizierungsgesellschaft ein gutes Geschäft war.

7.1.1 Ablauf eines Zertifizierungsaudits

Im Rahmen eines Zertifizierungsaudits wird geprüft, ob die Dokumente zum Qualitätsmanagementsystem und das in der Organisation praktizierte Qualitätsmanagementsystem die Forderungen von DIN/ISO 9001, 9002 oder 9003 erfüllen. Das Audit selbst und die Qualifikation des Auditors sind in DIN/ISO 10011 geregelt. Danach kann eigentlich jeder, der lesen und schreiben kann, die Tätigkeit eines Qualitätsauditors wahrnehmen, denn es wird im Anforderungsprofil durchgängig von „sollte" gesprochen.

Die Qualifikation des Auditors

Das Audit führen im allgemeinen zwei Auditoren durch, und zwar in mehreren Schritten, die zugleich den Abschnitten des Vertrages zwischen dem Unternehmen und der Zertifizierungsgesellschaft entsprechen. Als Grundlage dient dabei eine Checkliste auf der Basis der einschlägigen DIN/ISO-Normen, die in diesem Kapitel vorgestellt wird.

1. Audit-Vorbereitung

Das Unternehmen, das sich zertifizieren lassen will, füllt vorab einen Fragebogen aus, auf dessen Grundlage die zertifizierende Stelle prüft, ob das

167

Grundlagenermittlung

Qualitätsmanagementsystem so weit entwickelt ist, daß es einem Zertifizierungsaudit unterzogen werden kann. Anhand dieses Fragebogens wird auch festgestellt, ob DIN/ISO 9001, 9002 oder 9003 zugrunde gelegt werden soll. Bevor das Zertifizierungsaudit stattfindet, veranstalten viele Unternehmen und Organisationen ein Voraudit.

2. Auswahl der Auditoren, Prüfung des Qualitätshandbuches

Dokumentations-prüfung

Die Zertifizierungsgesellschaft schlägt zunächst den Leiter des Auditorenteams vor. Gleichzeitig übergibt die Organisation, die sich zertifizieren lassen will, ihr Qualitätshandbuch bzw. entsprechende Dokumente zur Prüfung an die Zertifizierungsgesellschaft.

3. Audit im Unternehmen

Das Arbeitsprodukt: der Auditbericht

Nachdem auch der zweite Auditor bestimmt wurde, wird das Audit auf der Grundlage der vereinbarten DIN/ISO-Norm durchgeführt. Die beiden Auditoren erstellen einen ausführlichen Auditbericht, in dem insbesondere Schwachstellen benannt werden. Das Unternehmen leitet dann die erforderlichen Korrekturmaßnahmen ein.

4. Erteilung des Zertifikats

Für die Erteilung eines Zertifikates muß das Unternehmen bzw. die Organisation, die sich zertifizieren läßt, einen erheblichen finanziellen Betrag entrichten. Das Zertifikat hat eine Gültigkeit von drei Jahren unter der Voraussetzung, daß jährliche Überwachungsaudits positiv verlaufen.

Abb.: VAZ-Zertifikat

7.2 Zur Qualität von Qualitätsaudits

Ob sich die Qualität in einem Unternehmen mit einem Zertifikat tatsächlich verbessert, ist genauso zweifelhaft wie die Qualität eines Friseurs, dessen Salon mit Dauerwellen-Diplomen der Firma Wella geschmückt ist. Zunächst hat sich mit der Zertifizierungswelle ein gewaltiges Geschäftsfeld für Heerscharen von Beratern und die 27 Zertifizierungsgesellschaften eröffnet. So mußte der Autor aus einem Angebot der Deutschen Gesellschaft zur Zertifizierung von Qualitätssicherungssystemen (DQS) erfahren, daß die Zertifizierung seines kleinen Beratungsunternehmens allein DM 15.000 kosten würde, ohne die eigentlichen Audits, die nach Arbeitsaufwand mit je DM 2.200 pro Tag abgerechnet würden. Rechnet man diese auch noch einmal mit etwa DM 15.000 dazu, ergibt sich ein Betrag von etwa DM 30.000. Deutschland hat nicht nur die höchsten Patenterteilungsgebühren, sondern leider auch unangemessen hohe Qualitätsaudit-Gebühren, die die Zertifizierung zu einem Privileg für Großunternehmen werden läßt. Der Geschäftsführer der oben erwähnten DQS, Joachim Pärtsch, machte im Handelsblatt keinen Hehl daraus, daß die Zertifizierung für seine Gesellschaft ein gutes Geschäft ist, zumal erst 3000 deutsche Unternehmen zertifiziert wurden.[3]

Hohe Auditkosten garantieren gute Auditgeschäfte

Ein schlechtes Geschäft dagegen ist die Zertifizierung für viele kleine Unternehmen. Das Handelsblatt schrieb dazu: *„So sinnvoll die Qualitätssicherung nach DIN 9000 ff. ist, so zeichnet sich jedoch schon jetzt ab, daß aufgrund der recht hohen Kosten viele Kleinbetriebe auf der Strecke bleiben werden. Der Gedanke an die Abschottungspraktiken mittelalterlicher Zünfte ist in diesem Zusammenhang sicherlich nicht mehr sehr weit hergeholt.“[4]*

Zertifizierung als Abschottungstechnik gegenüber Mitbewerbern

Was sich tatsächlich verbessert, ist zunächst einmal die Qualität der Qualitätsdokumentation, denn diese wird auditiert. Andererseits sind dem Verfasser zahlreiche Firmen bekannt, bei denen sich nach seinem Empfinden außer der Qualitätsdokumentation nichts wesentlich verbessert hat. Außerdem verkehrt sich in vielen Unternehmen der Zweck einer Zertifizierung, denn es geht primär nicht mehr darum, seine Qualitätsfähigkeit prüfen zu lassen bzw. Qualität zu entwickeln, sondern um die Erlangung des Zertifikats als Werbemittel. So geben Firmenvertreter unumwunden zu: *„Wir haben die Zertifizierung unseres Unternehmens nach der Norm 9001 nicht betrieben, um uns in puncto Qualität weiterzuentwickeln. Das Zertifikat dient uns einzig und allein als Marketinginstrument."*[5] Die Zertifizierungsgesellschaften weisen ausdrücklich darauf hin, daß mit dem Zertifikat geworben werden kann. So gesehen sind sie eher Lieferanten eines Werbemittels, statt innovative Geburtshelfer für eine neue Qualität der Qualität.

Was wirklich geprüft wird: Papiere und Formulare

Die starke Beschränkung auf technische Details bzw. auf Aspekte der eigentlichen Qualitätssicherung zeigt, daß mit der Auditierung die Ziele des Total Quality Managements, die lateral in alle Richtungen gehen, nur im beschränkten Maße erreicht werden. Kundenorientiertes Verhalten, ein Lächeln des Verkäufers, motiviertes Handeln, Engagement und Identifikation, das alles erreicht man nicht durch ein Zertifikat. Das DIN/ISO-Regelwerk kann den Eindruck einer längst überwunden geglaubten tayloristischen Herangehensweise entstehen lassen, diesmal mit dem Schwerpunkt Qualitätssicherung. Liebe zum Produkt, mitarbeiterorientierte Führung und fortschrittliche Unternehmenskultur führen im allgemeinen eher zu Qualität als der hektische Auditierungsfanatismus.

Ein Zertifikat allein garantiert keine Qualität

Ein Blick in die Biographie erfolgreicher Firmen zeigt und bestätigt immer wieder die Bedeutung weicher Faktoren wie Motivation, Kommunikation, Kooperation, Identifikation und Partizipation für den Erfolg eines Unternehmens und eine erfolgreiche Qualitätspolitik. Während die Industrie einerseits Kontrollen abbaut und durch Selbstkontrollen nach dem Motto „Kontrolle ist gut, Vertrauen ist besser" ersetzt, entsteht im Zusammenhang mit der Zertifizierung ein gewaltiger Kontrollapparat, der im nachhinein das leninistische Organisationsprinzip „Vertrauen ist gut, Kontrolle ist besser" bestätigt. Was früher der Markt selbständig regulierte, soll heute die Kontrolle in Verbindung mit einem Zertifikat besorgen.

„Der Mensch als Störfaktor im QS-System" - ein Beispiel für den Unsinn in den Köpfen von QS-Fachleuten

Besonders fraglich wird die Idee des Audits, wenn man in der Literatur und in Vorträgen immer wieder auf folgendes Zitat stößt: *„Ein gänzlicher Verzicht auf Audits ist nicht denkbar, solange der Mensch als Störfaktor am Qualitätssicherungssystem teilnimmt."*[6] „Qualitätsfachleute", die dieses Zitat benutzen, beweisen damit ihre mangelnde Qualitätsfähigkeit. Mehr noch: Sie sind ein Störfaktor im Auditierungsprozeß. Soweit es sich um Führungskräfte handelt, beweisen sie damit ihre fehlende Total Management Quality.

Wieso soll der Mensch ein Störfaktor innerhalb eines Systems sein, das sein eigenes Produkt ist? Individuelle Produktion als eine Form des Stoffwechsels zwischen Mensch und Natur drückt in höchstem Maße menschliche Vernunft aus. Arbeit hat den größten Anteil an der menschlichen Entwicklung. Sie nun als Störfaktor zu bezeichnen, bedeutet, das Pferd von hinten aufzuzäumen.

Natürlich machen Menschen Fehler, aber sie erkennen und beseitigen diese Fehler und werden somit unentbehrlich für den Prozeß der Qualitätserzeugung und -sicherung - ohne zu „Störfaktoren" zu verkommen. Ansonsten wäre auch der Auditor ein potentieller Störfaktor.

7.3 Was im Audit geprüft wird - eine verkürzte Übersicht aus dem DIN/ISO-Regelwerk

Die nachfolgende Übersicht zeigt, was u. a. im DIN/ISO-Regelwerk 9001 geprüft wird. Grundlage ist ein Fragenkatalog, dessen Fragen sich aus dieser Norm ergeben.[7] Die Übersicht eignet sich auch für ein Eigenaudit, z. B. durch einen TQM/Kaizen-Zirkel.

Verantwortung der obersten Leitung, Qualitätspolitik

01. Ist die grundsätzliche Zielsetzung und Verpflichtung zur Qualitätspolitik durch die oberste Leitung des zu zertifizierenden Bereiches festgelegt und in Kraft gesetzt?

Gibt es eine von der obersten Leitung unterschriebene Qualitätspolitik?

02. Ist die Qualitätspolitik von der obersten Leitung schriftlich festgelegt und in allen Ebenen der Organisation bekannt, und wird sie beachtet?

Welche ergänzenden Schulungen oder Erläuterungen zur Vertiefung und Akzeptanz des QM-Systems gibt es? (Führungskraftmotivation)

Organisation - Verantwortungen und Befugnisse

01. Sind die Zuständigkeiten aller leitenden, ausführenden und überwachenden Mitarbeiter (welche die Qualität der Angebotsprodukte beeinflußen) festgelegt und werden sie beachtet?

02. Gibt es eine Organisationseinheit, die sich hauptsächlich mit der Koordinierung, Errichtung und Prüfung des QM-Systems befaßt (z. B. Qualitätswesen), ist diese unabhängig in ihren Entscheidungen und ist sichergestellt, daß sie die Kompetenzen besitzt, um
   * Verhütungsmaßnahmen gegen mögliche Produktfehler zu veranlassen,
   * produktbezogene Qualitätsprobleme festzustellen und aufzuzeichnen,
   * Korrekturmaßnahmen zu veranlassen, zu empfehlen oder festzulegen, zu prüfen, ob Korrekturmaßnahmen zur Ausführung gebracht werden,
   * die Weiterverarbeitung, Auslieferung oder Montage fehlerhafter Einheiten so lange zu überwachen, bis die Fehler oder der unbefriedigende Zustand behoben sind?

Organisation, Mittel und Personen für die Verifizierung

01. Sind in der Organisation Ziele für das Qualitätsmanagement und seine Ergebnisse vereinbart, und werden sie verfolgt?

Qualitätssicherungssystem

01. Ist das Qualitätsmanagementsystem hinreichend schriftlich festgelegt und verständlich dargestellt?

Vertragsüberprüfung

01. Ist ein ausreichendes Verfahren zur Vertragsüberprüfung festgelegt, und wird es beachtet?

Designlenkung

01. Sind Verfahren und Zuständigkeiten festgelegt, und werden sie angewendet, um die Entwicklungs- und Prüftätigkeiten während der Produktentwurfphasen (Produktdesign) zu lenken?

02. Werden Entwicklungsvorhaben in Plänen festgelegt?

03. Findet Informationsaustausch nachweisbar statt?

04. Wird sichergestellt, daß zwischen den am Ablauf einer Entwicklung beteiligten Oganisationseinheiten der jeweilige Informationsaustausch aufgabengerecht erfolgt?

05. Wie ist die Verantwortung für die Weitergabe oder die Einholung der betreffenden Informationen festgelegt?

06. Werden produktbezogene Forderungen (Entwicklungsvorhaben) schriftlich festgehalten?

Lenkung und Dokumente, Genehmigung und Herausgabe

01. Ist die Überwachung aller Dokumente (auch EDV), die von den Forderungen der Bezugsnorm betroffen sind, sichergestellt?

02. Werden Dokumente vor ihrer Herausgabe durch die dazu befugten Personen auf ihre Angemessenheit geprüft und freigegeben?

Beschaffung

01. Ist sichergestellt, daß Zulieferungen aufgrund ihrer Eignung zur Erfüllung des Vertrages einschließlich der Qualitätsanforderungen ausgewählt werden?

02. Ist eine Überwachung von Zulieferanten im Rahmen des QM-Systems vorgesehen?

03. Enthalten Beschaffungsunterlagen eine klare Qualitätsanforderung an das Produkt, und wird diese geprüft und freigegeben?

Vom Auftraggeber bereitgestellte Produkte

01. Werden Prüfungen, Lagerung und Instandhaltung von bereitgestellten Produkten, die Bestandteil der eigenen Produkte werden, so sichergestellt, daß Beeinträchtigungen ihrer Qualität vermieden werden?

Identifikation und Rückverfolgbarkeit von Produkten

01. Wird sichergestellt, daß eine Zuordnung von Produkten zu den zugehörigen Zeichnungen, Spezifikationen und Dokumenten während aller Phasen der Produktion, Lieferung und Montage möglich ist, sofern gefordert, zweckmäßig oder zwingend?

02. Wird durch eine individuelle Identifikation (Kennzeichnung) einzelner Produkte oder Lose die geforderte Rückverfolgbarkeit sichergestellt?

Prozeßlenkung

01. Wird durch geplantes Vorgehen sichergestellt, daß Produktions- und Montageverfahren unter beherrschten Bedingungen ablaufen?

02. Wie wird sichergestellt, daß die Produktions- und Montageeinrichtungen geeignet sind?

03. Wie werden einschlägige Normen/Regeln und QM-Pläne erfüllt?

04. Erfolgt eine Qualitätslenkung anhand geeigneter Prozeß- und Produktmerkmale während der Produktion und Montage?

05. Werden Prozesse und Einrichtungen zur Anwendung und bei Änderungen freigegeben?

06. Werden Qualitätsmerkmale und Randbedingungen für die Arbeitsausführung in schriftlicher Form festgelegt?

07. Werden diese speziellen Prozesse ständig überwacht, und wie wird nachgewiesen, daß die Forderungen an den Prozeß erfüllt werden?

08. Werden Aufzeichnungen über die Qualifikation geführt und aufbewahrt bezüglich:
a) des Prozeßablaufes
b) der Prozeßeinrichtungen und Betriebsmittel
c) des Personals?

Prüfungen

01. Gibt es Regelungen über Zuständigkeiten und Abläufe für die Eingangsprüfung, und werden sie eingehalten?

02. Wird sichergestellt, daß zugelieferte Produkte nicht verwendet werden, bevor sie geprüft sind oder auf andere Weise der Nachweis der Erfüllung der Qualitätsanforderungen erbracht wurde?

03. Werden Eingangsprüfungen anhand von QM-Plänen oder nach schriftlichen Verfahrensanweisungen durchgeführt?

04. Ist festgelegt, daß Zwischenprüfungen nach QM-Plänen o. a. schriftlichen Anweisungen durchzuführen sind, und wird danach verfahren?

05. Wird durch Qualitätsmanagementpläne oder dokumentierte Verfahrensanweisungen sichergestellt, daß die Endprüfung die Erfüllung der vollständigen Qualitätsanforderungen erbringt?

177

Prüfmittel

01. Gibt es Regelungen für die Überwachung, Instandhaltung, Kalibrierung und Wartung der Prüfmittel, und werden sie beachtet?

02. Wird sichergestellt, daß für jede Prüfausgabe Geräte mit bekannter Meßunsicherheit verwendet werden, die mit der geforderten Meßgenauigkeit vereinbar sind?

Prüfstatus

01. Gibt es Regelungen für die Kennzeichnung des Prüfstatus, und werden sie eingehalten?

02. Wird der Prüfstatus durch zugelassene und registrierte Kennzeichnungsmittel (auch Lagerplätze) ausgewiesen?

03. Wird, soweit notwendig, die Kennzeichnung des Prüfstatus während der gesamten Fertigung und Montage aufrechterhalten?

Lenkung fehlerhafter Produkte

01. Gibt es Verfahren zur Behandlung fehlerhafter Produkte, und werden sie eingehalten?

02. Sind Zuständigkeiten und Befugnisse für die Verfügung über fehlerhafte Produkte schriftlich festgelegt, und wird danach verfahren?

Korrekturmaßnahmen

01. Gibt es Verfahren zur Auffindung der Fehlerursachen und für Korrekturmaßnahmen zu ihrer Beseitigung?

02. Gibt es Verfahren zum Analysieren von Arbeitsabläufen, Qualitätsaufzeichnungen, Kundenreklamationen, um Fehlerursachen zu finden und zu beseitigen, und werden sie angewendet?

178

03. Gibt es Verfahren, um das Risiko möglicher Fehler abzu-
    schätzen und entsprechende Vorbeugungsmaßnahmen ein-
    zuleiten?

Qualitätsaufzeichnungen

01. Sind Verfahren und Zuständigkeiten festgelegt für die Iden-
    tifikation, Pflege, Prüfung und Freigabe qualitätsbezo-
    gener Unterlagen und Aufzeichnungen (Dokumente)?

02. Wird sichergestellt, daß Qualitätsaufzeichnungen dem be-
    treffenden Produkt zugeordnet werden können?

Interne Qualitätsaudits

01. Sind Zuständigkeiten und Abläufe für interne Qualitätsau-
    dits festgelegt, und werden sie beachtet?

02. Wird die Zeitplanung für interne Qualitätsaudits dem Stand
    und der Bedeutung der Tätigkeit entsprechend festgelegt
    und eingehalten?

03. Werden die Ergebnisse der internen Qualitätsaudits doku-
    mentiert und den für den auditierten Bereich zuständigen
    Personen zur Kenntnis gegeben?

Schulung

01. Sind Zuständigkeiten und Verfahren für die Personalschu-
    lung schriftlich festgelegt, und wird eine angemessene Fort-
    bildung durchgeführt? (Gibt es ein differenziertes Schu-
    lungsprogramm?)

02. Wie und durch wen wird der Schulungsbedarf aufgaben-
    bezogen ermittelt, und gibt es darüber schriftliche Unter-
    lagen?

03. Welches Programm für die durchzuführenden Schulungen
    und Qualifikationen gibt es?

179

04. Welche Aufzeichnungen über durchgeführte Schulungen und Qualifikationen gibt es?

05. Wird durch ein Verfahren sichergestellt, daß Personen mit besonderen Aufgaben durch angemessene Ausbildung, Schulung und/oder Erfahrung, soweit zutreffend, für die Aufgaben qualifiziert sind?

Kundendienst

01. Sind Zuständigkeiten und Verfahren für den Kundendienst (Service) schriftlich festgelegt, und werden sie eingehalten? (Qualitätsmanagement während der Nutzung der Angebotsprodukte)

Literatur

1. Der Fragenkatalog des Verbandes der Deutschen Autoindustrie enthält 26 Fragen, die sich an die Unternehmensführung richten, und 70 Fragen, die von anderen Ressorts zu beantworten sind.
2. Qualitätsmuffel ade - Schluß mit der Apathie, in: management & seminar, 10/94, S. 48
3. Handelsblatt, 20.7.1994
4. Handelsblatt, 4.10.1994
5. So die Firma Mettler-Toledo, Albstadt; vgl. Handelsblatt, 15.10.1994
6. So z. B. Heinz Wilhelm in der „IO-Management-Zeitschrift" 58/1989, „Qualitätsaudit ist ein wichtiges Führungswerkzeug".
7. Deutsche Gesellschaft für Qualität e. V. / Deutsche Gesellschaft zur Zertifizierung von Qualitätsmanagementsystemen (Hrg.): Audits zur Zertifizierung von Qualitätsmanagementsystemen, Berlin: Beuth Verlag, 1993

8. Den Qualitäts-Qualifikationsbedarf gezielt ermitteln
Qualitätsentwicklung setzt Mitarbeiterentwicklung voraus

Bei der Weiterbildung richtig Maß nehmen

Die Qualität von Gütern und Dienstleistungen ist u. a. von der Qualifikation der Mitarbeiter abhängig. Welche zunehmende Bedeutung Unternehmen der Weiterbildung ihrer Mitarbeiter beimessen, zeigt sich an folgenden Beispielen. Nahmen die Werker der Firma Löhr & Brokamp 1989 nur 0,8 Tage an Weiterbildungsmaßnahmen teil, waren es 1994 bereits fünf volle Tage. Die Mitarbeiter eines anderen TQM-Vorreiters, Mettler-Toledo, Albstadt, verbringen sieben Prozent der Betriebszeit in Qualifizierungsmaßnahmen. Dieses Unternehmen investiert jährlich rund drei Prozent seines Umsatzes in die Weiterbildung.

181

Im DIN/ISO-Regelwerk ist vorgeschrieben, daß Unternehmen den Weiterbildungsbedarf ihrer Mitarbeiter erheben müssen. In DIN/ISO 9004 werden Maßnahmen beschrieben, mit deren Hilfe sichergestellt werden soll, daß alle Mitarbeiter in qualitätsrelevanten Aufgaben unterwiesen wurden. Es heißt dort: *„Der Schulungsbedarf des Personals sollte ermittelt und eine Methode zur Durchführung der Schulung festgelegt werden."* Im weiteren werden Empfehlungen ausgesprochen, wie die Schwerpunkte gesetzt werden sollten.

Sollten, sollen, könnten - qualitätswidrige Unverbindlichkeiten im DIN/ISO-Regelwerk

So sollen Führungskräften Verständnis für das Qualitätsmanagementsystem nebst wichtiger Werkzeuge und Techniken vermittelt werden. Beim technischen Personal *„sollte der Schulung statistischer Methoden besondere Aufmerksamkeit geschenkt werden".* Ähnlich allgemein werden Vorgesetzte und Mitarbeiter der Produktion angesprochen, die *„bezüglich der Methoden und Fertigkeiten, wie sie zur Erledigung ihrer Aufgaben erforderlich sind, gründlich geschult werden ..."* sollen.

DIN/ISO 9001 als sehr allgemeiner Qualifikationswegweiser

Diese Qualitäts-Qualifikationsprofile sind jedoch viel zu allgemein, um sie als konkrete Handlungsanweisung nutzen zu können. Außerdem gilt festzuhalten, daß bei einem totalen Qualitätsverständnis alle Bereiche, in denen zu- und umgelernt werden muß, untersucht werden müssen. Der Blick muß also über das hinausgehen, was DIN/ISO 9001 fordert. Das ist u. a. deshalb notwendig, weil nach Expertenmeinung fünfzig Prozent der Kosten für die betriebliche Weiterbildung zum Fenster hinausgeworfen werden, doch niemand weiß, welche fünfzig Prozent es sind. Durch Mißerfolge von Weiterbildungsmaßnahmen steigt dieser Prozentsatz. Darum braucht auch die Weiterbildung ein Mehr an Qualität und Produktivität.

Das wird erreicht, wenn Unternehmen lernen, bei der Weiterbildung „richtig Maß" zu nehmen, um den Weiterbildungsbedarf genau zu ermitteln. Das dazu geeignete Instrument ist die Weiterbildungs-Bedarfsanalyse. Sie vermeidet einerseits „Bildungskosmetik" und die damit verbundenen Kosten und garantiert andererseits eine bedarfsorientierte Weiterbildung. Diese „Bildungs-Diagnose" ermöglicht zudem, Führungskräfte und andere Multiplikatoren der Weiterbildung in die Planungsprozesse einzubeziehen, um so die Umsetzung und den Transfer zu optimieren.

„Richtig Maß nehmen", um Bildungskosmetik zu vermeiden

Investitionen in die Personalentwicklung sind genauso sorgfältig zu prüfen, zu planen, zu realisieren und ständig zu kontrollieren wie andere unternehmerische Maßnahmen und Entscheidungen. Um Fehlinvestitionen in der Weiterbildung zu vermeiden, ist das managementtechnische Instrumentarium ebenso gründlich anzuwenden wie beim Kauf einer Maschine oder einer Produkteinführung, das heißt, Situationen sind zu analysieren, Ziele zu formulieren, Pläne zu realisieren und Maßnahmen zu kontrollieren. Das sichert einen wirtschaftlichen Mitteleinsatz auch in der Weiterbildung.

Ein wirtschaftlicher Einsatz der Mittel ist auch in der Weiterbildung sicherzustellen

Um in diesen Regelkreis der managementtechnischen Grundfunktionen zu kommen, ist es notwendig, zunächst den Weiterbildungsbedarf des Unternehmens zu ermitteln. Welche Möglichkeiten bieten sich dazu an?

8.1 Reaktive oder projektive Weiterbildung

Von den Schwachstellen eines Unternehmens, die einen speziellen beziehungsweise detaillierten Weiterbildungsbedarf signalisieren und in der Regel zu einer reaktiven Weiterbildung führen, sind jene Methoden zu unterscheiden, die auf eine projektive Weiterbildung zielen. Reaktive Weiterbildung erfolgt zumeist ad hoc mit dem Ziel, Defizite aus der Vergangenheit abzubauen, so wie es z. B. in den neuen Bundesländern nach 1989 der Fall war. Es gibt viele Gründe für reaktive Weiterbildungsaktivitäten: fehlerhaft gelaufene Projekte, Kundenreklamationen, Umsatzverluste, Revisionsberichte, hohe Fluktuation und Fehlzeiten, Stellenbeschreibungen, Beurteilungswesen und Zielvereinbarungen, Arbeitsplatzanalysen, Vergleichsmethoden z. B. mit anderen Unternehmen, Ländern, Branchen und anderes mehr.

Reaktive Weiterbildung ist vergangenheitsorientiert

Ein Grundübel dieser Art von Weiterbildung besteht darin, daß Führungskräfte oder Mitarbeiter Seminare besuchen, in denen sie wie Wasser in einem Durchlauferhitzer heiß gemacht werden, um anschließend wieder abzukühlen.

Projektive Weiterbildung ist zukunftsorientiert

Projektive Weiterbildung ist grundsätzlich breiter und zukunftsorientierter angelegt. Sie berücksichtigt neueste Entwicklungen in Gesellschaft, Technik und Wirtschaft sowie Neuerungen in eigenen Unternehmen. Insofern ist sie Bestandteil der Unternehmens- bzw. Qualitätsstrategie. Ihre Basis sind die formulierten Unternehmensziele, denn letztendlich soll die Weiterbildung dazu beitragen, ein Unternehmen vorwärts zu bewegen. Diese Art der Weiterbildung ist nur dort möglich, wo der Weiterbildungsbedarf systematisch ermittelt wurde, entsprechende Maßnahmen entwickelt und fortgeschrieben wurden. Das dazu geeignete Instrument ist die Weiterbildungs-Bedarfsanalyse. Sie wird durchgeführt auf der Basis von

• Mitarbeitergesprächen bzw. -beurteilungen,
• Mitarbeiterbefragungen zum Weiterbildungsbedarf,
• Vorgesetztenbefragungen zum Weiterbildungsbedarf,
• Projektgruppenarbeit zum Weiterbildungsbedarf oder
• einer Kombination der genannten Methoden.

Möglichkeiten der Bedarfsermittlung

Diese Schritte sind notwendig, um Weiterbildung erfolgreich zu betreiben:

1. Ermittlung der Rahmenbedingungen
2. Entwicklung des Weiterbildungsbedarfs
3. Entwicklung des Weiterbildungsangebotes
4. Festlegung des organisatorischen Rahmens
5. Planung, Durchführung und Kontrolle einzelner Weiterbildungsveranstaltungen
6. Transfersicherung

Schritte der Bedarfsermittlung

8.2 Inhalte der Weiterbildungs-Bedarfsanalyse

Während die Weiterbildung in Beurteilungsgesprächen und Mitarbeiterbefragungen nur einer von mehreren Befragungspunkten ist, dient die Weiterbildungs-Bedarfsanalyse ausschließlich der Datengewinnung für ein daraus zu entwickelndes Weiterbildungskonzept. Die Analyse kann in verschiedenen Formen und in unterschiedlichem Umfang vorgenommen werden. Die beste und bewährteste Form ist das persönliche Interview des

Das Interview als beste Form der Bedarfsermittlung

internen oder externen Weiterbildungsexperten mit den Führungskräften des Unternehmens. Grundlage des Interviews ist ein Fragebogen (vgl. S. 193ff), in dem unter anderem die folgenden Komplexe abgefragt werden:

Diese Themenkomplexe werden abgefragt

- Trends und Entwicklungen und deren Folgen für das Unternehmen, die Branche oder eine konkrete Tätigkeit
- Der Weiterbildungsbedarf der unterstellten Mitarbeiter
- Der persönliche Weiterbildungsbedarf der befragten Führungskraft
- Vorschläge für die konzeptionelle und organisatorische Gestaltung der Weiterbildungskonzeption

Letzteres ist unter anderem wichtig für die spätere Akzeptanz bei dieser „Kundengruppe", die selbst an einem Seminar teilnehmen und Mitarbeiter entsenden soll oder gar als Referent benötigt wird.

8.2.1 Die quantitative Analyse des Weiterbildungsbedarfs

Den qualitativen Bedarf durch den quantitativen ergänzen

Im Interview wird nicht nur der qualitative Bedarf ermittelt (Inhaltsanalyse), sondern auch die quantitative Größe (Mengenanalyse). Gefragt wird also: „Wieviele Ihrer Mitarbeiter benötigen dieses Wissen XYZ...?" Diese Mengenanalyse ist notwendig für die Planung und Organisation der Weiterbildung hinsichtlich des Budgets, der Termine, der Seminare, des Trainereinsatzes, der Hotels und anderer Faktoren mehr.

Das persönliche Gespräch ermöglicht Korrekturen bei völlig unrealistischen Bedarfseinschätzungen. Führungskräfte nennen oft einen hohen Weiterbildungsbedarf und erwarten von den Personalentwicklern Sofort- und Maximallösungen. Durch Spiegelfragen, die später erläutert werden (vgl. S. 189ff), können der Bedarf und die organisatorischen Möglichkeiten wieder in das richtige Verhältnis gebracht werden.

Vorsicht vor unrealistischen Bedarfsschätzungen

Es kann sinnvoll sein, zunächst nur den inhaltlichen Bedarf zu ermitteln und den Mengenbedarf erst dann abzufragen, wenn das Konzept vorliegt. Aber auch hier zeigen Erfahrungen, daß Führungskräfte oft einen Bedarf melden, aber dann, wenn das Angebot vorliegt, es kaum nutzen. Die Analyse des Weiterbildungsbedarfs garantiert zwar ein bedarfsgerechtes Konzept, aber nicht unbedingt einen bedarfsgerechten Besuch der angebotenen Seminare.

Ein bedarfsgerechtes Konzept garantiert keine bedarfsgerechte Nachfrage

8.3 Die richtige Interviewtechnik

Um den Weiterbildungsbedarf festzustellen, sollte die Weiterbildungsfachkraft in einem Gespräch mit dieser Doppelstrategie arbeiten:

1. Zum einen sammelt sie Informationen und Daten für das zu entwickelnde Konzept.
2. Zum anderen schafft sie über die damit verbundenen Gespräche und Interviews das Problembewußtsein für die Notwendigkeit der Weiterbildung und versucht, Multiplikatoren bzw. Nachfrage für spätere Angebote zu finden.

Die Doppelstrategie im Weiterbildungsgespräch

Die richtige Interviewtechnik im Bedarfsermittlungs-gespräch

Der Weiterbildungsexperte (Bedarfsermittler) führt ein halboffenes Interview, d. h. er erfragt Fakten und läßt gleichzeitig genügend Spielraum, um Hintergrundinformationen zu erhalten und selbst Informationen geben zu können. Er wird häufig als Klagemauer für fehlende Weiterbildungsaktivitäten des Unternehmens benutzt. Diese Situation erfordert eine variantenreiche Gesprächsführung des Interviewers. Der Interviewer muß die Fragetechnik gut beherrschen. Fragt er zum Beispiel nach dem persönlichen Weiterbildungsbedarf, so wird der sich qualifiziert fühlende Gesprächspartner ihn als gering angeben, denn wer gibt schon gern Qualifikationsdefizite zu. Wird die Frage aber so gestellt: „Welche Themen sind interessant für Sie?", dann erhält er in der Regel konkretere Antworten. Diese Konkretisierungen sind wichtig, denn Antworten wie „Wir brauchen Qualitätswissen." sind zu allgemein, um sie konzeptionell umsetzen zu können. Das persönliche Gespräch ermöglicht es, durch Nachfragen den Bedarf konkret zu erfassen.

Objektiver Bedarf oder subjektives Interesse - ein wichtiger Unterschied

Das Interview hat gegenüber der schriftlichen Befragung den Vorteil, daß der Weiterbildungsexperte eher unterscheiden kann, ob sein Gesprächspartner einen objektiven Bedarf anmeldet oder sein subjektives Interesse an einem Thema bekundet. So spiegeln zum Beispiel hohe Bedarfsmeldungen für Rhetorikseminare weniger einen objektiven Bedarf wider, sondern eher ein individuelles Interesse an der Entwicklung der eigenen Persönlichkeit. Jedoch ist zu berücksichtigen, daß Mitarbeiter autonome Bildungsbedürfnisse entwickeln, zu denen das Unternehmen ggf. Angebote machen sollte. So zum Beispiel wenn ein Mitarbeiter Interesse an einem Sprachkurs hat, obwohl er für seine konkrete Tätigkeit keine Sprachkenntnisse benötigt. Auch bilden subjektives Interesse und objektiver Bedarf eine gewisse Einheit, denn beides ist die Voraussetzung für den Weiterbildungserfolg.

Das persönliche Gespräch ermöglicht auch, zwischen Qualifikationslücken und Motivationsdefiziten zu unterscheiden. Für die Beseitigung mangelnder Motivation sind in erster Linie die Führungskräfte zuständig. Die Weiterbildungsabteilung kann lediglich Hilfe in Form konkreter Seminarthemen anbieten, um Qualifikationsmängel abzubauen.

Qualifikationslücke oder Motivationsdefizit - ebenfalls ein wichtiger Unterschied

8.4 Die organisatorische Durchführung

Vom Grundsatz her sollte der Weiterbildungsbedarf top-down ermittelt werden, d. h. die oberen Führungskräfte werden nach ihrem eigenen Bedarf und dem der ihnen unterstellten Führungskräfte und Mitarbeiter befragt. Das setzt sich bis zu den Gruppenleitern fort.

Die Treppe von oben kehren

Neben der Datengewinnung ist auch eine Datenspiegelung möglich. Der von einer oberen Führungskraft benannte Eigenbedarf wird gespiegelt, indem die unterstellten Führungskräfte oder Mitarbeiter diesen Bedarf aus ihrer Sicht formulieren. Das bietet doppelten Nutzen, nämlich eine genauere Bedarfsjustierung und Feedback für die Führungskräfte. Ähnlich kann auch beim Weiterbildungsbedarf der Mitarbeiter verfahren werden. Die Bedarfsschätzung des Vorgesetzten wird mit der des Mitarbeiters verglichen und gegebenenfalls abgeglichen.

Bedarfsjustierung durch Datenspiegelung

189

Der „runde Tisch" als Informationsquelle

In der Praxis hat sich auch der „runde Tisch" bewährt. Alle Führungskräfte einer Organisationseinheit formulieren auf einer Abteilungs-Weiterbildungskonferenz ihren Weiterbildungsbedarf und den ihrer Mitarbeiter. Die Weiterbildungsfachkraft sollte als Berater daran teilnehmen. Denkbar ist auch, daß ausgesuchte Mitarbeiter an dieser Konferenz teilnehmen. Das Ziel ist unter anderem, ein abteilungsbezogenes Weiterbildungskonzept im Rahmen des Gesamtkonzeptes zu entwickeln.

Als zweckmäßig hat es sich erwiesen, vor der Befragungsaktion ein Weiterbildungs-Grobkonzept zu erstellen, das in der Regel folgende Elemente enthält:

Inhalte eines Grobkonzeptes

1. Mögliche Weiterbildungsangebote für das Management
2. Mögliche Weiterbildungsangebote für alle Mitarbeiter einschließlich Management
   - fachlich bzw. branchenspezifisch
   - überfachlich (z. B. FMEA, Kreativitätstechniken)
3. Vertriebsbezogene Weiterbildungsangebote

Dieses Grobkonzept wird den Führungskräften während des Gesprächs vorgestellt, wobei gleichzeitig deren Meinung dazu erfragt wird. Sie werden gebeten, den Konzeptrahmen mit konkreten Hinweisen bzw. Themenvorschlägen auszufüllen.

Der Weiterbildungsbedarf für Führungskräfte ist grundsätzlich bekannt

Über den Wert solcher Informationen kann man geteilter Meinung sein. Der Autor ist der Meinung, daß der professionell tätige Weiterbildner auch ohne Bedarfsforschung weiß, welches Wissen und Können Führungskräfte oder Verkäufer im allgemeinen benötigen. Diverse wissenschaftli-

che Studien belegen immer wieder, daß Führungskräfte Defizite haben

- im Kommunikations- und Kooperationsver-
halten,
- in der Managementmethodik (Zielsetzung, Planung, Kontrolle usw.) und der
- Kundenorientierung.

Dennoch ist es notwendig, das Gespräch über den
Weiterbildungsbedarf zu führen, um den Befragten als Multiplikator zu gewinnen, denn Weiterbildung muß im Unternehmen genauso verkauft
werden wie die Produkte und Dienstleistungen
des Unternehmens nach außen.

Der Befragte als Multiplikator

Anders verhält es sich mit fachlichen Themen, bei
denen die Befragten wichtige Informanten sind.
Hier berät der Fachmann den internen Weiterbildungsexperten, nennt Inhalte, die konzeptionell
bzw. pädagogisch umzusetzen sind. Dabei kann es
sich um Themen handeln, die die befragte Fachkraft selbst trainiert. Aus diesem Grunde sollte in
jedem Interview gefragt werden, ob der Befragte
bereit wäre, als Referent in der Weiterbildung mitzuwirken, und wenn ja, für welche Themen.

Den Befragten ggf. als Fachreferenten gewinnen

Aus den Informationen und Daten der Weiterbildungs-Bedarfsanalyse wird das Feinkonzept erstellt, meist in Form einer Broschüre. Sie enthält
konkrete Weiterbildungsangebote, und zwar mit
Lernzielen, Inhaltsbeschreibungen, Termin- und
Trainerangaben. In ihr finden sich auch die notwendigen organisatorischen Hinweise mit konkreten Angaben darüber, wie viele Seminare jeder
Mitarbeiter pro Jahr besuchen darf, welche Seminare besucht werden müssen, um in eine be-

Inhalte eines Feinkonzeptes

stimmte Position zu kommen (Pflichtseminare bzw. Lernpfade), und wer für die Weiterbildung verantwortlich ist.

Qualität ist, wenn der Seminarteilnehmer gerne wiederkommt

Dieses Produkt der Personal- bzw. Weiterbildungsabteilung muß von gleicher Güte sein wie die Produkte oder Dienstleistungen des Unternehmens. Insofern kommt auch dieser Abteilung eine Vorbildfunktion zu. Jedes Seminar, das auf der Basis des vorliegenden Angebots durchgeführt wird, muß dem Anspruch höchster Prozeß- und Produktqualität genügen. Die Produkte der Personalentwicklung müssen hinsichtlich ihrer Qualität denen der Fertigung entsprechen. Auch hier gilt: Qualität ist, wenn der Kunde, also der Seminarteilnehmer, gerne wiederkommt.

8.5 Fragebogen zur Ermittlung des Weiterbildungsbedarfs
(Beispiel aus der Kreditwirtschaft)

1. Welche Entwicklungen sehen Sie in den kommenden fünf Jahren auf Ihre Abteilung hinsichtlich neuer und anspruchsvollerer Aufgaben zukommen (vom Markt, aus der Firma selbst, aus der Politik und dem gesellschaftlichen Umfeld etc.)?

2. Wie schätzen Sie die Qualifikation Ihrer Mitarbeiter hinsichtlich dieser neuen Aufgaben ein? Sehen Sie einen:
   a) hohen Weiterbildungsbedarf ☐
   b) gewissen Weiterbildungsbedarf ☐
   c) keinen Weiterbildungsbedarf ☐

3. (Nur wenn ein hoher oder gewisser Weiterbildungsbedarf genannt wird): Bitte sagen Sie uns, zu welchen Themen Sie einen hohen/gewissen Weiterbildungsbedarf in Ihrer Abteilung sehen.

   Welchen speziellen Weiterbildungsbedarf bezüglich Qualitätsverbesserung und Kundenorientierung sehen Sie für die Ihnen direkt unterstellten Mitarbeiter?

4. Wie sieht Ihr persönlicher Weiterbildungsbedarf aus? Welches Wissen oder Können könnte Ihnen persönlich helfen, die Arbeit zu verbessern oder zu erleichtern bzw. könnte dem Unternehmen nützen?

5. Wie würden Sie die Weiterbildung im Unternehmen gestalten? Welche Ideen und Vorschläge geben Sie uns mit auf den Weg?

6. Ich stelle Ihnen jetzt ein Weiterbildungs-Rahmenmodell vor. So etwa könnte die Weiterbildung im Unternehmen organisiert werden. Die Begriffe meinen folgendes ... (Interviewer zeigt Modell und erklärt es). Was halten Sie davon? Welche Empfehlung geben Sie uns hierzu?

7. Jetzt möchte ich mit Ihnen ganz konkret über die möglichen Inhalte dieses Rahmens sprechen, d. h. wir bitten Sie, uns zu sagen, welches Wissen und Können konkret benötigt wird. Zu diesem Zweck zeige ich Ihnen jeweils Themenlisten. Sagen Sie mir bitte, was Ihre Gruppenleiter bzw. Teamleiter an Führungswissen und -qualifikationen benötigen.

7.1 Führungsseminare

Zunächst einige Fragen ganz allgemein zum Komplex *Mitarbeiterführung*. Es geht nur um die Ihnen direkt unterstellten Führungskräfte (Gruppenleiter). Welchen Weiterbildungsbedarf sehen Sie hier? (Interviewer überreicht Liste mit den folgenden Fragen:)

	groß	mittel	klein
• Mitarbeitermotivation	☐	☐	☐
• Kooperativ führen und arbeiten	☐	☐	☐
• Gruppendynamik	☐	☐	☐
• Psychologische Aspekte der Führung	☐	☐	☐
• Zusammenarbeit der Abteilungen untereinander	☐	☐	☐
• Arbeiten in/mit Projektgruppen bzw. Arbeitskreisen	☐	☐	☐
• Sonstiges _____	☐	☐	☐

7.2 Nun einige Fragen zum Komplex *Kommunikation* bzw. *Gesprächsführung*. Wie sehen Sie hier den Weiterbildungsbedarf Ihrer Gruppen- und Teamleiter? (Interviewer überreicht Liste mit den folgenden Fragen:)

	groß	mittel	klein
• Bewerbungsgespräche führen	☐	☐	☐
• Beurteilungsgespräche führen	☐	☐	☐
• Konfliktgespräche führen	☐	☐	☐
• Sachgespräche führen	☐	☐	☐
• Grundlagen betrieblicher Information und Kommunikation	☐	☐	☐
• Konferenztechnik	☐	☐	☐
• Moderation und Präsentation	☐	☐	☐
• Rhetorik	☐	☐	☐
• Referententraining	☐	☐	☐
• Sonstiges _____	☐	☐	☐

7.3 Und jetzt noch einige Fragen zum Qualifizierungsbedarf Ihrer Gruppen- und Teamleiter bezüglich *Managementtechniken*. Hier geht es also um methodisches Management. (Interviewer überreicht Liste mit den folgenden Fragen:)

	groß	mittel	klein
• Persönliche Arbeitstechniken und Zeitmanagement	☐	☐	☐
• Planungs- und Entscheidungstechniken	☐	☐	☐

194

	groß	mittel	klein
• Entspannungs- und Regenerations- techniken (z. B. autogenes Training)	☐	☐	☐
• Kreativitätsmethoden	☐	☐	☐
• Projektmanagement	☐	☐	☐
• Budgetplanungstechnik	☐	☐	☐
• Vernetztes Denken, systembezogenes Handeln	☐	☐	☐
• Planungssysteme	☐	☐	☐
• Sonstiges	☐	☐	☐

7.4 Um auch quantitativ planen zu können, bitten wir Sie anzugeben, wieviele Ihrer Gruppenleiter in den *nächsten drei Jahren* welche Weiterbildungsmaßnahmen absolvieren sollen. Wieviele sollen noch in diesem Jahr welche Seminare besuchen? An welchen Seminaren, vorausgesetzt, sie werden angeboten, würden Sie persönlich gern teilnehmen? (Interviewer markiert mit P)

Bedenken Sie dabei, daß die Kosten unter Umständen Ihr Budget belasten und Sie die Zeit zur Verfügung stellen müssen.

	nächsten 3 Jahre	lfd. Jahr
• Mitarbeitermotivation	_____	_____
• Kooperativ führen und arbeiten	_____	_____
• Gruppendynamik	_____	_____
• Psychologische Aspekte der Führung	_____	_____
• Zusammenarbeit der Abteilungen untereinander	_____	_____
• Arbeiten in/mit Projektgruppen bzw. Arbeitskreisen	_____	_____
• Bewerbungsgespräche führen	_____	_____
• Beurteilungsgespräche führen	_____	_____
• Konfliktgespräche führen	_____	_____
• Sachgespräche führen	_____	_____
• Grundlagen betrieblicher Information und Kommunikation	_____	_____
• Konferenztechnik	_____	_____
• Moderation und Präsentation	_____	_____
• Rhetorik	_____	_____
• Referententraining	_____	_____
• Persönliche Arbeitstechniken und Zeitmanagement	_____	_____
• Entspannungs- und Regenerations- techniken (z. B. autogenes Training)	_____	_____
• Planungs- und Entscheidungstechniken	_____	_____

195

	nächsten 3 Jahre	lfd. Jahr
• Kreativitätsmethoden	_____	_____
• Projektmanagement	_____	_____
• Budgetplanungstechnik	_____	_____
• Vernetztes Denken, systembezogenes Handeln	_____	_____
• Planungssysteme	_____	_____
• Sonstiges		
_____	_____	_____

Kontrollfrage bei unrealistischen Mengenangaben:
Sind Sie bereit, die Kosten dafür zu budgetieren und die notwendige Arbeitszeit zur Verfügung zu stellen?

7.5 Mitarbeiterseminare

Nun sprechen wir über jene Weiterbildungsveranstaltungen, die für alle Ihnen direkt unterstellten Mitarbeiter einschließlich Ihrer Gruppen- bzw. Teamleiter evtl. notwendig sind. Zunächst bitten wir Sie den *fachlichen Qualifikationsbedarf* einzuschätzen. (Interviewer überreicht Liste mit den unternehmensspezifischen Fragestellungen:)

	groß	mittel	klein
• N. N.	☐	☐	☐
.	.	.	.
.	.	.	.
.	.	.	.

7.6 Um auch quantitativ planen zu können, bitten wir Sie auch hier anzugeben, wieviele Mitarbeiter in den *nächsten drei Jahren* welche Weiterbildungsmaßnahmen absolvieren sollen. Wieviele sollen noch in diesem Jahr welche Seminare besuchen? Diese Frage werden wir auch Ihren Gruppenleitern stellen, um auch diese in die Bedarfsschätzung einzubeziehen. An welchem Seminar, falls es bedarfsmäßig angeboten wird, möchten Sie persönlich noch in diesem Jahr teilnehmen? (Interviewer markiert mit P)

Bedenken Sie auch hierbei, daß die Kosten unter Umständen Ihr Budget belasten werden und Sie die Zeit zur Verfügung stellen müssen.

	nächsten 3 Jahre	lfd. Jahr
• N. N.	_____	_____
.	.	.
.	.	.
.	.	.

Kontrollfrage:
Sind Sie bereit, die Kosten dafür zu übernehmen und die notwendige Arbeitszeit zur Verfügung zu stellen?

7.7 Was meinen Sie, wie gut die Ihnen direkt unterstellten Mitarbeiter über Ihre Kunden informiert sind?

Gruppen- und Teamleiter
☐ sehr gut
☐ gut
☐ schwach
☐ ungenügend

Sonstige direkt unterstellte Mitarbeiter
☐ sehr gut
☐ gut
☐ schwach
☐ kaum

7.8 Nun möchten wir mit Ihnen über notwendige Bildungsmaßnahmen sprechen, die die allgemeine berufliche Weiterbildung betreffen. Auch dieser Komplex bezieht sich auf den Weiterbildungsbedarf der Ihnen unterstellten Führungskräfte und Mitarbeiter. (Interviewer überreicht Liste mit folgenden Fragen:)

	groß	mittel	klein
• Persönliche Arbeitstechniken und Zeitmanagement für Sachbearbeiter	☐	☐	☐
• Kundenfreundlich telefonieren	☐	☐	☐
• Moderner, empfängeraktiver Briefverkehr	☐	☐	☐
• Gedächtnis- und Lerntechniken	☐	☐	☐
• Sekretärinnentraining	☐	☐	☐
• Gute Zusammenarbeit in der Abteilung	☐	☐	☐
• Information und Kommunikation in der Abteilung und/oder der Gruppe	☐	☐	☐
• Sprachen Welche: _____	☐	☐	☐
• EDV/Bürokommunikation Was wird konkret benötigt?			
- Programmentwicklung	☐	☐	☐
- Bürokommunikation/Werkzeuge	☐	☐	☐
- Management-Informationssysteme	☐	☐	☐
- PC-Einsatz	☐	☐	☐
- Sonstiges zur EDV _____	☐	☐	☐
• Sonst. zur allg. berufl. Weiterbildung _____	☐	☐	☐
	☐	☐	☐

7.9 Auch hier bitten wir Sie anzugeben, wieviele Ihrer Mitarbeiter in den *nächsten drei Jahren* welche Weiterbildungsmaßnahmen absolvieren sollen. Wieviele sollen noch in diesem Jahr welche Seminare besuchen? Diese Frage werden wir auch noch Ihren

197

Gruppen- und ggf. Teamleitern stellen, um auch diese in die Bedarfsschätzung einzubeziehen. An welchem Seminar, falls es angeboten wird, würden Sie persönlich noch in diesem Jahr teilnehmen, das Einverständnis der Bereichsleitung vorausgesetzt? (Interviewer markiert mit P)

Bedenken Sie auch hierbei, daß die Kosten unter Umständen Ihr Budget belasten werden und Sie die Zeit zur Verfügung stellen müssen.

	nächsten 3 Jahre	lfd. Jahr
• Persönliche Arbeitstechniken und Umgang mit der Zeit der Sachbearbeiter	_____	_____
• Kundenfreundlicher telefonieren	_____	_____
• Moderner, empfängeraktiver Briefverkehr	_____	_____
• Gedächtnis- und Lerntechniken	_____	_____
• Sekretärinnentraining	_____	_____
• Information und Kommunikation in der Abteilung und/oder Gruppe	_____	_____
• Sprachen Welche: _____	_____	_____
• EDV/Bürokommunikation Was wird benötigt?		
- Programmentwicklung	_____	_____
- Bürokommunikation/Werkzeuge	_____	_____
- Management-Informationssysteme	_____	_____
- PC-Einsatz	_____	_____
- Sonstiges zur EDV _____	_____	_____
• Sonstiges zur allg. berufl. Weiterbildung	_____	_____

Sind Sie bereit, die Kosten dafür zu übernehmen und die notwendige Arbeitszeit zur Verfügung zu stellen?

7.10 Jetzt einige Fragen zur verkäuferischen Weiterbildung bzw. zum verkäuferischen Denken der Innendienstmitarbeiter. Es geht wieder um die unmittelbar unterstellten Führungskräfte/Mitarbeiter.

	groß	mittel	klein
• Verhandlungstechniken beim Kunden	☐	☐	☐
• Kunden wirksam betreuen	☐	☐	☐
• Verkaufsorientiertes Verhalten (die Außenwirkung des Kundendienstes)	☐	☐	☐
• Ziele des Vertriebs einschl. Nutzenargumentation gegenüber Kunden	☐	☐	☐
• Sonstiges _____	☐	☐	☐

7.11 Jetzt bitten wir Sie auch hier Ihre mengenmäßige Bedarfseinschätzung für die *nächsten drei Jahre* und des laufende Jahr vorzunehmen. Welches Thema interessiert Sie persönlich?

	nächsten 3 Jahre	lfd. Jahr
• Verhandlungstechniken beim Kunden	_____	_____
• Kunden wirksam betreuen	_____	_____
• Verkaufsorientiertes Verhalten (die Außenwirkung des Kundendienstes)	_____	_____
• Ziele des Vertriebs einschl. Nutzenargumentation gegenüber Kunden	_____	_____
• Sonstiges	_____	_____

7.12 Welche der Arbeiten Ihrer Abteilung könnte durch Computer/PC/EDV schneller oder besser erledigt werden? Wo sehen Sie weitere Möglichkeiten der EDV-Unterstützung?

7.13 Sind Sie bereit, als Referent an der Weiterbildung von Mitarbeitern unseres Unternehmens mitzuwirken? Wenn ja, für welche Themen?

Anmerkung:

In einem weiteren Frageblock wird auf der Basis dieses Vorgehens der konkrete fachliche Weiterbildungsbedarf (z. B. Aktienhandel, Geld und Währung, Kreditgeschäft) erfragt.

9. Ein Griff in den TQM/Kaizen-Werkzeugkoffer
Alte „new tools"

Alte „new tools"

Welches sind die geeigneten Werkzeuge für die TQM/Kaizen-Arbeit? Firmen, die sich von der TQM/Kaizen-Notwendigkeit überzeugen ließen, trainieren vehement die sogenannten „Sieben Werkzeuge". In der Kaizen-Literatur und in entsprechenden Seminarprospekten findet man wiederholt sogar den Begriff „the new seven tools", so z. B. beim Kaizen-Chefideologen Imai. Dazu zählt er:

Diagramme statt Programme

1. Beziehungsdiagramm
2. Affinitätsdiagramm
3. Baumdiagramm

4. Matrixdiagramm
5. Matrixdiagramm zur Datenanalyse
6. Diagramm zur Entscheidungsfindung
7. Pfeildiagramm

Ohne auf diese Methoden im einzelnen eingehen zu wollen, ist festzustellen, daß es sich hierbei um alten Wein in neuen Schläuchen (Begriffen) handelt. So ist das Affinitätsdiagramm eine Art Brainstorming, während Diagramme zur Entscheidungsfindung dem Operation Research entstammen. Auch die anderen Methoden sind lange bekannt und werden praktiziert, jedoch viel zu wenig zum Zweck der Qualitätsentwicklung und kaum in den unteren Unternehmensetagen, wo sie eigentlich benötigt werden.

Alter Wein in neuen Schläuchen

Auch der Ansatz der Problembearbeitung mit vorgeschalteter Datensammlung ist nicht neu, denn Organisationsentwicklungsprogramme beruhen auf dieser Vorgehensweise, die unter dem Begriff *Aktionsforschung* in die betriebliche Praxis einging. Danach sind folgende sechs Schritte nötig:

Datenfeedback - eine alte und bewährte OE-Methode

1. die Situation diagnostizieren
2. Daten sammeln
3. Datenfeedback geben
4. Daten analysieren
5. Maßnahmen planen
6. Maßnahmen durchführen[1]

Ein Blick in die Literatur der gängigen Managementwerkzeuge bis hin zu den Büchern der siebziger Jahre zeigt, daß es sich hierbei um Instrumente handelt, die dem westlichen Management schon lange als Arbeitshilfe zur Verfügung stehen. Ob und inwieweit sie genutzt wurden, ist ei-

201

Was wirklich neu ist an den neuen Werkzeugen

ne andere Frage. Jedenfalls handelt es sich hierbei nicht um neue Werkzeuge, wie Kaizen-Autor Imai seinen Lesern glaubhaft machen möchte. Wirklich neu sind die Wettbewerbsverhältnisse auf dem Weltmarkt, die die ehemaligen Monopolisten von Qualität und Produktivität in Europa und den USA zwingen, endlich die zur Verfügung stehenden Arbeitsmittel zu nutzen.

Das Neue an diesen Werkzeugen ist auch, daß sie in japanischen Betrieben die ihnen gebührende Anerkennung fanden und konsequent im Arbeitsalltag eingesetzt wurden. Bösenberg/Metzen sehen ihren Nutzen darin, daß sie als „statistischer Köcher" dafür sorgen, den Fehlerteufel, der sich dem direktem Zugriff entzieht, einzufangen.[2]

Die sieben Werkzeuge als Beschränkung unzweckmäßiger TQM/Kaizen-Praxis

Fraglich ist auch, ob es sich hierbei um die Werkzeuge handelt, mit denen das TQM/Kaizen-Handwerk am zweckmäßigsten betrieben wird. Wenn man Qualität als totales Anliegen aller Mitarbeiter, Bereiche und Hierarchieebenen definiert, wird deutlich, daß es sich bei den sieben Werkzeugen um eine Beschränkung auf solche Instrumente handelt, deren Einsatz sich vorwiegend im technischen Bereich anbietet. Kommunikationswerkzeuge, die für den direkten Einsatz im Mitarbeiter- oder Kundengespräch notwendig wären, vermißt man im TQM/Kaizen-Werkzeugkoffer. Eigentlich verbietet es sich ohnehin, von TQM/Kaizen-Werkzeugen zu sprechen, denn jedes Instrument, das dazu dienen kann, die Arbeit billiger, schneller und besser zu machen, ist letztlich ein TQM/Kaizen-Werkzeug. Jede Methode, die der analytischen oder kreativen Problemlösung dient, ist ein TQM/Kaizen-Instrument. Alle Kreativitätstechniken, alle Methoden, die der Informations- und

Alles kann ein TQM/Kaizen-Werkzeug sein

Kooperationsförderung dienen, insbesondere die Moderationsmethode, alle Führungsaufgaben, mit denen die Eigenverantwortlichkeit von Mitarbeitern gefördert wird, z. B. Zielvereinbarung und Delegation, sind letztendlich TQM/ Kaizen-Werkzeuge. Das wichtigste Instrument ist wohl das Mitarbeitergespräch, denn alle Fragen, die die Arbeit betreffen, müssen letztendlich erörtert werden. Geht man davon aus, daß eine Funktionsvoraussetzung von TQM/Kaizen darin besteht, daß das Management aktiv auf seine Mitarbeiter zugeht, um Verbesserungsvorschläge täglich immer wieder neu abzufragen, dann gehört wohl auch die Fragetechnik mit zu den wichtigsten Qualitätswerkzeugen.

Weitere TQM/Kaizen-Werkzeuge:
- **Moderationstechniken**
- **Fragetechniken**
- **Kreativitätstechniken**
- **u. a.**

Im Grunde kann nur auf den reichen Fundus an Methodenliteratur verwiesen werden, der dem interessierten Leser seit vielen Jahren zur Verfügung steht. Den größten Nutzen dürfte die Literatur zu den Themen Kreativität und Moderation bieten.[3]

Drei Werkzeugen bzw. Methodenbündeln, bei denen es sich um Fundamentaltechniken zur Qualitätsentwicklung handelt, gebührt besondere Aufmerksamkeit. Dazu gehört die *Technik der richtigen Zielsetzung bzw. -vereinbarung,* mit der die Grundlagen für die TQM/Kaizen-Planung, für entsprechende Entscheidungen und die Fortschrittskontrolle geschaffen werden. Als zweites sei die *Fehler-Möglichkeiten- und Einfluß-Analyse* (FMEA) als ein Werkzeug genannt, mit dem mögliche Fehler schon vor der Produktionsaufnahme aufgespürt werden können. Diese Werkzeuge anzuwenden ist auch eine Forderung des DIN/ISO-Regelwerkes 9001 bis 9003. Entsprechend werden in den Auditlisten diese Fragen gestellt:

Fragen aus dem DIN/ISO-Regelwerk

- Sind in der Organisation Ziele für das Qualitätsmanagement und seine Ergebnisse vereinbart, und werden sie verfolgt?

- Wird eine Risikoanalyse möglicher Fehler vor dem Produktionsbeginn durchgeführt (z. B. FMEA)?

Da sich Qualitätsarbeit zu einem großen Teil in und mit Teams abspielt, werden im dritten Abschnitt dieses Kapitels wichtige *Teamtools* als weitere fundamentale Qualitätstechniken angeboten.

9.1 TQM/Kaizen braucht Ziele

TQM-Ziele wirken wie ein Magnet, der ein Team vorwärts zieht

Ziele garantieren Vorwärtsentwicklung

Unternehmen brauchen den Erfolg. Er stellt sich nur dann ein, wenn sich eine Firma weiterentwickelt. Um diese Entwicklung zu garantieren, sind Ziele notwendig. Diese beschreiben einen zukünftigen Zustand, den das Unternehmen erreichen will. Ohne Ziel ist jedes Ergebnis richtig, selbst ein schlechtes.

Auch die TQM/Kaizen-Arbeit benötigt Ziele als Wegweiser für ihr Handeln. Problemfixierung wird durch Zielorientierung ersetzt. Firmen, die nur ihre Probleme sehen und sich täglich immer wieder darüber ärgern, gleichen einem Autofahrer, der immer nur in den Rückspiegel schaut, ohne den Blick nach vorne zu richten. Ziele ermöglichen diesen Blick nach vorne. Im Idealfall wirken sie wie ein Magnet, der ein Team vorwärts zieht. Ziele sind zugleich der Maßstab, an dem der TQM/Kaizen-Erfolg gemessen wird.

Zielorientierung statt Problemfixierung

Sie sind auch deshalb notwendig, weil es oft heißt *„wir wollen, möchten, müßten, könnten"*, ohne jedoch Dinge in die Tat umzusetzen. Projekte scheitern, weil die Ziele nicht klar und eindeutig definiert wurden oder Absichten, Vorsätze und Wünsche mit Zielen verwechselt wurden.

Wünsche und Absichten sind keine Ziele

Die Praxis zeigt, daß vages Wunschdenken, verschwommene Hoffnungen und laufend erneuerte Absichtserklärungen nichts verändern. Diese werden erst dann zu einem Ziel, wenn vereinbart wurde, was bis wann in welcher Menge oder Güte erreicht werden soll. Eine Absicht muß

Mindestanforderungen an eine exakte Zielformulierung

qualitativ	(was soll erreicht werden),
quantitativ	(wieviel soll erreicht werden) und
zeitlich	(bis wann soll es erreicht sein)
begründbar	(warum soll es erreicht werden)

beschrieben werden, erst dann liegt ein operationales Ziel vor.

Eine Definition

Ein Ziel kann man definieren als die *exakte Beschreibung eines in Zukunft angestrebten Zustandes.* Dabei sind natürlich Zwischenziele notwendig. Sie sind die notwendigen Mittel, um das nächsthöhere Ziel zu erreichen, das selbst wieder Mittel ist, um das darüber befindliche Ziel zu erreichen.

Ziele müssen realistisch sein

Bevor ein Qualitäts- oder Produktivitätsziel endgültig ausformuliert bzw. vereinbart wird, ist zu prüfen, ob und inwieweit es realistisch ist und die nötigen materiellen und ideellen Mittel verfügbar sind. Dazu dient die *Zielanalyse.* Sie besteht aus drei Schritten:

Inhalte bzw. Fragen der Zielanalyse

1. Analyse der Stärken und Schwächen (Subjekt- bzw. Teamanalyse)

2. Analyse der Chancen und Risiken (Objektanalyse- bzw. Gegenstandsanalyse)

3. Analyse des Umfeldes bzw. der Situation (Umfeld- bzw. Situationsanalyse)

Wenn ein Ziel nicht erreicht wird, kann es u. a. daran liegen, daß die Voraussetzungen oder das Umfeld falsch eingeschätzt wurden. Die Zielanalyse hatte also Fehler.

Fragen zur Zielkontrolle

Die folgenden Fragen helfen festzustellen, ob Qualitätsziele exakt formuliert wurden bzw. als Handlungsanweisung und Planungsgrundlage brauchbar sind.

1) Ist das Qualitätsziel konkret formuliert?

„Qualitätsverbesserung" ist eine Absicht, aber kein konkretes Ziel. Dieses liegt erst vor, wenn meßbare Größen anstatt wünschenswerter Tätigkeiten angegeben sind. Außerdem muß klar sein, woran die Zielerfüllung gemessen wird. Eine konkrete Zielformulierung könnte zum Beispiel so lauten:

Qualitätsverbesserung durch

Ein Zielbeispiel

1. Reduzierung der Reklamationen (Zielgegenstand)
2. um 20 Prozent (Quantität)
3. bis zum 31.12.1996 (Zeitaspekt)
4. bei Kosten von 100.000,- DM (Kostenaspekt)

2) Ist das Qualitätsziel präzise formuliert?

Wurden Sollwerte angegeben, die erreicht werden sollen? Wenn das so genau nicht möglich ist, so sind Ober- und Untergrenzen anzugeben. Statt „soviel als möglich" sollte es heißen: „mindestens ...", „höchstens ...". Umschreibungen wie „beträchtlich", „genügend" oder „angemessen" sind zu vermeiden. Ein Ziel ist so zu formulieren, daß die Zielerreichung ohne Interpretationsstreit kontrollierbar ist. Ziele geben die Richtung an, Sollwerte präzisieren die Ziele, indem sie den Zielgegenstand, die Quantität, den Zeitaspekt oder den Kostenaspekt angeben.

Umschreibung vermeiden, Ziele klar ausdrücken

3) Ist das Qualitätsziel terminiert?

Termine setzen

Auch hier kann mit gewissen Bandbreiten gearbeitet werden. Statt einer Formulierung wie „sobald wie möglich" muß es heißen: „frühestens am ..., spätestens am ...". Je länger es dauert, ein Qualitätsziel zu erreichen, um so notwendiger sind terminierte Zwischenziele.

4) Ist das Qualitätsziel realistisch und widerspruchsfrei?

Ziele abstimmen, um Zielkonflikte zu vermeiden

Es muß gefragt werden, ob ausgehend von der aktuellen Situation alle Voraussetzungen gegeben sind, um das Ziel durch praktisches Tun erreichen zu können. Im Zusammenhang damit muß auch geprüft werden, ob es widerspruchsfrei ist. Es ist nicht möglich, die Gesamtqualität eines Unternehmens steigern zu wollen und zugleich die Kosten für die Personalentwicklung abzubauen. Hier wäre ein Zielkonflikt vorprogrammiert, denn zielbezogenes TQM/Kaizen setzt begleitende Weiterbildung voraus. Es muß zunächst Geld investiert werden, um Geld einzusparen. Solche Zielkonflikte entstehen, wenn Ziele nicht abgestimmt sind. Darum ist zu bedenken, daß bei vielen Zielen auch das Mitwirken anderer Mitarbeiter bzw. Teams notwendig ist.

Zielkonzentration

Empfehlenswert ist es, sich auf die wichtigsten Qualitätsziele zu konzentrieren. Ein erreichtes Ziel ist mehr als drei Ziele im Schwebezustand. Niemand kann zur selben Zeit mehrere Richtungen oder gar zwei verschiedene Wege beschreiten.

Qualitätsziele müssen *erreichbar* sein, aber auf einer Stufe, die die Mitarbeiter als Herausforderung empfinden.

Zielmotivation

5) Ist das Qualitätsziel für das Team erstrebenswert?

Das Team muß für ein Qualitätsziel motiviert sein. Das Ziel soll dem Team einen Nutzen stiften, z. B. in Form verbesserter Arbeitsabläufe oder eines größeren Unfallschutzes. Damit wird dem Ziel Energie zugeführt. Außerdem sollten Teams ihre Qualitätsziele affirmieren, d. h. sie positiv verstärken. Den Nutzen solcher Affirmationen kennt man aus der Führungspsychologie. Wird ein als gut empfundenes Verhalten sofort positiv verstärkt, z. B. durch ein anerkennendes Wort, dann wiederholt der Betreffende in der Regel sein Verhalten, denn jeder Mensch hat ein angeborenes Bedürfnis, Lustempfindungen zu wiederholen.

Ziele affimieren

In diesem Zusammenhang ist auch wichtig, daß Qualitätsziele plausibel und verständlich sind. Nur dann sind Mitarbeiter bereit, sich für sie einzusetzen.

Ziele müssen verständlich sein

6) Ist das Qualitätsziel positiv und konstruktiv formuliert?

Nicht die Negation des Negativen, der Fehler, sollte als Ziel formuliert werden, sondern der positive Zielzustand. Statt „Wir wollen nicht mehr so fehlerhaft arbeiten" also besser „Wir werden die Fehler XYZ an der Anlage ABC bis 31.12. um X%

Nicht das Negative nicht mehr wollen, sondern das Positive wollen

209

senken." Denn Formulierungen mit negativem Vorzeichen erinnern immer wieder an das Negative.

7) Ist das Qualitätsziel schriftlich fixiert?

Visuell an die Zielerfüllung erinnern

TQM/Kaizen-Ziele sollten schriftlich formuliert werden, denn ansonsten bestätigt sich das Sprichwort „Aus den Augen, aus dem Sinn". Indem ein Ziel aufgeschrieben und für alle sichtbar plaziert wird, bekommt es programmatischen Charakter. Außerdem haben so alle Mitarbeiter eine optische Erinnerungshilfe. Ein schriftlich vereinbartes Ziel ist eine klare Arbeitsgrundlage und vermindert Mißverständnisse.

8) Ist die Zielerfüllung kontrollierbar?

Ziele müssen Soll/Ist-fähig sein

Die Zielerfüllung muß durch den Vergleich von Soll und Ist kontrollierbar sein. Wenn ein Ziel absolut nicht gemessen, gezählt oder gewogen werden kann, sollte zumindest eine neutrale Person beurteilen können, ob es erreicht wurde. Um zu prüfen, ob die Mannschaft noch auf Kurs ist, ist regelmäßig der Grad der Zielerfüllung zu kontrollieren, spätestens dann, wenn ein Zwischenziel erreicht sein soll. Teamsitzungen sind grundsätzlich immer mit einer Beschlußkontrolle einzuleiten.

Mißerfolge als Lernerfolge nutzen

Es kann vorkommen, daß ein Ziel nicht erreicht wird, z. B. weil sich die Randbedingungen radikal geändert haben. Solche Mißerfolge können als Lernerfolg genutzt werden. Auch ist genau zu untersuchen, woran es gelegen hat, daß das Ziel nicht erreicht wurde (Abweichungsanalyse). Die

Abweichungsanalyse geht fließend über in die neue Situationsanalyse. Jetzt kann ein Team das Ziel mit der inzwischen gewonnenen Erfahrung neu formulieren. Ziele festzulegen ist bei vielen Tätigkeiten kein einmaliger Vorgang, sondern ein Rückkoppelungsprozeß, bei dem ständig Soll und Ist überprüft werden, ähnlich wie bei Heizkörperthermostaten.

Zielsetzung als Rückkoppelungsprozeß

9.2 Fehler-Möglichkeiten- und Einfluß-Analyse (FMEA)

Fehler zu vermeiden ist besser als Fehler zu machen. Doch niemand beantwortet die Frage, wie Fehler vermieden werden können. Die FMEA versucht darauf eine Antwort zu geben. Sie verfolgt zwei Ziele:

Fehlervermeidung statt Fehlerbeseitigung

1. Mögliche Fehler erkennen und bewerten
2. Maßnahmen festlegen, mit denen diese Fehler verringert oder verhindert werden

Ziele der FMEA

Die FMEA wurde in der US-Raumfahrt- und Flugzeugindustrie Mitte der sechziger Jahre auf der Basis vorhandener ähnlicher Analysemethoden entwickelt. Später wurde sie von der PKW-Industrie übernommen und von dort in die PKW-Zuliefererbetriebe eingebracht. Heute wird die FMEA auf der Basis von Formblättern oder PC-Programmen betrieben. Die FMEA ist also eine originär westliche Methode ohne japanische Zusatzteile.

Die FMEA wird in *zwei Hauptformen* durchgeführt: die Konstruktions-FMEA und die Prozeß-FMEA. Beide Arten stehen in einem engen inhaltlichen Zusammenhang, d. h. ihre Grundschritte

Hauptformen der FMEA

211

sind stets gleich und bedienen sich der gleichen Werkzeuge. Sie unterscheiden sich jedoch in der Zusammensetzung der Teams und Problemstellungen.

Konstruktions-FMEA und Prozeß-FMEA

Die Konstruktions-FMEA wird von Entwicklungsingenieuren praktiziert, während die Prozeß-FMEA in der Verantwortung von Fachleuten der Fertigung liegt.

Die Konstruktions-FMEA sorgt dafür, daß ein Teil genau nach dem Konstruktionsziel gefertigt wird, während die Prozeß-FMEA potentielle Fertigungs- und Montagefehler ursächlich vermeiden helfen soll. In der Prozeß-FMEA werden mögliche Fehler, gestaffelt nach ihrer Bedeutung für den Kunden, aufgelistet. Dementsprechend ist sie zugleich eine Art Prioritätenliste für Abstellmaßnahmen.

Beide Formen verfolgen die Frage der Risikopriorität potentieller Fehler und die sich daran anschließende Frage der Beseitigungsmaßnahmen. Bei beiden Formen wird mit „lebenden Dokumenten" gearbeitet, d. h. sie spiegeln stets den aktuellen Stand des Fehlervermeidungsniveaus wider.

FMEA-Voraussetzungen

Um die FMEA erfolgreich einzusetzen, müssen einige Voraussetzungen im Umfeld erfüllt sein. Dazu gehören insbesondere:

1. die uneingeschränkte Unterstützung der Geschäfts- bzw. Werkleitung, in dem Sinne, daß Qualität zur Chefsache erklärt wird.

2. die Einbeziehung von Fachleuten aus unterschiedlichen Abteilungen in die Arbeit der FMEA-Teams. Die Anwendung der FMEA erfolgt

im Team. Das bedeutet aber nicht, daß die ge-
samte FMEA-Arbeit am runden Tisch erfolgen
muß. Teilaufgaben können auch von einzelnen
Personen durchgeführt werden.

9.2.1 Durchführung der Prozeß-FMEA

Neben den prinzipiellen Voraussetzungen geht die
Prozeß-FMEA von folgenden Arbeitsgrundlagen
aus:

- An der FMEA-Startposition werden fehlerfreie
  Teile, Funktionen oder Prozesse unterstellt.
- Daraus folgt, daß es Ziel der FMEA sein muß, der
  nachfolgenden Stelle fehlerfreie Teile oder Funktionen zu übergeben.
- Informationen und Daten sollten möglichst ein-
  heitlich erfaßt werden, was eine eindeutige
  Schreibweise voraussetzt.
- Der aktuelle Zustand wird genau beschrieben
  und bewertet, und erst anschließend werden Op-
  timierungen durchgeführt. Die Qualität der verfügbaren und genutzten Informationen wirkt auf
  die Qualität der FMEA.
- Die Prozeß-FMEA wird in Abschnitte untergle-
  dert, die jeweils einem Fertigungsschritt entsprechen. So werden gleiche Fertigungsschritte in
  unterschiedlichen Prozessen vergleichbar.

Voraussetzungen zur
Durchführung der
Prozeß-FMEA

Das FMEA-Arbeitsblatt ermöglicht eine systematische Analyse möglicher Fehler und Einflüsse. Am
Beispiel des Entstehungsprozesses dieses Buches
soll die FMEA erklärt werden. Der Leser wird gebeten, während der Lektüre die umseitig abgebildete FMEA-Tabelle von Spalte zu Spalte mitzu-
verfolgen.

Fehler-Möglichkeiten- und Einfluß-Analyse
(Prozeß-FMEA)

Teile- oder Prozeß-Name/Nr.: ⸺⸺⸺⸺⸺   Betroffene Lieferanten und Werke:

Fertigungs-Verantwortung: ⸺⸺⸺⸺⸺   Modell/Jahr/Typ:

Andere betroffene Bereiche: ⸺⸺⸺⸺⸺   Konstruktions-Freigabe-Datum:

1 Beschreibung Prozeß / Prozeßzweck	2 Mögliche Fehler	3 Mögliche Folge(n) des Fehlers	Bedeutung	▼	6 Mögliche Ursache(n) des Fehlers	Auftreten

Blatt   von

/ Team
(Siehe Blatt 1)

Erstellt durch: _____

FMEA-Datum (Orig.): _____ (geänd.): _____

Produktions-Serienbeginn: _____

8 Prozeßsicherungs- methoden	Entdeckung	R P Z	lfd. Nr. der RPZ	12 Empfohlene Abstell- maßnahme(n)	13 Verantwortl. Personen/ Abteilungen + Termin	14 Durchgeführte Maßnahme(n)	Bedeutung	Auftreten	Entdeckung	R P Z

215

In der Spalte *Beschreibung Prozeß/Prozeßzweck* (1) wird in einfacher Weise der Prozeßschritt und -zweck beschrieben, z. B. Manuskript erstellen → schreiben.

Mögliche Fehler beim Schreiben

In der Spalte *Mögliche Fehler* (2) finden sich alle potentiellen Mängel bzw. Reklamationsgründe eines bestimmten Prozeßschrittes, z. B.: zu viele Fach- und Fremdwörter, geschachtelte Bandwurmsätze, bei denen die Hauptsache in Nebensätzen und Nebensächlichkeiten in Hauptsätzen stehen.

Mögliche Folgen beim Lesen und für den Verlag

Die Auswirkungen auf den Kunden werden in der Spalte *Mögliche Folge(n) des Fehlers* (3) beschrieben. Im Falle eines Buches wäre dies ein verärgerter Lektor in der nächsten Bearbeitungsstufe. Jedoch sollen sich die Fehlerfolgen auf alle Kunden, intern und extern, beziehen. Der Fehler selbst wird so beschrieben, wie der Kunde ihn bemerkt, empfindet oder erfährt. In bezug auf Fachbegiffe und Fremdwörter bzw. Schachtelsätze wären dies Mißverständlichkeit und schwere Lesbarkeit. Der Leser müßte ggf. häufiger in einem Fremdwörter- oder Fachlexikon nachschlagen oder Sätze mehrmals lesen. Das wiederum führt zu Zeitverlusten und Unlust, dieses Buch weiterzulesen. Der Informationszweck des Buches wird nicht erfüllt. Außerdem wird der Leser schlecht über das Buch reden und anderen vom Kauf des Buches abraten. Daraus resultiert für den Verlag ein wirtschaftlicher Schaden und ggf. ein Imageverlust.

Im Feld *Bedeutung* werden die Folgen des möglichen Fehlers mittels Bewertungsfaktoren eingeschätzt, etwa so:

216

sehr gering	Der Fehler hat keine Folgen für Lesbarkeit und Verständlichkeit.	1
gering	Der Fehler führt nur zu einer leichten Beeinträchtigung der Lesbarkeit und Verständlichkeit.	2-3
mäßig	Der Fehler bewirkt eine gewisse Unzufriedenheit des Lesers, der die Beeinträchtigung der Lesbarkeit und Verständlichkeit als unangenehm empfindet.	4-6
hoch	Der Leser ist sehr unzufrieden. Das Buch ist schwer verständlich. Der mit dem Buch geplante Lern- bzw. Informationseffekt ist beeinträchtigt.	7-8
sehr hoch	Der Leser kann das Buch nicht nutzen. Es ist unverständlich.	9-10

Fehlerbewertung

Die Spalte mit dem auf dem Kopf stehenden *Delta-Zeichen* (▼) wird markiert, wenn in der vorherigen Spalte die möglichen Fehler mit 9 oder 10 bewertet sind und in den Spalten *Auftreten* und *Entdeckung* die Bewertung über 1 liegt.

Die *Möglichen Ursache(n) des Fehlers* (6) oder Umstände, die den Fehler auslösten, werden in der folgenden Spalte beschrieben. Jede denkbare Ursache wird hier aufgelistet, und zwar so unmißverständlich, daß Mehrdeutigkeit vermieden und Fehlervermeidungsmaßnahmen wirkungsvoll eingeleitet werden können. Dabei ist zu bedenken, daß es oft eine Vielzahl möglicher Ursachen gibt. Für den Fall, daß dieses Buch kompliziert und somit unverständlich geschrieben wurde, gibt es viele denkbare Ursachen, so z. B. die Eitelkeit des Autors, gepaart mit wissenschaftlichem Imponiergehabe, oder seine mangelnde Bereitschaft bzw. Fähigkeit, sich in den Leser hineinzudenken.

Mögliche Ursachen für Fehler bei der Manuskripterstellung

Wie wahrscheinlich ist es, daß einer der aufgelisteten Fehler auftritt? Diese Frage wird in der

217

Spalte *Auftreten* beantwortet. Auch hierzu dient eine Zehnerskala als Meßlatte.

unwahrscheinlich	1
sehr gering	2
gering	3
mäßig	4-6
hoch	7-8
sehr hoch	9-10

Bei 1 bis 6 sind die Fehler unter statistischer Kontrolle, bei 7-10 nicht mehr.

Was der Autor tun müßte, um mögliche Fehler zu vermeiden

Die eigentliche Fehlervermeidung beginnt bei der Frage nach den *Prozeßsicherungsmethoden* (8). In bezug auf die Gefahr eines schwer- oder gar mißverständlichen Schreibstils könnte der Autor eine Testperson bitten, das Buch oder Textteile daraus zu lesen und dem Autor ein Feedback zu geben. Denkbar wäre auch ein Textprogramm, bei dem im Moment der Eingabe eines Fremdwortes automatisch ein Synonym angeboten wird. Das wäre eine Poka-Yoke-Methode (vgl. S. 42).

In der Spalte *Entdeckung* wird erneut mit einer Bewertungsskala von 1 bis 10 gearbeitet. Hier geht es um die Wahrscheinlichkeit, mit der mittels der zuvor beschriebenen Prozeßsicherungsmethoden ein Fehler erkannt oder verhindert werden kann.

sehr hoch	1-2
hoch	3-4
mäßig	5-6
gering	7-8
sehr gering	9
absolute Sicherheit des Nichtentdeckens	10

Angenommen, das Textverarbeitungsprogramm würde bei jedem Fremdwort automatisch ein Synonym anbieten, dann wäre die Wahrscheinlichkeit des Entdeckens von Fremdwörtern sehr hoch.

218

Die Bewertungsziffern in den Spalten *Bedeutung, Auftreten* und *Entdeckung* werden multipliziert, das Ergebnis wird in die Spalte *RPZ* (Risiko-Prioritäts-Zahl) eingetragen. Im besten Fall liegt sie bei 1, im schlimmsten bei 1000. Der Mittelwert des Risikos liegt bei 5 x 5 x 5=125. Eine RPZ, die über 125 liegt, signalisiert Handlungsbedarf.

Risikopriorität

Die RPZ ist ein Hilfsmittel für Maßnahmen der strategischen Fehlervermeidung, z. B. in Form der Pareto-Analyse. Danach müßten die möglichen Fehler mit der höchsten Risiko-Prioritäts-Zahl zuerst abgestellt werden.

Im Falle des Buchbeispiels könnte die RPZ-Rechnung so aussehen:

Fehler	*Bedeutung*		*Auftreten*		*Entdeckung*		*RPZ*
Fremdwörter	5	x	7	x	3	=	105

Um Fehler zu verhindern, wird in die Spalte *Empfohlene Abstellmaßnahme(n)* (12) eingetragen, welche Abstellmaßnahmen ergriffen werden sollten. Im Falle des Buches lautet eine Empfehlung, die Manuskripterstellung mit Personalcomputer unter Zuhilfenahme einer Textverarbeitung, die Fachbegriffe und Fremdwörter automatisch markiert und zählt, vorzunehmen.

Was der Autor jetzt konstant tun müßte, um mögliche Fehler zu vermeiden

In den nächsten Spalten werden die *verantwortlichen Personen bzw. Abteilungen* und der *Termin* (13) eingetragen und ein Stichwortbericht über *durchgeführte Maßnahmen* (14) gegeben.

Sind alle Maßnahmen ergriffen worden, um einem Fehler vorzubeugen, werden noch einmal die Werte für *Bedeutung, Auftreten* und *Entdeckung* ermittelt und daraus durch Multiplikation die neue Risiko-Prioritäts-Zahl ermittelt.

Diese Darstellung erweckt den Eindruck, daß die FMEA großen Aufwand erfordert. Zu Beginn ist das der Fall. Je intensiver aber die FMEA in einem Unternehmen praktiziert wird, um so schneller und wirkungsvoller verringert sich der Zeit- und Arbeitsaufwand, der notwendig ist, um Fehler zu beheben. Eine ordnungsgemäß dokumentierte FMEA hilft in vielen Fällen, Schadensersatzforderungen bei Produktionshaftungsprozessen abzuwehren. Außerdem läßt sich der FMEA-Arbeitsaufwand durch Computerunterstützung reduzieren.

FMEA erspart Fehlerbehebungsaufwand

9.3 So werden Teamsitzungen erfolgreich durchgeführt

Mitarbeiter treffen sich zu Teamsitzungen, um das Wissen und Können aller Teilnehmer nutzen zu können und um eine größere Akzeptanz der Beschlüsse zu erzielen. Dieser „gruppensynergetische Effekt" wird jedoch häufig durch teamfeindliche Verhaltensweisen, eine schlechte Konferenzleitung, fehlende Konferenztechnik oder einfach durch eine schlechte Sitzordnung zunichte gemacht. Die Folge ist, daß Besprechungsziele nicht erreicht oder Beschlüsse nicht umgesetzt werden. Das verursacht Ärger und hohe Kosten. Angenommen, acht Mitarbeiter tagen eine Stunde lang, dann verursacht diese Teambesprechung bei einem durchschnittlichen Brutto-Gesamtstundenlohn von DM 75,- pro Mitarbeiter DM 600,- Besprechungskosten ohne die sonstigen Gemeinkosten. Daher ist jedes Teammitglied mitverantwortlich dafür, Konferenzzeit und -geld zu sparen, und

Besprechungsfehler kosten viel Geld

zwar durch eine Reihe einfach anwendbarer Konferenztechniken, die den Erfolg vom Teamsitzungen garantieren. Worauf zu achten ist, wird in folgendem beschrieben.[4]

Wer macht mit beim Besprechungsunwesen?

- Sind Sie einsam bei der Arbeit?
- Wollen Sie nette Kollegen kennenlernen?
- Suchen Sie Abwechslung vom Alltagsgeschäft?

Falls Sie eine der Fragen mit JA beantwortet haben, dann sollten Sie unbedingt an einer unserer

Besprechungen

teilnehmen. Diese finden mehrmals täglich an verschiedenen Stellen des Unternehmens statt.

Sie können dort
- Kaffee trinken
- wichtige Mitteilungen machen
- interessante Gespräche mit interessanten Menschen führen
- Flip-charts bemalen
- frei reden üben oder
- einfach mal ausspannen

... und dies alles während der Arbeitszeit. Nutzen Sie dieses Angebot. Wer mitreden will, muß mitkonferieren. Sie gehen keinerlei Verpflichtungen ein.

Besprechungen - eine moderne und humane Form der Arbeit

Verantwortlich: Projektgruppe zur Verbreitung des Besprechungswesens in Deutschland

---

Abb.: Besprechungsunwesen

9.3.1 Das ist vor der Teamsitzung zu beachten

Besprechungszweck und -ziel klären

Zunächst ist zu prüfen, zu welchem *Zweck* sich das Team treffen soll. In der Regel konferieren Menschen, um sich zu informieren, um Abläufe zu koordinieren oder um Probleme zu lösen. Dementsprechend lassen sich Besprechungen bzw. Konferenzen grob in Informationssitzungen, Koordinationssitzungen und Problemlösungsbesprechungen unterteilen. Welche Form gewählt wird, hängt vom Besprechungsziel ab.

Den Besprechungsnutzen klären

Der Teammoderator muß klären, ob die Teamsitzung wirklich *Nutzen* stiftet. Er hat auch dafür zu sorgen, daß die *richtigen Teilnehmer* ausgewählt werden.

Die maximale Besprechungsdauer

Bei der *Besprechungsdauer* ist zu beachten, daß keine Besprechung länger als 90 Minuten dauern darf. Auch das Ende ist zeitlich festzulegen.

Der *Sitzungsraum* muß konferenzgerecht gestaltet werden, also mit

Die Raumgestaltung

*   einer hierarchiearmen *Sitzordnung*, die Gespräche mit Blickkontakt ermöglicht,
*   guter *Beleuchtung* von mindestens 500 Lux oder Tageslicht und guter Belüftung,
*   Erfrischungsgetränken, Kaffee und Tee,
*   einer *Fläche* von 3 qm pro Teilnehmer und 10 qm für den Moderator,
*   moderner *Konferenztechnik* (Flip-charts, Pin-wänden und Tageslichtprojektor).

So sollten TQM-Zirkelsitzungen nicht laufen

„Sitzung ogsetzt, highetzt,
abghetzt, ausanandergsetzt, Tagesordnung festgsetzt, wieder abgsetzt,
Kommissionen eigsetzt, Kommissionen
bsetzt, umbsetzt, gschwänzt, nix
gsagt, vertagt, z'letzt neu
ogsetzt, vui san zsammakumma,
nix is rauskumma, Sitzung umma."

Franz Josef Strauß
mit dem bayerischen Mundartdichter
Helmut Zöpfl über den
politischen Betrieb schlechthin

Die *Tagesordnung* sollte nicht zu umfangreich sein. Erfahrungsgemäß wird für die ersten Tagesordnungspunkte meistens sehr viel Zeit verwendet, die bei den letzten fehlt. Deshalb sollte jeder Punkt der Tagesordnung zeitlich begrenzt werden.

Auf „schlanke" Tagesordnung achten

Der Punkt „Verschiedenes" kann gestrichen werden. Stattdessen wird zu Sitzungsbeginn nach aktuellen Anliegen gefragt und der ungefähre Zeitbedarf genauso festgelegt wie bei den anderen Punkten der Tagesordnung.

Den Punkt „Verschiedenes" streichen

223

9.3.2 Das ist während der Teamsitzung zu beachten

**Grundsatz:
Pünktlich beginnen**

Es gibt immer einige Mitarbeiter, die unpünktlich kommen, um allen zu zeigen, wie beschäftigt sie sind. Darum sollte jede Teamsitzung *pünktlich* begonnen werden, um die Bummelanten zu „erziehen".

Zu Beginn sollten unter Einbeziehung aller Teilnehmer die *Konferenzkosten* mit dem *Konferenzziel* verglichen werden.

Die Art der *Protokollführung* ist zu klären. Wird nur ein Beschlußprotokoll geführt, dann kann dieses am Flip-chart geschehen.

**Besprechungsziel
deutlich benennen**

Der Teammoderator benennt zu Beginn deutlich das *Besprechungsziel* und erarbeitet, was mit der Sitzung erreicht werden soll.

**Redezeit auf zwei
Minuten reduzieren**

Die *Redezeit* der einzelnen Teilnehmer könnte auf maximal zwei Minuten begrenzt werden, um die Selbstdarstellung von Teilnehmern zu reduzieren. Günstig ist eine kurze Meinungsabfrage aller Teilnehmenden. Variante: Abwechselnd wird ein Pro und ein Kontra gehört und am Flip-chart visualisiert.

**Beschlußkontrolle
durchführen**

Die Umsetzung von Besprechungsbeschlüssen ist einer der größten Schwachpunkte. Darum muß zu Beginn jeder Sitzung eine *Beschlußkontrolle* durchgeführt werden.

**Besprechungsleitung
rotieren lassen**

Die *Besprechungsleitung* kann rotieren, um jeden Teilnehmer aktiv in das Sitzungsgeschehen zu integrieren. Der Teamleiter muß die Sitzung nicht unbedingt selbst leiten.

Zwischenergebnisse sind festzuhalten, um so Teilentscheidungen herbeizuführen, aber auch um Wiederholungen zu vermeiden.

Zwischenergebnisse
herbeiführen

Der Teammoderator muß *Killerphrasen* bzw. *Ideenkiller* (z. B. „Das geht doch nicht", „Das haben wir schon immer so gemacht" usw.) unterbinden. Er leitet nach dem Motto „mehr fragen, statt sagen".

Killerphrasen
vermeiden

Da der Mensch ein „Augentier" ist, sind Tageslichtprojektor, Flip-chart und Pinwand einzusetzen.

*Ausuferung*en und *Abschweifungen* werden verhindert, indem
• positiv gestoppt wird, z. B.: „Das ist eine gute Idee, aber hilft sie uns bei unserem Problem weiter?"
• ehrlich gesagt wird: „Ich sehe die Gefahr, daß wir uns von unserem Thema wegbewegen."

Abschweifungen
vermeiden

Wenn einer der Teilnehmer den *Alleinunterhalter* spielt, sollte(n)
• seine Gründe erforscht werden (vielleicht ist er unsicher und redet deshalb so viel),
• eine Pause vorgeschlagen werden,
• er rechtzeitig durch gezielte Fragen unterbrochen werden, damit es zur Diskussion kommt.

Am Schluß der Besprechung wird eine *Manöverkritik* durchgeführt und die Konsequenzen für die nächste Teamsitzung werden besprochen.

225

9.3.3 Arbeitsblatt für Teamsitzungen

Arbeitsblatt für Teamsitzung

Name: ....

Besprechungsthema/ Besprechungshintergrund:	Datum: Beginn: Ende:

Art der Teamsitzung:	Tagesordnung:	Zeitplanung

		von	bis
Information	O	01.		
Problemlösung	O	02.		
Ideenfindung	O	03.		
Koordination	O	04.		
Verschiedenes	O	05.		
		06.		
Teilnehmer:		07.		
01.	07.	08.		
02.	08.	09.		
03.	09.	10.		
04.	10.	**Besprechungsziel(e):**		
05.	11.			
06.	12.			

Die wichtigsten Konferenzregeln	Allgemeine Konferenzgliederung
* Prüfen, ob Konferenz wirklich nötig	1. Begrüßung, Eröffnung, Protokollführung u. Art des Protokolles klären
* Maximal 90 Min. konferieren	
* Konferenzende zu Beginn festlegen	2. Darstellung des Problems
* Jeden Tagesordnungspunkt zeitlich begrenzen	3. Diskussion der Lösungsvorschläge
* Hierarchiearme Sitzordnung mit Blickkontakt	4. Bewertung der Vorschläge
* Pünktlich beginnen und enden	5. Beschlußfassung
* Kontrolle der Beschlußdurchführung	6. Maßnahmen zur Durchführung
* Zwischenergebnisse ständig zusammenfassen und Teilentscheidungen herbeiführen	7. Dank, Abschluß
* Moderne Konferenzmethoden konsequent einsetzen	
* Killerphrasen bzw. Ideenkiller vermeiden	zeitliches Verhältnis zueinander:
* Redezeitbegrenzung 1-2 Min.	
* Anderen zuhören, andere Meinungen akzeptieren, gute Ideen anerkennen	
* Konferenzbeurteilung am Schluß der Konferenz	

1	2	3	4	5	6	7
-	1	3	5	2	1	-

226

Notizen	Beschlüsse		
	Wer macht	was	bis wann?

Notizen	Beschlüsse		
	Wer macht	was	bis wann?

Fragen zu Ihrer persönlichen Sitzungsbewertung

	ja	teilw.	nein
Wurden die Besprechungsregeln eingehalten?	O	O	O
Wurde das Besprechungsziel erreicht?	O	O	O
Stehen Kosten und Nutzen der Besprechung in einem angemessenen Verhältnis?	O	O	O
Wurden Flip- chart, Overheadprojektor oder Pinwände genutzt?	O	O	O
War das Verhalten der Teilnehmer teamfördernd?	O	O	O
Wurde die Redezeitbegrenzung eingehalten?	O	O	O
Wurden die Beschlüsse der vorherigen Teamsitzung kontrolliert?	O	O	O

Was muß bei der nächsten Besprechung besser gemacht werden?

228

Literatur

1. W. L. French/C. H. Bell jr.: Organisationsentwicklung, Bern/Stuttgart 1977, S. 34
2. Dirk Bösenberg/Heinz Metzen: Lean-Management, Landsberg/Lech 1993, S. 205
3. Walter Simon/Martin Heß: Handbuch Qualitätszirkel, Köln 1989
4. Walter Simon: So steigern Sie den Erfolg Ihrer Besprechungen, in: INNOVATION & MANAGEMENT 6/1992

10. Total Quality Management benötigt Total Management Quality
Die Qualität der Unternehmenskultur

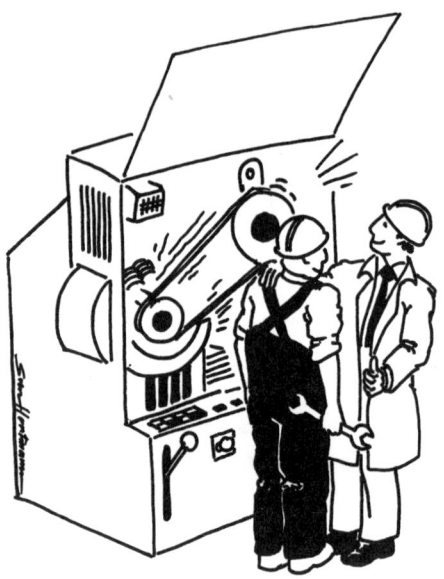

Anerkennung wirkt wie Vitamin C-Kapseln

Total Quality Management darf sich nicht nur auf die Erwartung bzw. Forderung an Mitarbeiter in Werkhallen und Großraumbüros beschränken, die Arbeit fehlerfrei und kundenorientiert auszuführen. Qualität ist etwas, was nicht nur für die Mitarbeiter gilt. Sie stelle sich automatisch ein, so einer der meistverbreiteten Trugschlüsse, wenn die Mitarbeiter das machen, was ihnen das Management täglich predigt. Diese Haltung übersieht geflissentlich das M beim TQM. Unsere Wirtschaftsoffiziere sehen sich ungern als Adressaten von Qualitätsforderungen, denn die erreichte Position als Geschäftsführer oder Abteilungsleiter wird als

Beweis der eigenen Güte interpretiert. Sollte das schlechte Gewissen dann doch plagen, genehmigt man sich ein Zweitagestraining „Mitarbeiterführung". Dem folgt dann noch der obligate Rhetorikkurs und neuerdings auch ein spezielles Etiketteseminar. So werden Nieten immer wieder neu in Nadelstreifen verpackt, in eine Uniform, die sie als Ausdruck ihrer formalen Autorität benötigen. Statt das richtige Fragen und Zuhören zu lernen, verschaffen sich Manager erst einmal das Rüstzeug, um anderen mit dem gesprochenen Wort zu imponieren. Statt die Etikette im Umgang mit ihren Mitarbeitern zu lernen, üben Manager das etikettegerechte Zerlegen von Hummern und das Schlürfen von Austern. Doch nicht die richtige Eßkultur oder rhetorische Kraftmeierei entscheidet über Erfolg oder Mißerfolg von Führung und Zusammenarbeit, sondern die verantwortungsbewußte Gestaltung der Abteilungs- bzw. Unternehmenskultur.

Die TQM/Kaizen-Treppe muß von oben gekehrt werden

TQM/Kaizen-Projekte scheitern, wenn sich Unternehmen damit nur modisch (ver)kleiden. Neue Modekollektionen verändern die Erscheinung, aber nicht das Wesen eines Unternehmens. Ein neues Corporate Design bringt vielleicht Farbe in das Unternehmen, aber keinen neuen Geist. Erst Corporate Qualidentity bewirkt die kopernikanische Wende. Und das auch nur, wenn begriffen wird, daß es sich bei der neuen Qualität der Qualität um eine unternehmerische Zukunftsversicherung handelt, für die Prämien in Form praktischen Tuns entrichtet werden müssen.

Vom Corporate Design zur Corporate Qualidentity

Dieses praktische Tun muß auf eine TQM/Kaizen-kompatible Führungs- und Unternehmenskultur zielen. Die Handlungselemente müssen so zuein-

231

Die Unternehmenskultur – eine Art Immunsystem

ander passen, wie Software-Programme zur Windows-Oberfläche. Die Unternehmenskultur hat - um bei der Metapher zu bleiben - eine ähnliche Aufgabe wie ein Anti-Virenprogramm im Personal-Computer, nämlich Krankheitserreger abzuwehren. Eine gute Unternehmenskultur ist dem gut funktionierenden Immunsystem des Körpers vergleichbar. Wer sich sportlich betätigt, sich ausgewogen ernährt, positiv denkt und sich streßarm verhält, hat in der Regel ein abwehrstarkes Immunsystem. Ähnlich erklärt sich die immunisierende Wirkung der Unternehmenskultur. Wer seine Mitarbeiter gut informiert, immunisiert sie gegen Gerüchte. Wer ihnen Veranwortung überträgt, wirkt der Demotivation entgegen. Wer viel kooperiert, garantiert einen gesunden Kreislauf von Meinungen, Ideen und Erfahrungen vom Kopf bis zum Fuß des Unternehmens. Wer gute Leistungen anerkennt, verstärkt den Immunisierungseffekt mit gleicher Wirkung wie Vitamin C-Kapseln im menschlichen Körper.

Der Gedanke der Kompatibilität findet sich im „Managerial molecule" von McKinsey, das in der Diskussion um den Wert japanischer Führungstechniken entstand. Das *7-S-Modell* weist auf die Notwendigkeit hin, alle Elemente einzusetzen und sie aufeinander abzustimmen, um hochgesteckte Unternehmensziele zu erreichen.

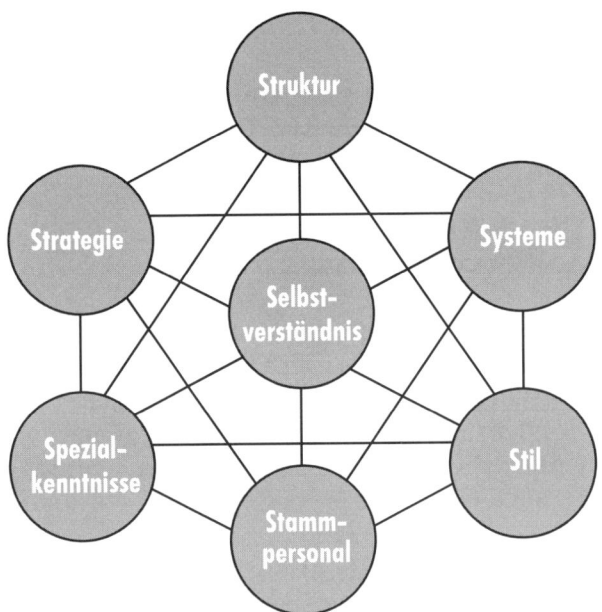

Abb.: 7-S-Modell

Dabei sind nicht alle Elemente gleichbedeutend. Zwar sind die drei Hardware-S (Struktur, Strategie und Systeme) wichtig, aber für die Gestaltung der Organisationskultur und die Idee des „Productivity through people" spielen die weichen Software-S (Stammpersonal, Stil, Spezialkenntnisse) eine wichtigere Rolle. Der Erfolg von Spitzenunternehmen erklärt sich u. a. dadurch, daß sie hervorragend mit den weichen S umzugehen verstehen.

Das 7-S-Modell - die Bedeutung der soft facts

In der empirischen Untersuchung von Tom Peters und Robert Waterman aus den siebziger Jahren wurde das 7-S-Modell fortgeschrieben. Sie ermittelten die folgenden acht Grundtugenden erfolgreicher Unternehmen:

Grundtugenden erfolgreicher Unternehmen

233

1. Primat des Handelns
2. Nähe zum Kunden
3. Freiraum für Unternehmertum
4. Produktivität durch Menschen
5. Sichtbar gelebtes Wertesystem
6. Bindung an das angestammte Geschäft
7. Einfache Organisation
8. Straff-lockere Führung

Mit diesen Grundtugenden wurde die Kultur zahlreicher Unternehmen verglichen und entsprechend angepaßt. Ihr Buch „Auf der Suche nach Spitzenleistungen" erreichte eine Auflage von mehreren Millionen Exemplaren und wurde in viele Sprachen übersetzt.[1]

In Europa begann die „Erfolgsforschung" wesentlich später und weniger spektakulär. Ab 1985 begann Rolf Berth, damals Dozent einer renommierten Schweizer Business-Schule, heute Leiter der Kienbaum-Akademie, zusammen mit einem Team von Unternehmenspraktikern aus ganz Europa den Erfolg von Unternehmen empirisch in einer neuen Form nachzuweisen. Über sieben Jahre führte er die Studie durch. Er brachte zwei Dinge zueinander in Beziehung:

Die Ergebnisse der Berth/Kienbaum-Studie

• die Führungsphilosophie bzw. das beobachtbare Verhalten von ca. 500 Führungskräften und
• deren geschäftlichen Erfolg oder auch Mißerfolg.

Sein Fazit lautet: Ein Unternehmen kann Erfolg haben, wenn es „Fünf Königswege des Erfolges" beachtet:[2]

234

	Unternehmen, die dieses beachten, sind x Prozent besser als andere	Fünf Königswege des Erfolges
1. Ergänzendes Aufeinanderzugehen	347	
2. Vertrauensorganisation mit wenig Kontrolle	286	
3. Einmaligkeit	236	
4. Visionäre Orientierung	222	
5. Feindbild	209	

Umgekehrt stellte er aber auch Negativfaktoren fest: distanziertes Verhältnis, Mißtrauen und Ordnungssucht.

Auf diese Ergebnisse wird im folgenden ebenso Bezug genommen wie auf die von Peters und Waterman.

10.1 Die Qualität des Managements

Unternehmen, die mit TQM/Kaizen höher und weiter kommen wollen, müssen Ballast abwerfen. Der schwerste Ballast sind die Altlasten in den Köpfen von solchen Managern, die außer ihrer formellen Kompetenz mit Nadelstreifen als Rangabzeichen ohne jede Profilzacke sind. Es sind oft dieselben, die für ihre Produkte den sogenannten „einzigartigen Vorteil" (Unit Sales Proposition) fordern, der ihnen als Führungskraft selbst aber fehlt. Zum Ballast gehören auch liebgewordene Gewohnheiten wie überflüssige Kongreßbesuche mit Übernachtungen in Luxushotels, PKW-Status-

Ballast in Form überzogenen Anspruchsdenkens

235

symbole ab 100 PS aufwärts sowie Gehaltshöhen, die von vielen Führungskräften als Qualitätsprämie und als Aufforderung, so weiterzumachen wie bisher, mißverstanden werden. Manager, die mit dem Zeigefinger auf andere zeigen, auf die Gewerkschaften, auf Politiker, auf Beamte, auf Konkurrenten oder auf die eigenen Mitarbeiter, sollten immer daran denken, daß drei Finger auf sie selbst zurückweisen.

Drei Finger zeigen zurück

Die TQM/Kaizen-Therapie vieler Unternehmen scheitert, weil Führungskräfte Trends und Veränderungen im Umfeld nicht wahrnehmen wollen oder können. Es sind dieses Veränderungen in der Wert- und Denkstruktur, in der Berufs- und Leistungsorientierung, in den Lebens- und Erlebensformen, in den Geschlechterollen, in den Kommunikationsansprüchen und der schnellebigen Kommunikationstechnologie. Nichts ist so beständig wie der Wandel. Doch, so drückte es Calzaferri treffend aus: *„Wir arbeiten in Strukturen von gestern mit Methoden von heute an Problemen von morgen, vorwiegend mit Menschen, die in den Kulturen von vorgestern die Strukturen von gestern gebaut haben und das Übermorgen innerhalb der Unternehmung nicht mehr erleben werden.“*[3]

Nichts ist so beständig wie der Wandel

TQM/Kaizen-Projekte werden mißlingen, wenn Führungskräfte, die von TQM reden, damit von ihrem eigenen Total Quality *Miß*management abzulenken versuchen. Dieses Quality Mißmanagement ist programmiert, wenn den Lippenbekenntnissen des Managements keine Taten folgen; wenn man Mitarbeitern Qualitätsschwüre abverlangt, aber die Belegschaft das Management täglich beim Meineid ertappt. Es sind die gleichen

Die Rolle des Vorgesetzten: Dienen statt herrschen

236

Vorgesetzten, häufig aus dem mittleren Management, die an ihren Besitzansprüchen festhalten und sich mit aller Macht dagegen sträuben, Macht zu teilen bzw. Teile davon nach unten abzugeben. Führen als eine Aufgabe des Dienens wird noch immer als Privileg des Herrschens mißverstanden. Statt Macht zu verteilen, wird sie okkupiert, statt sie zirkulieren zu lassen, wird sie konzentriert. Herauskommt ein autokratischer Zentralismus, der in ähnlicher Form den Zusammenbruch des Sozialismus mitbewirkte.

Machtzirkulation statt Machtkonzentration

Der Arbeitsdirektor der Dillinger Hütte AG, Karlheinz Blessing, vordem SPD-Bundesgeschäftsführer, charakterisiert diese Art von Management als „Lähmschicht", die viel zu einflußreich ist, als daß sich tiefgreifende Veränderungen an ihr vorbei durchsetzen ließen. Leider sind diese Chefs auch nicht eindeutig identifizierbar: *„Auf Veranstaltungen halten sie mit ihrer Meinung hinterm Berg. Man erkennt sie nur, wenn sie Abläufe verzögern."*[4]

Das Management als Lähmschicht

Aber es scheint nicht nur die mittlere Ebene zu sein, die als Bremsklotz wirkt. Glaubt man einer anonym gebliebenen Gruppe von VW-Managern der zweiten Ebene, dann wird der VW-Konzern *„von einem Mann mit psychopathischen Zügen ‚geführt'".* Das zeige sich u. a. daran, daß das Piëch-Regime *„auf stumpfes Gehorchen ausgerichtet (sei) und nicht auf kreative Erneuerung durch eine mitdenkende Führungsmannschaft."*[5]

Psychopathen im Vorstand?

Eine auf die Zukunft ausgerichtete Unternehmenskultur muß Qualität spür- und erlebbar machen. Die Qualität der Unternehmenskultur muß so beschaffen sein, daß sie die *Abgestellten* wieder zu *Angestellten* macht, so eine Idee von Reinhard

237

Motivation durch Beseitigung von Demotivation

Wichtige Führungsaufgaben

Motivation durch Sinnvermittlung

K. Sprenger in seinem Buch „Mythos Motivation".[6] Seine Empfehlung an das Management lautet, nicht mehr zu überlegen, was zur Motivierung getan werden kann, sondern alles zu unterlassen, was Mitarbeiter demotiviert. Führen ist für ihn vor allem das Vermeiden von Demotivation. Damit wird mehr erreicht als mit allen Methoden der „Motipulation". Das Problem der Motivierung von Mitarbeitern stellt sich für ihn erst mit Beginn der Industrialisierung und ihrer tayloristischen Arbeitsteilung. Diese raubte dem Mitarbeiter die Sinnbezüge zum Gesamtprodukt, zum Unternehmen, zur Umwelt und zur eigenen Person. Wenn es der Führung gelingt, den Mitarbeitern zu helfen, wieder Sinn in der Arbeit zu entdecken, Freiräume zu bieten und Entfaltungsmöglichkeiten zu schaffen, wenn sie lernt, einsichtige Ziele zu vereinbaren, oder Erwartungen vernünftig „verkauft", dann würden sich viele Bücher und Seminare über Motivationstechniken erübrigen. Demotivation infolge sinnentleerter Arbeitsinhalte und eines autokratischen Führungsverhaltens läßt sich nicht durch das bloße Handling von Motivationstechniken entlang der maslowschen Motivationspyramide beseitigen. Ein Management, das mit der Qualitätsentwicklung beim eigenen Verhalten beginnt und die demotivierenden Faktoren in der eigenen Abteilung beseitigt, schafft die Grundlage für eine motivierende Unternehmenskultur. Zugleich entspräche es damit der Idee der Humanisierung der Arbeitswelt, die, zumindest was die Unternehmens- und Führungskultur angeht, fast kostenneutral umgesetzt werden könnte.

Total Quality Lean Management und die Forderung nach einer Humanisierung der Arbeit sind keine antagonistischen Widersprüche. Wenn Manager lernen, nicht nur Prozesse zu steuern, sondern gleichzeitig Beziehungen zu gestalten, wenn sie Hierarchien mehr und mehr durch Netzwerke ergänzen, wenn sie begreifen, daß Strategien nur dort wirken, wo Visionen bestehen, wenn sie Zielvereinbarungen mit Sinnvermittlung verbinden, wenn sie ihre Abteilungs- und Unternehmenskultur mit der gleichen Sorgfalt pflegen, wie Maschinen und Anlagen gewartet werden, dann sind sie auf dem besten Wege, aus Leistungshemmern Leistungshämmer zu machen.

Weitere Führungsaufgaben

Aus Leistungshemmern Leistungshämmer machen

Die neue Qualität der Qualität muß wie ein Lebenselixier über das ganze Unternehmen ausgeschüttet werden. Insbesondere in der Art und Weise der Mitarbeiterführung muß sich Qualität ausdrücken. Manager dürfen von ihren Mitarbeitern nicht mehr als quälender Qualitator empfunden, sondern müssen als „Qualitorität" geschätzt werden, die jene Qualität vorlebt, die sie von anderen fordert.

Der Vorgesetzte als Qualitorität statt als Qualitator

10.2 Die Qualität der Mitarbeiterführung

Wer wird Führungskraft? In der Regel der „Edelsachbearbeiter". Fachwissen und -können sind wichtige Grundlagen, um als Führungskraft erfolgreich zu sein, aber wer selbst arbeitet, verliert die Übersicht. Führungsaufgaben kommen hinzu, also Informieren, Motivieren, Delegieren, Kooperieren, Organisieren, Kritisieren, Planen, Entscheiden, Kontrollieren u. ä. Wer jedoch aus einer ausführenden Tätigkeit kommt, neigt zu ausführenden Aufgaben, denn diese sind vertraut. Führungsaufgaben dagegen sind etwas Neues und

Führen oder Ausführen? Für viele Führungskräfte ein Dauerkonflikt

bleiben oft unerledigt. Die Folge ist, daß man eine gute Fachkraft verliert und eine schlechte Führungskraft bekommt.

Ersatzbefriedigung außerhalb des Arbeitsplatzes

Schlechte Führungskräfte sind mit die Ursache dafür, daß die Leistungsbereitschaft von Mitarbeitern in die Freizeit, in den Kaninchenzüchterverein oder in die außerbetriebliche Verantwortung abwandert. Dieses muß als ein Vorwurf an die Führungskultur der Berufswelt verstanden werden. Hobbykeller sind die Ersatzbefriedigung für enttäuschende Arbeitsstunden. Mitarbeiter haben ein Recht auf die sinnvolle Verwendung ihrer kostbarsten Ressource, der Lebensarbeitszeit. Wer seinen Mitarbeitern Arbeitszeit abkauft, muß diese auch sinnvoll verwenden.[7]

Führungskräfte werden dafür bezahlt, daß sie Mitarbeiter *führen*. Dafür erhalten sie einen wesentlichen Teil ihres Gehaltes, sozusagen als eine Art Leistungszulage. Führungskräfte, die selbst ihre besten Sachbearbeiter sind, dürfen diesen Gehaltsanteil eigentlich nicht annehmen, da sie ihre Führungsaufgaben unzureichend wahrnehmen.

Persönlicher Erfolg oder Teamerfolg? Ein Zusammenhang, den viele Führungskräfte nicht verstehen

Solche Manager versuchen *ihre* Leistung zu erbringen, schaffen es aber nicht, ihre Mitarbeiter zu Höchstleistungen zu motivieren. Führungsverhalten erkennt man jedoch daran, daß die unterstellte Arbeitsgruppe Leistung erbringt; ausführendes Verhalten zeigen Manager, die sich allein mit *ihrer* Leistung beschäftigen. Führungskräfte sollen ihre Teams erfolgreich machen, nicht aber nur darauf bedacht sein, den eigenen Schreibtisch erfolgreich leerzuarbeiten.

„Auf den Mitarbeiter kommt es an." Dieses Motto beherrscht TQM-Unternehmen. Sie sehen in ihren

Mitarbeitern die eigentliche Quelle von Erfolg und Fortschritt. Einer der Gründe des japanischen Höhenfluges liegt in der Art und Weise des Umgangs mit den Mitarbeitern. Sie sind für den japanischen Manager Sinn und Zweck ihrer Aufgabe. Nicht die Mitarbeiter sind für den Chef da, sondern der Chef ist für sie da. Gertrud Höhler definiert dementsprechend die *„Mitarbeiter als Kunden der Führung"*.[8] Anders ausgedrückt: Führung ist Dienstleistung am Mitarbeiter.

Führung als Dienstleistung am Mitarbeiter

Schon in den siebziger Jahren machten Robert Blake und Jane Mouton mit ihrem „Managerial Grid" deutlich, daß es ohne die Mitarbeiterorientierung auch keinen Führungserfolg geben kann. Mit den Begriffen „Mitarbeiterorientierung" einerseits und „Leistungsorientierung" andererseits machten sie deutlich, daß eine Führungskraft sowohl die Aufgabe der *Lokomotion* als auch die der *Kohäsion* wahrzunehmen hat.

Mitarbeiter- und Leistungsorientierung gehören zusammen

Mitarbeiterführung ist eine Voraussetzung für den Erfolg am Markt. Sie muß als eigenständige Funktion neben den klassischen Funktionen Logistik, Finanzen, Personal, Produktion und Vertrieb begriffen werden. Zu lange wurde die Führungsaufgabe als „internes Geschäft" vom „externen" Geschäft mit dem Kunden abgegrenzt. Dabei wird übersehen, daß Führungserfolg Markterfolg schafft. Wer seinen Mitarbeitern nichts verkaufen kann, wird erst recht nicht seine Kunden überzeugen können. Führungsqualifikationen sind deshalb Marktqualifikationen. Ein Unternehmen kann nach außen nicht das sein, was es nach innen nicht ist. Sage mir, wie du deine Mitarbeiter führst, und ich sage dir, wie du mit deinen Kunden umgehst. Kein Unternehmen mit unzufrie-

Mitarbeiterführung als eigenständige Unternehmensfunktion

Führungserfolg schafft Markterfolg

241

Zufriedene Mitarbeiter = zufriedene Kunden

denen Mitarbeitern hat zufriedene Kunden. Wer seinen Kunden Dienste erweisen will, muß zuvor seine Mitarbeiter durch gute Führung zu solchen Diensten befähigen.

Das wollen Mitarbeiter

Die ausgeprägte Mitarbeiterorientierung bedeutet nicht, den Mitarbeiter in Watte einzupacken. Sie sollte von einem hohen Anspruchsniveau begleitet werden. Mitarbeiter wollen Nahrung für ihr Selbstwertgefühl, Spielwiesen für ihre Kreativität, Mitspracherecht bei der Umsetzung ihrer Ideen, wollen Ziele, Werte und Sinn. Sie sind zu Höchsteinsätzen bereit, so eine weitere Aussage von Gertrud Höhler, wenn es die Führung schafft, ihnen Luststreß zu bereiten. Sie wollen etwas tun, was Spaß macht und sich dabei selbstverwirklichen. Die Leistungsbereitschaft von Mitarbeitern muß unternehmensseitig mit einer Leistungsmöglichkeit korrespondieren.

Das alles ist möglich ohne finanziellen Mehraufwand des Unternehmens. Voraussetzung ist jedoch ein neues Denken und Verhalten der Führungskräfte.

Die Untersuchungen des MIT-Teams zeigten, daß schlanke Produktion nur dort möglich ist, wo die Mitarbeiter das Gefühl haben, daß ihre Manager gute Arbeit schätzen und gegenseitige Verpflichtung vorherrscht. Graham Spurling, Generaldirektor von Mitsubishi Motors in Australien, sagt:

Ein lehrreiches Zitat

„Ich bin fest davon überzeugt, daß der japanische Arbeiter weder unterwürfiger ist noch sein Leben mehr dem Unternehmen verschreibt als sein australischer Kollege. Er wird nur besser geführt. Er erlebt besseres Qualitätsmanagement, er erwartet

es und akzeptiert es. Besseres Management gibt ihm höhere Motivation und bessere Ausbildung. Diese führen wiederum zu besserer Produktivität und besserer Produktqualität. "[9]

Total Quality Lean Management verlangt eine neue Qualität der Mitarbeiterführung. Durch den Wegfall von Hierarchieebenen und daraus folgende flache Hierarchien fällt der berufliche Aufstieg als möglicher Motivator weg. Das macht es notwendig, Mitarbeiter durch anspruchsvolle Aufgaben, gute Zusammenarbeit im Team und Arbeitserfolge täglich neu zu begeistern. Außerdem: je flacher die Organisation, desto geringer die Führungsspannbreite, desto geringer die Möglichkeit der Kontrolle, desto notwendiger eine auf Vertrauen basierende Unternehmenskultur.

Arbeitserfolge statt Karrieresprünge

Mit TQM/Kaizen stellen sich die Grundannahmen über den Menschen, also Fragen nach dem Menschenbild, neu. Taylor sah im Mitarbeiter einen homo oeconomicus, der nur durch äußere Anreize motivierbar ist. Der Toyotismus sieht den Mitarbeiter als Partner und Mitdenker, als wichtiges Mitglied der Unternehmensfamilie.

Auf das Menschenbild kommt es an

Die Grundannahmen über den Menschen hat Douglas McGregor schon 1960 auf einen einfachen Nenner gebracht. Er definierte die verschiedenen Sichtweisen idealtypisch als *X*- und *Y*-Theorie. *Pessimistische Sichtweisen* vom Menschen, z. B. N. Machiavelli, Adam Smith, S. Freud, F. Taylor, subsummiert er unter X, *optimistische Sichtweisen*, z. B. J. Locke, E. Mayo, A. Maslow unter Y.[10]

Die Renaissance der XY-Theorien

243

Die wichtigsten Annahmen der Theorien X und Y

Theorie X
Die Sicht des Taylorismus

Theorie Y
Die Sicht des Toyotismus

Der Mensch hat eine angeborene Abscheu vor der Arbeit und versucht, sie so weit wie möglich zu vermeiden.	Der Mensch hat keine angeborene Abneigung gegen Arbeit, im Gegenteil, Arbeit kann eine wichtige Quelle der Zufriedenheit sein.
Deshalb müssen die meisten Menschen kontrolliert, geführt und mit Strafandrohungen gezwungen werden, einen produktiven Beitrag zur Erreichung der Organisationsziele zu leisten.	Wenn der Mensch sich mit den Zielen der Organisation identifiziert, sind externe Kontrollen unnötig; er wird Selbstkontrolle und eigene Initiative entwickeln.
Der Mensch möchte gern geführt werden, er möchte Verantwortung vermeiden, hat wenig Ehrgeiz und wünscht vor allem Sicherheit.	Die wichtigsten Arbeitsanreize sind die Befriedigung von Ich-Bedürfnissen und das Streben nach Selbstverwirklichung.
	Der Mensch sucht bei entsprechender Anleitung eigene Verantwortung. Einfallsreichtum und Kreativität sind weitverbreitete Eigenschaften in der arbeitenden Bevölkerung; sie werden jedoch in industriellen Organisationen kaum aktiviert.

Später Ruhm früherer Theorien

Dieser und andere Klassiker der Managementtheorie, z. B. GRID, erhalten durch TQM/Kaizen eine neue Aktualität, so wie alte Filme oft erst nach Jahren den ihnen gebührenden Ruhm erlangen.

Die Konsequenz aus X

Das jeweilige Menschenbild des Vorgesetzten entscheidet über dessen konkretes Führungsverhalten. Führungskräfte, die ihre Mitarbeiter durch die

X-Brille sehen, sind nicht TQM/Kaizen-fähig. Ihr Führungsverhalten wird viel Kontrolle, Gratifikation und Sanktion enthalten.

TQM/Kaizen ist nur mit Mitarbeitern mit einem Y-Menschenbild möglich und ergo auch nur mit Führungskräften, die ihre Mitarbeiter mit der Y-Brille sehen und sie dementsprechend behandeln, d. h. ihnen Freiräume schaffen, Vertrauen entgegenbringen und Verantwortung übertragen.

Die Konsequenz aus Y

10.3 Die Qualität der Mitarbeiter

Es wäre aber falsch, nur das Management zum Adressaten von Verhaltensänderungen zu machen. Ein schönes chinesisches Sprichwort lautet: *„Es ist leichter über die Dunkelheit zu schimpfen als selber ein Licht anzuzünden."* Auch Mitarbeiter müssen mitarbeiten an der Gestaltung der Unternehmenskultur. Sie sind mitverantwortlich für die Art und Weise, wie in einem Unternehmen zusammengearbeitet wird. Nicht der Meister allein ist schuldig, wenn seine Handwerker nachlässig arbeiteten, weil es der Bauherr versäumte, die obligate Kiste Bier auf die Baustelle zu stellen.

Die Qualitätsverantwortung der Mitarbeiter

Noch immer wimmelt es in Büros und Werkhallen von Radfahrern und Opportunisten, die sich freiwillig ihr Rückgrat entfernen ließen, um wirksamer buckeln zu können. Es gibt zu viele Karrieristen, die zu allem „ja" sagen, auch wenn sie „nein" meinen. Wenn ein Geschäftsführer geht und ein anderer kommt, erlebt man ähnliche Wendehälse wie nach dem Zusammenbruch der DDR. Viele Mitarbeiter arbeiten der Karriere zuliebe mit der Schere im Kopf, ständig zur Selbst-

und Schnellzensur bereit. Eine Menge Mitarbeiter gehören zu denen, die aus sicherer Deckung heraus an allem und an jedem nörgeln, jedoch die Kritik an der eigenen Person als Straftatbestand der Beleidigung empfinden. Viele Organisationen und ihre Belegschaften müßten sich zunächst ihrer Kollektivschuld für die Zerstörung der Unternehmenskultur bewußt werden, bevor sie einen Neuanfang wagen. Dieser ist der Start zu einer Reise, die nie enden darf. Das Unternehmen als lebendes System braucht Dynamik, um sich Veränderungen immer wieder anzupassen, ohne die unternehmenskulturellen Grundwerte zu verwässern.

Die Kollektivschuld von Radfahrern, Opportunisten und Wendehälsen

Mängel in der Unternehmenskultur sind kein Grund und keine Entschuldigung für Verhaltenssünden gegenüber Kunden und Kollegen. Qualitätsverstöße von Vorgesetzten dürfen für deren Mitarbeiter kein Grund sein, ihrerseits gegen das Qualitätsgebot zu verstoßen. Hier beginnt ein gefährlicher Kreislauf. Unrecht wird durch Unrecht geahndet. Dabei wird oft übersehen, daß diejenigen, die sich über das Führungsverhalten ihres Vorgesetzten beschweren, oft auch diejenigen sind, über deren Verhalten sich die Kunden beschweren. Wer von seinen Vorgesetzten ein Mehr an Führungsqualität fordert, muß auch die Fähigkeit und den Mut haben, ihm ein nützliches Feedback zu geben und seine Erwartungen begründen zu können. Wer Führungsqualität fordert, muß dieses durch Arbeitsqualität und kollegiales Verhalten rechtfertigen. Wer danach fragt, was sein Vorgesetzter für ihn und seine Motivation tun kann, muß auch fragen, was er für seinen Vorgesetzten und dessen Motivation tun kann. Führung als das Einwirken auf Menschen vollzieht sich nicht nur von oben nach unten, sondern auch

Ein gefährlicher Kreislauf

Qualität beginnt bei einem selbst

Führung nach oben: den Chef führen

246

umgekehrt von unten nach oben. Mitarbeiter, die sich über die mangelnde Aufnahmebereitschaft ihrer Vorgesetzten für neue Ideen beklagen, sollten wissen, daß diese intelligent verpackt und verkauft werden müssen. Ein erkämpfter „Sieg" ist wertvoller als ein nachgeworfenes Ja.

Auch der Chef ist der Kunde

Führungsverhalten ergibt sich nicht nur aus charakterlichen Dispositionen des Vorgesetzten, sondern aus vielen Einflüssen, u. a. aus der Art und Weise, wie sich Mitarbeiter gegenüber ihren Vorgesetzten und untereinander verhalten. Je größer die Teamreife einer Abteilung, um so geringer der Interventionismus des Vorgesetzten, um so größer die Freiräume und der Verantwortungsspielraum der Mitarbeiter. Als Trainer und Berater stellt man immer wieder fest, daß Mitarbeiter einer jeden Hierarchieebene sich als Opfer sehen und die Vorgesetzten als die Täter. Aber auch diese definieren sich wieder als Opfer, diesmal der nächsthöheren Ebene, so daß man vergeblich nach den Tätern fahndet. Fazit: Die Opfer sind zugleich die Täter, ohne es zu wissen.

Führungsverhalten ist die Folge von Verhaltensweisen

Opfer, die zugleich Täter sind

Eine gute Unternehmenskultur basiert auf Persönlichkeitskultur. Dazu gehört auch der Mut von Mitarbeitern, das Richtige zu tun, wenn Vorgesetzte das Falsche von ihnen fordern. Dazu gehört der Mut zur Flexibilität, wo Vorgesetzte Prinzipienreiterei betreiben.

Persönlichkeitskultur ergibt Unternehmenskultur

Zu diesem Typ Mitarbeiter gehören diejenigen, die in der neueren Managementliteratur als *Entrepreneure* bzw. *Intrapreneure* bezeichnet werden, je nach Bevorzugung der französischen oder englischen Aussprache. Der Entrepreneur ist der *Unternehmer im Unternehmen*, und zwar in solchen,

Der Mitarbeiter als Unternehmer

die leider längst zu planwirtschaftlichen Firmenbehörden verkommen sind. Der Entrepreneur ist ein *„Träumer, der handelt"*[11]. Im Gegensatz zum „Unternehmensbeamten" oder traditionellen Manager, die in der Regel nach Macht, Beförderung und Belohnung streben, motiviert sich der Entrepreneur durch Zielorientierung, Sachinteresse, Nutzung von Freiräumen und Arbeitserfolgen.

Entrepreneure sind Pioniere. Diese sind wichtig für ein Unternehmen. Aber auf Pioniere wird geschossen. Entrepreneure erleben Mißerfolge, aber: je mehr Würfe, um so größer die Trefferquote. Ein Unternehmen kann nicht innovieren, wenn es nicht bereit ist, Pioniere zu rekrutieren und dabei auch Fehler zu akzeptieren.

Der Pionier lebt gefährlich

Das ist auch die Philosophie des erfolgreichen Autovermieters Erich Sixt: Die wichtigste Eigenschaft seiner Mitarbeiter sei die Selbständigkeit. Sie sollten nach seiner Meinung den Mut haben, wo nötig Widerstand zu leisten, und keine Angst davor haben, allein gelassen zu werden.[12]

Beispiel Sixt

Das ist einer der Gründe dafür, warum Erfolgsunternehmen den Unternehmergeist unter ihren Mitarbeitern fördern, Freiräume für sie schaffen, Einzelgänger und Störenfriede „züchten", die oft mehr zustande bringen als große Forschungs- und Entwicklungsabteilungen mit Dutzenden Mitarbeitern. Nach einer amerikanischen Untersuchung produzieren kleine Firmen für jeden Forschungs- und Entwicklungsdollar rund viermal so viele Innovationen wie mittelgroße Firmen und 24 mal so viele Innovationen wie Großunternehmen, und zwar deshalb, weil der einzelne Mitarbeiter dort mehr Frei- und Spielräume hat.

Effizienz durch Freiräume

Arbeitsregeln für Entrepreneure[13]

1. Komme jeden Tag mit der Bereitschaft zur Arbeit, gefeuert zu werden.

2. Umgehe alle Anordnungen, die Deinen Traum stoppen können.

3. Mache alles, was zur Realisierung Deines Zieles erforderlich ist - unabhängig davon, wie Deine eigentliche Aufgabenbeschreibung aussieht.

4. Finde Leute, die Dir helfen.

5. Folge bei der Auswahl Deiner Mitarbeiter Deiner Intuition, und arbeite nur mit den besten zusammen.

6. Arbeite, solange es geht, im Untergrund - eine zu frühe Publizität könnte das Immunsystem des Unternehmens mobilisieren.

7. Wette nie in einem Rennen, wenn Du nicht selbst darin mitläufst.

8. Denke daran - es ist leichter, um Verzeihung zu bitten als um Erlaubnis.

9. Bleibe Deinen Zielen treu, aber sei realistisch in bezug auf die Möglichkeiten, diese zu erreichen.

10. Halte Deine Sponsoren in Ehren.

Eine Variante des Entrepreneur-Verhaltens und zugleich ein Beweis für das in Mitarbeitern schlummernde Potential ist das „bootlegging" bzw. die U-Boot-Forschung. Der Begriff „bootlegging" stammt aus der Zeit der Prohibition, als viele US-Amerikaner im Alkoholschmuggel mitmischten und die Behörden austricksten. Ähnlich verhalten sich Mitarbeiter in FE-Abteilungen, die sich über Anweisungen und Vorschriften hinwegsetzen und sogar Gelder aus anderen Projekten abzwacken. 20 Prozent des Budgets einer FE-Abteilung, schätzt Martin Rupp von der For-

Vom Nutzen der Untergrundarbeit im Unternehmen

249

schungsabteilung der VEBA-Öl AG in Gelsenkirchen, fließt „geschickt getarnt" - wie er es nennt - in die U-Boot-Forschung.

Praxisbeispiel 3M

„Bootlegging" ist für Lutz Hoffmann vom Institut für Wirtschaft und Sozialpsychologie, Göttingen, Ausdruck eines *„firmeninternen Immunsystems, das die offizielle Innovationspolitik ergänzt und dort korrigiert, wo sie - aus welchen Gründen auch immer - versagt."* Um das zu vermeiden ging 3M dazu über, seinen Labortechnikern zu genehmigen, bis zu 15 Prozent ihrer Arbeitszeit in Projekte eigener Wahl zu investieren, ohne daß Betteltouren beim Management notwendig wären. In einem solchen Freidenker-Projekt wurde z. B. der abziehbare Notizzettel (post-it) entwickelt, der einen Millionenmarkt eröffnete.[14]

Den Unternehmens-Intelligenzquotienten mobilisieren und nutzen

Dies ist der beste und wirksamste Weg, den Unternehmens-Intelligenzquotienten voll nutzen zu können. Je mehr Freiräume den Mitarbeitern geboten werden, um so stärker die Mobilisierung der geistigen Potentiale der Mitarbeiter und des Organisations-IQ. Je intelligenter ein Mitarbeiter ist, um so weniger Führung braucht er und desto mehr Freiräume und Verantwortung benötigt er, um seine Geistesressourcen in Projekte einbringen zu können. Die größte Wertschätzung am Kapitalmarkt genießen Wissensunternehmen, wie z. B. Microsoft, ein Softwareunternehmen, dessen Börsenwert zehnmal höher ist als der Jahresumsatz.

10.4 Die Qualität von Information und Kommunikation

Information ist das Blut, das ein Unternehmen durchfließt. Dort wo dieser Kreislauf reibungslos funktioniert, findet Kommunikation und Kooperation statt. Dort wo Informationen fehlen, blühen die Gerüchte, bei Kunden ebenso wie bei Mitarbeitern. Je schlechter die Information, um so mehr Gerüchte.

Information und Kommunikation sind wohl die wichtigsten Führungsaufgaben, denn alle anderen Führungsaufgaben, z. B. Motivation, Kontrolle und Kritik, müssen kommuniziert werden. Insofern sind Information und Kommunikation mit den Grundrechenarten vergleichbar, die Mitarbeiter und Führungskraft als Basiswissen beherrschen müssen. Mit umfassenden, rechtzeitigen und klaren Informationen werden Mitarbeiter in Form(ation) gesetzt.

Information und Kommunikation als zentrale Führungsaufgabe

TQM/Kaizen-praktizierende Unternehmen betreiben eine offensive Informationspolitik. Hier weiß jeder, daß er ein wichtiges Glied in einer Kommunikationskette ist, die stärksten Belastungen standhalten muß. In diesen Unternehmen werden die Begriffe Informations-Holschuld und Informations-Bringschuld ernstgenommen. Mitarbeiter erhalten Informationen, die früher nicht einmal Meister erhielten, z. B. über Arbeits- und Ausschußkosten sowie Gewinne und Verluste. Man hat erkannt, daß die Vorzüge einer aktiven Informationspraxis die Nachteile aufheben, die entstehen könnten, wenn die Daten an Mitbewerber gelangen. Nur wenn Mitarbeiter das Richtige und Wichtige kennen, können sie das Richtige und

Information als Hol- und Bringschuld

Information ist praktiziertes Vertrauen

Wichtige tun. Jede Information ist ein Stück Vertrauensvorschuß, aktive Informationspolitik ist Vertrauenspflege gegenüber Kunden und Mitarbeitern.

Beste Kommunikationstechnik für schlechtes Kommunikationsverhalten

Es werden zwar immer modernere Kommunikationsmedien eingesetzt. Auch die Computeroberflächen werden immer kommunikativer. Aber die persönliche Fähigkeit zur Kommunikation wird schlechter. Das zeigt sich an der Unfähigkeit vieler Menschen, anderen zuzuhören. Vorgesetzte müssen aber zuhören, wenn sie den Sachverstand ihrer Mitarbeiter nutzen und ihre Kunden verstehen wollen. Das sind Grundvoraussetzungen für eine kundenorientierte Unternehmensführung und mitarbeiterorientierte Personalführung. Diese erfordern insbesondere an den Schnittstellen Information und Kommunikation auch über Abteilungsgrenzen hinweg, also das Aufeinanderzugehen.

Schnittstellen als Kommunikationsbrücken nutzen

Management via Complement – ein wichtiger Erfolgsfaktor

Dieses ist für Rolf Berth der wichtigste der fünf Königswege zum Erfolg (vgl. S. 235). Er nennt diesen Weg auch das *Management via Complement*. Dabei handelt es sich um keine neue Managementtechnik. Alle anderen Management-by-Modelle können unbeschadet im Raum stehenbleiben. Das gilt auch deshalb, weil es sich beim Management via Complement um eine menschliche Selbstverständlichkeit handelt, die für jeden Arbeitsplatz und insbesondere für das Führungsverhalten gelten sollte. Doch gibt es in fast jedem Unternehmen Abteilungen, die sich abteilen und die Kooperation subtil verweigern, um so ihre Identität gegenüber anderen Abteilungen symbolisch aufrecht zu erhalten.

252

Das Aufeinanderzugehen wird allzuoft durch die Stellenbeschreibungseuphorie erschwert oder gar zunichte gemacht. Sie hat viele Arbeitsplätze langweilig, mechanisch und reizlos werden lassen. Ungeforderte Aktionspotentiale und organisatorisches Niemandsland sowie fehlende Lebendigkeit sind oft die Folge. Die Stellenbeschreibung verhindert Grenzüberschreitung, die ja notwendig ist, um ergänzend aufeinanderzuzugehen. Sie sorgt dafür, daß der Mitarbeiter in seinem Kästchen, sprich „Revier", bleibt und andere Reviere vor Ideeneinfall schützt.

Gründe gegen die Stellenbeschreibung

Was bringt das Management via Complement? Die Anhänger des ergänzenden Aufeinanderzugehens sind fast *viermal so gut* wie diejenigen, denen diese Idee gleichgültig ist (vgl. S. 235). Leider pflegen nur 3,6 Prozent der von Berth untersuchten Unternehmen das Management via Complement.[15]

Um Management via Complement herzustellen, reicht es aber nicht, Information und Kommunikation durch organisatorische Instrumente und Systeme sicherzustellen. Es kommt vor allem darauf an, die Bereitschaft zur Information, Kommunikation und Kooperation bei Vorgesetzten und Mitarbeitern zu wecken und zu erhalten. Letztendlich entscheidet das persönliche Kommunikationsverhalten darüber, ob ein Gespräch und die Verständigung zustandekommt. Nicht die Technik, nicht Systeme, sondern der Mensch ist und bleibt Ausgangs-, Mittel- und Eckpunkt jeder Kommunikation.

Der Mensch ist und bleibt der Ausgangspunkt der Kommunikation

Zwar liefern computergestützte Informationssysteme Daten, aber entscheidend ist doch die Frage, wozu sie dienen, wer sie erhält und wie mit ihnen gearbeitet wird. Daten sind kein Selbstzweck. Sie können zu einem Produktionsfaktor werden, wenn sie richtig genutzt werden. In vielen Unternehmen ist es noch immer so, daß solche Informationen gesammelt werden, die vornehmlich dem Management nützen. Der wichtigste Zweck von solchen Informationssystemen ist, alle Tätigkeiten, die für die Leistung eines Unternehmens wichtig sind, zu überwachen.

Daten als Produktionsfaktor

Gute Informationssysteme helfen, brauchbare Informationen zu sammeln, die jedoch häufig nicht gut genutzt werden, da sie nicht an die Mitarbeiter weitergeleitet werden, die sie für ihre tägliche Arbeit benötigen. So werden die Daten der Qualitätskontrolle oft dazu genutzt, Geschäftsbereichsleiter zu belohnen oder zu bestrafen, statt sie dem Fertigungspersonal zukommen zu lassen. In einer vergleichenden Untersuchung ist der US-Amerikaner David Garvin zu folgendem Ergebnis gekommen: *„Die japanischen Firmen geben Qualitätsdaten unablässig an eine möglichst tiefe Ebene in der Organisation weiter, um den Kenntnisstand der Belegschaft zu mehren; die US-Unternehmen aggregieren die Daten auf den oberen Ebenen, um das Mittel- und Spitzenmanagement mit nützlichen Zusammenfassungen zu versorgen."*[16] Dabei ist zu beachten, daß Produktionsdaten nicht einfach zusammengefaßt werden, sondern so aufgelistet werden, daß sie einzelnen Maschinen bzw. Anlagen zugeordnet werden können. Nur so wirken sie als Feedback, machen nachdenklich, bewirken Wettbewerb und Qualitätsverbesserung. Tom Peters und Robert Waterman beschrieben die Segnungen eines solchen Feedbacks. Sie berichten von einem Werkmeister, der nach jeder Schicht

Daten werden an der Basis benötigt

Japanische Informationspraxis

Ein lehrreiches Beispiel

254

die Produktionsergebnisse mit Kreide im Maschinensaal anschrieb. Daraus entwickelte sich schnell eine lebhafte Konkurrenz zwischen den Schichten. Die Produktivität schnellte nach oben. Fazit: Mitarbeiter sprechen besser und stärker auf Informationen an, wenn sie ohne Wertung und erhobenen Zeigefinger weitergegeben werden. Ohne viel Aufhebens mitgeteilte Informationen beflügeln zu größeren Anstrengungen als solche, die mit viel Brimborium weitergereicht werden.[17]

Auch im Zusammenhang mit der Zertifizierung der Qualitätsdokumentation stellt sich die Frage, wer wie mit den Unterlagen weiterarbeitet. Werden mit den Papieren nur die Informationsbedürfnisse des Managements und der Kunden befriedigt, dann wird der Zweck der Qualitätsentwicklung nicht erfüllt. Wird die Dokumentation oder werden Teile daraus von allen Mitarbeitern als Arbeitsinstrument ähnlich intensiv genutzt wie das Bürgerliche Gesetzbuch von einem Rechtsanwalt, dann wird aus der Information Energie, mit der Qualität und Produktivität entwickelt werden können. Je mehr Wissen und Informationen ein Unternehmen verteilt, um so mehr Köpfe können über Problemlösungen nachdenken.

Wer die Qualitätsdokumente wie nutzt

10.5 Die Qualität der Organisation

Seminare zum Thema „Zeitmanagement" sind die meist besuchten, Bücher hierzu die meist gelesenen. Täglich werden neue Zeitplanbücher im Genre von „Time-System" angeboten, und renommierte Softwarehäuser offerieren ihre PC-Zeitplaner als Heilmittel gegen die Zeitkrankheit. Was zeigt dieser Angebots- und Nachfrageboom nach

Zustände beherrschen, statt von ihnen beherrscht zu werden

Hilfsmitteln, mit denen Manager ihre Zeitprobleme bewältigen wollen? Er zeigt, daß sie von der Zeit und den Zuständen beherrscht werden, statt diese zu beherrschen. Viele Manager sind nicht agierende Subjekte, sondern reagierende Objekte.

Kann man einen Ameisenhaufen organisieren?

Wenn Manager nicht einmal in der Lage sind, ihre Zeit zu organisieren, dann sind sie noch weniger fähig, die Komplexität eines „menschlichen Ameisenhaufens" in Form einer Firma, eines Großvereins oder einer öffentlichen Verwaltung in den Griff zu bekommen. Niemand kann die vielfältig vernetzten Beschaffungs- und Vertriebswege der 55.000 Produkte des „Siemens-Saurius" darstellen, die sich als eigene Subkulturen autonom über 131 Länder mit 81 Tochtergesellschaften erstrekken.

„Ad hoc-kratie" muß Bürokratie ergänzen

Zur Qualität des Unternehmens gehört die Organisation. Auch sie gehört auf den TQM/Kaizen-Prüfstand. Vorhandene Organisationsstrukturen sollen als Energiekanäle eigenverantwortliches Handeln ermöglichen, keinesfalls jedoch Mitarbeiterinitiativen wie ein Schwamm aufsaugen. Deshalb dürfen Hierarchien mit ihrem Zwang zur Über- und Unterordnung nicht länger zum Bremsklotz für den notwendigen Übergang in die neue Führungsqualität werden. Bürokratie darf die „Ad hoc-kratie", das schnelle Reagieren, über Abteilungsgrenzen hinweg und am Positionsgefälle vorbei nicht behindern. Unternehmen sollten sich nicht länger von Verwaltungsangestellten gängeln lassen, die heiße Luft und viel Papier produzieren, aber keine wertschöpfenden Produkte oder Dienstleistungen. An die Stelle der durch Befehl erzwungenen Arbeitsdisziplin muß eine neue Kommunikationskultur treten, die nach dem

Konsequenz Nr. 1

Überzeugungs- statt nach dem Anordnungsprinzip arbeitet.

Für die in vielen Unternehmen notwendige Organisationsreform reichen keine noch so filigranen Organigramme, PC-Informationssysteme oder Netzpläne, mit denen eine falsche Vorstellung von Widerspruchsfreiheit und Beherrschbarkeit vermittelt wird. Außer der formalen Organisation ist in vielen Unternehmen kaum noch etwas klar und überschaubar. Jürgen Habermaß nennt dieses die „neue Unübersichtlichkeit". Manager erfahren täglich, daß das Verhalten von Organisationen, Märkten, von Systemen und Menschen nur schwer prognostizierbar und noch weniger zentralistisch steuerbar ist. Infolge vieler Wechsel- und Rückwirkungen greifen lineare Konzepte auf der Basis von Ursache und Folge nicht mehr. Auch Unternehmen entwickeln ihre eigene nichtlineare Dynamik, bei der Ursachen zwar Wirkungen erzeugen, diese aber auf die eigentlichen Ursachen zurückwirken und so gänzlich andere Neuwirkungen auslösen.

Die neue Unübersichtlichkeit

Natürlich sind Systeme und bürokratische Organisationselemente für die Funktionsfähigkeit eines Unternehmens notwendig, aber sie dürfen nicht als Zwangsjacken mißbraucht werden, um Mitarbeiter und Abteilungen vom unternehmerisch eigenverantwortlichen Handeln abzubringen. Mehr und mehr Unternehmensberater machen darauf aufmerksam, daß die zahlengläubige bzw. rationalistische Managementlehre, die für jede Entscheidung eine analytische Rechtfertigung verlangt, die Gefahr bedenklicher Irrwege in sich birgt. Eimerweise werden dem Führungsnachwuchs heute noch archaische Managementtechni-

Zuviel Rationales, zu wenig Emotionales

ken serviert, jedoch wird die richtige Einstellung zu den Mitarbeitern nur häppchenweise vermittelt. Viele Manager verhalten sich geradezu irrational, wenn es darum geht, rationalistische Methoden zu verteidigen.

Zu viel Management, zu wenig Führung

„Overmanaged and underleaded", so charakterisiert der US-Amerikaner John P. Kotter viele Unternehmen.[18] Dieses „Overmanaged" drückt sich u. a. im Planungs- und Kontrollfetischismus vieler Unternehmen aus, mit Bremseffekten für Krea(k)tivität und Innovation. Gertrud Höhler fordert ein ausgewogenes Verhältnis von Managen und Führen: *„Das Management sorgt für die Arbeit und ihre Organisation; die Führung sorgt für die Lust an der Arbeit und an der Organisation."*[19] So kann die Balance zwischen Führung und Management wieder hergestellt werden.

Freiräume schaffen

Die Fortschritte der System- und Chaostheorie liefern die Begründungen und Beweise für die Notwendigkeit einer neuen Art der Unternehmensführung, deren wesentliche Aufgabe darin besteht, Freiräume innerhalb eines klar abgesteckten Rahmens zu schaffen, vorausgesetzt mit den Mitarbeitern wurden die „Spielregeln" vorab vereinbart.

Das Unternehmen so führen, daß es sich selbst führt

Die Frage lautet heute nicht mehr „Wie muß *man* ein Unternehmen führen?", sondern „Was ist zu tun, damit *sich* ein Unternehmen führt?" Darin steckt die Erkenntnis, daß Systeme die Fähigkeit zur spontanen Ordnung haben, ebenso wie der menschliche Körper in der Regel aus sich heraus gesundet, wenn man ihm Zeit läßt und gesundheitsfördernde Voraussetzungen schafft.

Für den High-Tech- und mehr und mehr auch So-cial-Tech-Produzenten Hewlett Packard folgt daraus, daß ein Unternehmen um so besser arbei-tet, je weniger geregelt wird. So viel Führung wie nötig, so wenig Kontrolle wie möglich. Noch wei-ter gingen Peters und Waterman in ihrer Analyse US-amerikanischer Spitzenunternehmen. Sie emp-fahlen produktives Chaos statt geordneter Untä-tigkeit.

Soviel Führung wie nötig, so wenig Kontrolle wie möglich

Das Beispiel „ad hoc-kratisch" *agierender* Unter-nehmen, die bürokratisch *reagierende* aus dem Wettbewerb werfen, zeigt, daß der Begriff der Un-ordnung neu zu definieren ist. Selbst das Chaos ist ein Zustand, der nach klaren Regeln abläuft. Natürlich ist Bürokratie notwendig, um Informa-tionen aufzubereiten. Sie ist notwendig, um das Tagesgeschäft abzuwickeln und ebenso um dem Finanzamt die geforderten Zahlenhülsen zu lie-fern, für die Unternehmen riesige, nicht wert-schöpfende Bürokratenheere beschäftigen müssen. Zahlen sind auch für die managementtechnische Analyse notwendig, um unternehmerischen Blind-flug zu vermeiden. Jedoch muß zu der Zahlen- und Datenliebe die Liebe zum Produkt und zum Kunden hinzukommen.

Chaos hat Ordnung

Zahlenliebe durch Produktliebe ergänzen

Eine der unternehmenspolitischen Konsequenzen aus diesen Erkenntnissen lautet *Dezentralisation.* Sie ist das Kernelement aller Lean-Konzepte und organisatorische Voraussetzung, um den japani-schen Vorsprung aufzuholen.

Dezentralisation - die richtige Medizin

Unternehmen, die dennoch versuchen, die Kom-plexität in den Griff zu bekommen, bezahlen dafür einen hohen Preis, denn Zentralismus benö-tigt Strukturen und Organisation. Diese wiederum

Die teuren Folgen von Zentralisation

259

machen Personal notwendig, das Kosten verursacht. Je größer eine Zentrale, desto träger ist sie - und diese Trägheit legt sich über ein Unternehmen wie ein Grauschleier. Sobald ein Unternehmen mehr als 500 Mitarbeiter beschäftigt, beginnen die Dinge merkwürdigerweise schiefzulaufen. Die Kunst guter Unternehmensführung besteht darin, groß zu werden, sich aber wie ein kleines Unternehmen zu verhalten. Darum wurde mancher unternehmerische Riesentanker zu einem Dutzend dezentral agierender Schnellboote umgewandelt. Darum werden Stäbe abgebaut und Hierarchien abgeflacht.

Groß werden, aber im Verhalten klein bleiben

Dezentrale Grundstrukturen erhöhen organisatorische Flexibilität. Die Manager bekommen so mehr Kontakt zur Basis, lernen wieder ihre Mitarbeiter und das Kerngeschäft kennen. Nur was klein ist, bleibt lebendig. Das Kleine ist überschaubar und schafft Engagement. Darum arbeiten Spitzenunternehmen nach dem Motto „small is beautiful".

„Small is beautiful"

Schon vor zehn Jahren fanden sich in der Managementliteratur erste Hinweise darauf, daß erfolgreiche Unternehmen bewußt einen Kompromiß eingingen: *„Sie setzen auf geradezu radikale Dezentralisierung und Autonomie mit ihren unvermeidlichen Folgen - Überschneidungen, unsauberen Abgrenzungen, Koordinationsmängeln, internem Wettbewerb und einem Anflug von Chaos -, um auf diese Weise Unternehmensgeist aufkommen zu lassen."*[20]

Nachteile, die Vorteile bringen

Das Team - Voraussetzung für Dezentralisation

Unternehmen oder sonstige Organisationen, die schlanker werden wollen, müssen dezentralisieren. Dezentralisierung muß bis hin zur Teamgröße erfolgen, denn das Team ist der Eckpfeiler der Produktivitätssteigerung. Erst Teams machen Dezentralisation praktikabel.

Die Forscher des Massachusetts Institute of Technology schreiben in ihrer berühmten Studie „Die zweite Revolution in der Autoindustrie", daß die Erfolge des schlanken Mangagements unter anderem auf einer sehr spontanen Form der Dezentralisation beruhen. Der Toyota-Werksleiter Taiichi Ohno bildete in den fünfziger Jahren Teams und teilte diesen ein Stück Fließband zu. *„Dann wurde ihnen gesagt, sie sollten zusammenarbeiten und den besten Weg finden, die Arbeitsgänge durchzuführen"*, ohne einengende Vorgaben der zentralen Produktionssteuerung.[21] Ohno dezentralisierte Verantwortung nach unten, baute auf den Sachverstand seiner Mitarbeiter und konnte schon nach wenigen Monaten die Früchte dieses Vorgehens in Form höherer Produktivität und Flexibilität sowie stärkerer Kooperation und Motivation ernten.

Ein Beispiel für den Erfolg von Dezentralisation mit Teams

10.6 Die Qualität der betrieblichen Weiterbildung

TQM/Kaizen bringt neue Qualitätsanforderungen an die betriebliche Personalentwicklung und Weiterbildung mit sich. Personalentwicklung ist die notwendige Erfolgsversicherung, die jedes Unternehmen mit sich selbst abschließen sollte, um auch in Zukunft über Mitarbeiter zu verfügen, die Erfolge realisieren. Wer gute Leistungen will, muß seine Mitarbeiter hierzu vorab befähigen. Da das Unternehmen aber keine Zweigstelle der Volkshochschule ist, sollte es sich auf Lerninhalte beschränken, die sich aus ihrer Zweck- und Zielgerichtetheit ergeben. Dies bedeutet nicht, sich auf reine Fachthemen zu beschränken. Zur fachlichen

Spezialist oder Generalist

Effektivität gehört die soziale Kompetenz. Fachthemen sollten durch Verhaltenstraining komplettiert werden. Spezialwissen muß durch Allgemeinwissen und Allgemeinwissen durch Spezialwissen ergänzt werden. Weder der reine Spezialist noch der extrem Allgemeingebildete kann das Ziel der Weiterbildung sein, denn *„ein Spezialist weiß mehr und mehr über weniger und weniger, bis er schließlich alles weiß über nichts; ein Allgemeingebildeter weiß weniger und weniger über mehr und mehr, bis er schließlich nichts mehr über alles weiß."*[22]

Die Aufgabe der betrieblichen Weiterbildungs- abteilung

Unter dem Vorzeichen von TQM/Kaizen sollte die betriebliche Weiterbildung ihre Lernangebote und Lehrweisen einem selbstkritischen Eigenaudit unterziehen, um ihrer logistischen Funktion als *know-how-server* gerecht zu werden. Qualität muß insbesondere von dort kommen, wo sie als Weiterbildungsthema konzipiert, propagiert und angeboten wird. Gerade die Weiterbildungsverantwortlichen müssen den Gedanken der lernenden Organisation in ihrer eigenen Abteilung und im eigenen Verhalten vorleben. Sie sind im Rahmen ihrer Möglichkeiten verantwortlich für Lerninnovationen und für die Realisation des lebenslangen Lernens im Unternehmen.

Weiterbildung muß Innovationen auslösen

Zur Aufgabe der betrieblichen Weiterbildung gehört es, die Grundidee des Kaizen, die kontinuierliche Verbesserung, im eigenen Bereich einzulösen. Das Führungs-, Arbeits- und Vertriebsverhalten sowie Arbeitsinhalte, -formen und -abläufe müssen durch Weiterbildungsmaßnahmen verbessert werden. Von jeder Weiterbildungsaktivität sollen innovative Impulse auf die Arbeitspraxis ausgehen. Sie sollen zugleich die Un-

262

ternehmenskultur, das Betriebsklima und die Motivation fördern.

Im Kapitel 8 wurde bereits über neue Anforderungen an die Weiterbildung berichtet, soweit sie sich aus DIN/ISO 9000 ff. ergeben. In diesem Regelwerk wird leider nur sehr allgemein über gewisse Rahmenbedingungen geschrieben, die anläßlich einer Zertifizierung erfüllt werden müssen, so z. B. die Erhebung des Weiterbildungsbedarfs. Aber Aussagen über das, was die Qualität von Weiterbildung ausmacht, unterbleiben. Man kann davon ausgehen, daß diejenigen, die dieses Regelwerk verfaßten, weder etwas von der Weiterbildung und noch viel weniger etwas von der Qualität der Weiterbildung verstehen. Das kann man mit ruhigem Gewissen auch von jenen Zertifizierungsgesellschaften annehmen, die sich zu Qualitätsrichtern der Weiterbildung ernannt haben. Deren Auditoren verstehen „genausoviel wenig" von der Weiterbildung wie Weiterbildner von der Zertifizierung.

DIN/ISO 9004 und der Qualitätsbegriff

Über viele Jahrzehnte wurde die betriebliche Weiterbildung in Form von Seminaren praktiziert. Sie war geprägt vom gezielten und strukturierten Vorgehen des Vortragenden. Diese Form wird nicht ganz verschwinden, auch dann nicht, wenn sich der Dozent plötzlich Trainer nennt. Das seminaristische Lernen hat je nach Lernthema und Problemstellung seine Existenzberechtigung. Doch wird es immer mehr durch teilnehmeraktive und selbstorganisierte Formen der Weiterbildung ersetzt. Dort, wo gestern noch deduktiv - vom Allgemeinen zum Besonderen - gelehrt wurde, vollzieht sich das Lernen heute induktiv - vom Besonderen zum Allgemeinen. Lehrveranstaltungen,

263

Lernen gestern und heute

in denen gestern noch Informationen konsumiert wurden, werden durch solche ersetzt, in denen Informationen produziert werden. Dort, wo gestern noch im Einbahnstraßenprinzip mit dem Dozenten als Wegweiser gelehrt wurde, herrscht heute Gegenverkehr. Dort, wo gestern noch Antworten passiv gesammelt wurden, wird heute aktiv an Lösungen experimentiert. Die Trainerzentrierung wird mehr und mehr durch eine Teilnehmerorientierung ersetzt. Dieser Prozeß läuft parallel mit einer stärkeren Hinwendung zum problemorientierten bzw. projektbezogenen Lernen. Infolgedessen vollzieht sich das Lernen mehr und mehr in Nähe des Arbeitsplatzes oder aber direkt an der wertschöpfenden Quelle. Das *learning by hearing* wird

Vom learning by hearing zum learning by doing

ersetzt durch das *learning by doing*, ebenso wie das indirekte durch das direkte Lernen. Der Trend geht vom Wissen zum Können. Das traditionelle Pauken weicht der eher spielerischen Wissensvermittlung. Die Qual des Lernens muß durch die Freude an der Selbstverwirklichung ersetzt werden.

Just-in-Time auch in der Weiterbildung

Just-in-Time ist auch eine Forderung an die Weiterbildung. Ruckartige Wechsel und plötzliche Sprünge im gesellschaftlichen Umfeld der Unternehmen erfordern von diesen, die Weiterbildung flexibel zu gestalten und situationsgerecht zu reagieren. TQM/Kaizen zielt auf ständiges Rationalisieren, Präzisieren und Perfektionieren. Da es immer etwas zu verbessern gibt, sind Lernprozesse nie zu Ende. Insofern gilt insbesondere für die betriebliche Weiterbildung die Grundidee des Sprichwortes „Der Weg ist das Ziel".

Der Weg ist das Ziel - auch beim Lernen

Der persönliche Lernprozeß wird durch den kollektiven ergänzt und gefördert. Nicht am Schreibtisch, sondern im Workshop bzw. in der Gruppe wird am wirksamsten gelernt. Der Qualitätszirkel steht hier als Modellfall. In ihm und mit ihm vollzieht sich die Integration von Arbeit und Lernen. Hier ist jeder Lehrender und Lernender zugleich. Die Mitarbeiter müssen aus der Zuschauerrolle heraus. Sie sind zugleich Akteure, Regisseure und Zuschauer ihrer eigenen Lernsituation.

Vom Einzel- zum Gruppenlernen

Weiterbildung in diesem Sinne bedeutet, nicht nur Kenntnisse und Fähigkeiten der Mitarbeiter weiterzuentwickeln, sondern die Problemlösungsfähigkeit des Unternehmens insgesamt zu verbessern. Das wird u. a. dadurch erreicht, daß neben der fachlichen mehr und mehr auch die methodische und soziale Kompetenz durch gezielte Weiterbildungsmaßnahmen gefördert wird. Letztere besitzen eine längere Halbwertszeit des Wissens als das fachliche Know-how.

Für die Weiterbildungsverantwortlichen ergeben sich hieraus neue Aufgaben. Statt Seminare zu planen und durchzuführen, müssen sie Problemlösungsprozesse begleiten bzw. *coachen*. Der betriebliche Weiterbildner ist nicht mehr nur der Organisator, sondern ebenso der Realisator.

Die neue Rolle des Weiterbildungsverantwortlichen

Auch die Führungskräfte gehören zu den Realisatoren. Ein Unternehmen ist nur dann lernfähig, wenn jede Abteilung lern- und entwicklungsfähig ist. Dies zu fördern ist eine Führungsaufgabe. Zu ihr gehört, ein geistiges Klima des offenen und ständigen Lernens zu schaffen. Außerdem tragen die Vorgesetzten als eine Art Geburtshelfer einen Teil der Transferverantwortung für das in Weiterbildungsveranstaltungen gelernte Wissen. Zu ihrer Aufgabe gehört es, nicht nur Weiterbildung zu

Die Verantwortung der Führungskräfte für den Transfer von Wissen und Können

265

ermöglichen, sondern die neue Qualifikation sich auch entfalten zu lassen. Auch solches Wissen und Können, das der Mitarbeiter in der Freizeit erworben hat, sollte zum Nutzen des Unternehmens eingesetzt werden können. In einem Unternehmen ist stets viel mehr Wissen und Können vorhanden, als es im Verhalten des Unternehmens zum Ausdruck kommt. Leider kann neues Wissen und Können oft nicht eingebracht werden, weil es die Logik der Abläufe oder die Gesetze der Hierarchie nicht erlauben. Hier stößt die Weiterbildung an Grenzen. Die Ursache dafür sind Weiterbildungsausgaben, die zu Fehlinvestitionen werden. Die Schuld wird dann in der Regel der Weiterbildung bzw. den Mitarbeitern angelastet, selten den „Grenzwächtern". Hierbei wird deutlich, daß Unternehmen nicht nur neue Verhaltensweisen erlernen, sondern auch schnellstens alte verlernen sollten.

Die Verantwortung externer Trainer und Berater

Aber auch externe Trainer und Weiterbildungsberater sind in die Verantwortung zu nehmen, insbesondere für die Wirksamkeit der von ihnen empfohlenen Maßnahmen. Nicht für Papiere und Konzepte, sondern für den konkreten Nutzen sollten sie honoriert werden. Wer heute als Berater und Trainer tätig ist, muß sich seiner Verantwortung für Mensch und Unternehmen bewußt sein. Therapeutische Eingriffe in den „Organisationskörper" dürfen nur von Experten mit entsprechender Erfahrung vorgenommen werden. So wie jeder Arzt eine Grundausbildung in Erster Hilfe hat, sollte jeder Trainer seine Befähigung zur Wiederbelebung „bewußtloser" Arbeitsteams nachweisen. Jeder gute Fußballtrainer war selbst einmal Fußballer. Aber nicht jeder Managementtrainer war selbst einmal Manager. Zum Managementtrainer genügt eigentlich die Befähigung, am PC einen Briefkopf mit der Berufsbezeichnung Managementtrainer zu gestalten. Wenn dazu noch der Schneid kommt, ein hohes Honorar zu fordern, kann der Markt einen weiteren „Fachmann" beglückwünschen.

Einen wesentlichen Teil der Verantwortung für die Weiterbildung tragen die Mitarbeiter selbst, denn jeder ist für seine Personalentwicklung selbst verantwortlich. Wer darauf wartet, gefördert zu werden, wartet lange. Bei der Weiterbildung gilt das Subsidiaritätsprinzip. Der Vorgesetzte ist erst sekundär zuständig, sozusagen als Coach. Weitere Vorgesetzte wirken als Mentoren oder Promoter.

Die Verantwortung der Mitarbeiter

Die Qualität der betrieblichen Weiterbildung zeigt sich daran, ob und inwieweit sie den Systemcharakter des Unternehmens berücksichtigt. Jeder Aspekt, jede Einzelheit betrieblichen Geschehens gehört zu einer Gesamtheit. Systemisches Denken bedeutet, die Existenz der Elemente zu erkennen und ihre Selbständigkeit zu beachten, sie aber auch zu einem größeren Ganzen zu verbinden. Gelingt es der Weiterbildung, das funktionsbefähigende Lernen und das Verhaltenstraining sowie Inhalte und Lehrformen richtig zu portionieren und kombinieren, dann kann man vom sinnspendenden Lernen sprechen, vorausgesetzt, daß Vorgesetzte ihrer Hebammenfunktion für den Lerntransfer nachkommen. Das systemische Denken erfährt in der betrieblichen Weiterbildung seine praktische Anwendung.

Weiterbildung muß das systemische Denken fördern

Zur Zielgruppe der Weiterbildung gehören *alle* Mitarbeiter und nicht - wie häufig anzutreffen - nur die Führungskräfte. Alle Personalentwick-

Weiterbildung und die Rolle der Frau

lungsmaßnahmen sollten ohne jede Diskriminierung aufgrund Alter, Geschlecht oder Herkunft vorgenommen werden. Die Begabungs- und Leistungspotentiale von Mitarbeiterinnen müssen vermehrt gefördert werden. Besonders Frauen sollten die Plätze einnehmen, für die sie geradezu prädestiniert sind, die ihnen häufig aber immer noch vorenthalten werden. Wo Männer von Fakten reden, sprechen Frauen von Menschen. Wo Männer Beziehungen knüpfen, pflegen Frauen Kontakte. Wo Männer Überlegenheit suchen, streben Frauen Verbundenheit an. Wo Männer zahlen- und ergebnisorientiert denken, handeln Frauen eher mensch- und prozeßbezogen.[23] Darum eignen sich Frauen als Kommunikations- und Verhaltenstrainer oft besser als Männer.

Intuition als Qualifikation

Die technisch-rationale Intelligenz von Informationssystemen und Netzwerken ist so komplex, daß man für langes Analysieren und Abwägen oft gar keine Zeit mehr hat. Hier ist Intuition gefragt. Die aber findet man überwiegend bei Frauen. Unternehmen sind gut beraten, das weibliche Intuitionspotential zu nutzen. Hier geht es nicht darum, Quoten zu erfüllen, sondern dem logisch-rationalen Denken der Männer durch das gefühlsmäßigmenschliche Empfinden der Frauen eine bessere Grundlage für Entscheidungen zu geben.

Auch nichtakademischen Belegschaftsangehörigen gebührt größere Aufmerksamkeit durch die Personalentwicklung. Es kann nicht angehen, daß ein promovierter Manager automatisch die Karriereleiter emporsteigt, während sein nichtakademischer Kollege mit 30 Jahren das Ende der Karriere (Edeka) erreicht hat.

Wer an einer betrieblichen Weiterbildungsmaß-
nahme teilnimmt, muß sich bewußt sein, daß letztendlich der Kunde die Rechnung bezahlt. Die
Kunden müssen daher gedanklich viel stärker in
die Weiterbildung einbezogen werden, auch in
solchen Seminaren, die nicht direkt dem Vertrieb
dienen.

Der Kunde zahlt die Rechnung

10.7 Die Qualität der Aktion und Innovation

Es gibt viele Unternehmen, die jahrelang Tonnen
von Papier, ggf. auch Konzepte produzieren, aber
nur selten neue Produkte oder Dienstleistungen.
Es sind solche Unternehmen, in denen viel davon
gesprochen wird, daß „man müßte ...“, „man sollte
...“, „man könnte ...“. Selbst wenn die Kunden
wegblieben, würden sich diese Unternehmen noch
lange mit sich selbst beschäftigen.

Man müßte, man könnte, man sollte ...

Unternehmen dieser Art sind zwar zur Reaktion,
aber selten zur Aktion fähig. „Hätten wir doch damals ...“ ist eine oft zu hörende Klage. Ja, warum
haben sie nicht? Weil sie auch heute noch darauf
warten, daß ihnen das Förderband der Wirtschaft
fertig gepackte und geschnürte Gepäckstücke an-
liefert. Erfolg stellt sich nur dort ein, wo tatsächlich etwas *erfolgt*. Nicht das Beginnen wird be-
lohnt, sondern das Durchhalten.

Hätten wir doch damals ...

Erfolg ist eine Folge von Handlungen

Mut zur Unvollkommenheit ist manchmal besser
als ein Perfektionismus, der vom Handeln abhält.
Das zeigt sich deutlich am Simultaneous Engine-
ring, bei dem u. a. Kompromisse an die Maß-
genauigkeit gemacht werden, um Zeitvorteile zu
realisieren. Während früher sequentiell ein Pro-

Risiken, die Vorteile bringen

269

dukt zunächst konzipiert, dann geplant, dann entwickelt wurde usw., laufen diese Prozesse heute parallel, teilweise mit provisorischen Zeichnungen und halbfertigen CAD-Bildern. Man nimmt Risiken in Kauf, um Chancen zu erhalten. Doch *„diese Passivposten der Risikobilanz sind den Potentialen eines frühen Markteintritts gegenüberzustellen."*[24]

Erst schießen, dann zielen

Unternehmen, die erfolgreich sein wollen, sollten im Zweifelsfalle erst schießen und dann genau zielen. *Test*, das ist ein wichtiges Wort im TQM/Kaizen-Vokabular. Es ist auf jeden Fall besser, sich auf greifbare Ergebnisse zu konzentrieren als auf papierene Programme und Konzepte. Oft ist es zweckmäßiger, etwas Konkretes auszuprobieren, als zunächst einmal alles Mögliche durch marktferne Stäbe analysieren zu lassen. *„Lernen und Fortschritt kommen nur zustande, wenn etwas da ist, von dem man lernen kann, und dieses Etwas, der Stoff, aus dem Lernen und Fortschritt sind, ist jede zu Ende geführte Handlung."*[25]

Lernen durch Handeln

Ein lehrreiches Beispiel: Apple-Computer

Ein lehrreiches Erfolgsbeispiel hierfür sind die beiden „Verrückten", die sich in den siebziger Jahren eine Garage mieteten, um darin auf chaotische Weise einen neuen Personal-Computer zu bauen, von dem IBM wußte, daß es dafür keinen Markt geben würde. Diese beiden, Steven P. Jobs und Steve Wozniak, gingen noch weiter und gaben ihrem Prototypen einen ganz verrückten Namen, nämlich „Apple". Wie die Geschichte weiterging, ist bekannt. Und es gab tatsächlich keinen Markt, sie schufen einen!

Apple gehört zu den Unternehmen, die sich durch eine gewisse Einmaligkeit auszeichnen. Dieses ist ein weiterer der „Fünf Königswege zum Erfolg" nach Rolf Berth von der Kienbaum-Akademie (vgl. S. 235). Einmaligkeit ist mehr als nur ein marginaler Konkurrenzvorteil oder die notwendige Differenzierung am Markt. Diese sind zwar gut, können aber schnell eingeholt werden. Ein Konkurrenzvorteil verschafft zwar Respekt, aber erst die Einmaligkeit ruft bei den Marktteilnehmern Bewunderung hervor. Qualität allein reicht nicht mehr, um bewundert zu werden, sie muß einmalig sein. Darum ist die Einmaligkeit schwer imitierbar, denn sie stellt etwas Seltenes bzw. eine neue Dimension dar. Sie ist notwendig, um sich im Zeitalter der Reiz- und Informationsüberflutung überhaupt Gehör zu verschaffen. Doch nur acht von hundert Managern fühlen sich dem Credo der Einmaligkeit verpflichtet. Die anderen begnügen sich damit, „auch nicht schlechter als die Konkurrenz zu sein".

Einmaligkeit - ein wichtiger Erfolgsfaktor

Besser als andere - zumindest im Denken und Handeln - war der Backindustrielle Schießer aus Berlin, der vor einigen Jahren den lange gewerkschaftseigenen Wohnungskonzern Neue Heimat für den symbolischen Preis von 1 DM erwarb. Sein Mut war bemerkenswert. Hätte er nur ein Jahr länger ausgehalten, hätte man ihn zum Manager des Jahres wählen müssen. Das Erkennen von *Gelegenheiten* ist zwar wichtig für den unternehmerischen Erfolg, aber sie müssen zum richtigen *Zeitpunkt* kommen. Erfolgsunternehmen erkennen den Glücksfall in Form des besten Zeitpunktes oder der größten Marktchancen. Das Geheimnis ihres Erfolges ist es, aus ihren Chancen das Beste zu machen. Mehr noch, sie versuchen, den Glücksfall herbeizuführen. *„Je mehr wir uns auf unser Ziel zubewegen, um so mehr Glück haben wir"*, sagte ein erfolgreicher Industrieller dem

Auf den richtigen Zeitpunkt kommt es an

Autor dieses Buches. Es bestätigt sich hier das Sprichwort „Das Glück hilft dem Tüchtigen".

10.8 Die Qualität der Strategie

Stärken verstärken

Ein Unternehmen, das erfolgreich arbeiten will, muß sich auf seine Stärken konzentrieren. Größe darf nicht mit Stärke verwechselt werden. Dort, wo man stark ist, sollte man noch stärker werden, also Stärken verstärken. In allen strategie-theoretischen Modellen, sei es die von Großmann oder Mewes, wird empfohlen, die Konzentration der Kräfte auf das zu lenken, was ein Unternehmen am besten kann, womit es seinen Kunden den größten Nutzen bietet. Stärken sollten der Eckpunkt der unternehmerischen Aktivitäten sein. Müssen Industriebetriebe auch eigene Kantinen betreiben und Köche ausbilden? Eine alte Erfolgsweisheit besagt: *„Der Starke, der seine Kraft zersplittert, erreicht weniger als der Schwächere, der seine Kraft auf seine Hauptaufgabe konzentriert."*

Kräfte konzentrieren

Den Minimumfaktor erkennen und nutzen

Für die Engpaß-Konzentrierte Strategielehre von Wolfgang Mewes[26] ist der sogenannte „Minimumfaktor" Ausgangs- und Eckpunkt. Das ist derjenige Teil, der noch fehlt, um Wirkung zu erzielen. Ein Blick in die Agrarchemie macht das deutlich.

Von der Agrarchemie lernen

Justus von Liebig (1803-1873) erforschte, daß zum Wachsen einer Pflanze vier Mineralien notwendig sind: Kali, Kalk, Stickstoff und Phosphorsäure. Fehlt eines dieser Mineralien, kann sie nicht wachsen. Erst wenn das fehlende Mineral in minimalen Mengen zugeführt wird, wächst sie weiter. Das Mineral setzt unübersehbar viele Einzelvorgänge in Gang, die das Wachstum der Pflanze bewirken. Justus von Liebig entdeckte also die zentrale kybernetische Regelfunktion des Minimumfaktors, also die Tatsache, daß man das Wachstum von Pflanzen von seinem Minimumfaktor her beschleunigen, aber auch wieder drosseln kann. Angenommen von einem Mineral wird zuviel zugesetzt, z. B. Phosphorsäure, dann bewirkt der eigentliche Minimumfaktor eine Übersäuerung des Bodens. Das Mineral wirkt negativ statt positiv.

Die zentrale kybernetische Regelfunktion des Minimumfaktors

Das gleiche Prinzip gilt nach Mewes auch für Menschen und Unternehmen. Die notwendigen „Mineralien" für ein Unternehmen sind Material, Kapital, Know-how, Nachfrage und Arbeitskräfte. Fehlt eines dieser „Mineralien", dann bleibt das Unternehmen wirkungslos. Angenommen, es fehlen die notwendigen Arbeitskräfte, dann sind auch Kapital, Nachfrage, Material und Know-how nutzlos. Angenommen aber, es werden zu viele Arbeitskräfte beschäftigt, dann hat das negative Folgen für das betriebswirtschaftliche Ergebnis.

Auf den richtigen „Mineralienmix" kommt es an

Das Prinzip der Kräftekonzentration drückte schon Bismarck vor hundert Jahren viel einfacher aus: Wer zwei Hasen gleichzeitig fangen will, fängt in der Regel keinen. Ähnlich äußerte sich der Begründer des organisierten Verbrechens Mayer-Lansky. Er konzentrierte seine kriminelle Energie ganz auf Spielkasinos und hatte damit Erfolg. Das Problem des Gangsters, so der Chefgangster, sei nicht die Polizei, sondern seine Geldgier. Diese verführt den Verbrecher dazu, sich auch mit Bereichen zu beschäftigen, für die ihm die Voraussetzungen fehlen.[27]

Unternehmen, die auf mehreren Hochzeiten tanzen, bleiben durchschnittlich. So waren z. B. Philips und AEG mit ihrem Gemischtwarensortiment überall dabei, aber nirgends richtig vorn. Anders verhalten sich Spitzenunternehmen, für sie gilt das Motto „Schuster bleib bei deinen Leisten". Sie wissen, wer Marktführer ist, ist bekannter und glaubwürdiger als seine Mitbewerber. Man vermutet bei ihm die größere Kompetenz. Seine Ausstrahlung ist größer als die seiner mittelmäßigen Konkurrenten.

Schuster bleib bei deinen Leisten

Diversifikation außerhalb des Kerngeschäftes führt in der Regel zu Problemen. Das zeigte sich an vielen Beispielen, so am Erwerb der Triumph-Adler durch VW oder an dem Engagement der Daimler-Benz bei der AEG. Was sind die Ursachen dieser Probleme bzw. die Folgen?

Gefahr der Diversifikation

1. Das Management braucht viel Zeit für die neuen Firmen und Produkte.
2. Infolgedessen leidet das Hauptgeschäft.
3. Das Wertesystem einer Firma wird aufgeweicht. Werte sind aber nur tragfähig, wenn sie uneingeschränkt gültig sind.

Schlankes Management berücksichtigt diese Erfahrungen. In schlanken Unternehmen verbringen Manager und Mitarbeiter ihre Zeit an der Quelle der originären Wertschöpfung, jener Wertschöpfung, die das Unternehmen „wertvoll" gemacht hat. Soweit sie sich in fremde Gewässer begeben, geschieht dieses sehr vorsichtig, zunächst nur bis zu den Füßen, aber nicht bis zum Hals. Schlanke Unternehmen meinen nicht, alles selber machen zu müssen. Sie reduzieren ihre Fertigungstiefe und lagern periphere Aufgaben aus. Das, was

Richtige und wichtige Schlußfolgerungen

Spezialisten billiger, besser und schneller machen können, lassen sie von diesen erledigen.

10.9 Die Qualität der Vision

Unser Denken von gestern ist die Realität von heute. Das Denken von heute ist die Realität von morgen. Unternehmen, die TQM/Kaizen praktizieren wollen, brauchen möglichst anschauliche Zukunftsbilder. Das Bildliche ist dabei wichtig, denn der Mensch ist ein Augentier. „Ein Bild sagt mehr als 1000 Worte", lautet ein altes chinesisches Sprichwort. Mit der Vision, der bildlichen Vorstellung, den besten Oberklasse-PKW zu bauen, kann man einen BWM-Werker eher begeistern als mit der Vision, den Kurs der BMW-Aktie in den nächsten drei Jahren zu verdoppeln.

Das Denken von heute ist die Realität von morgen

Visionen bewegen Menschen im positiven wie im negativen Sinn. Die einen träumen von einem vereinten Europa, die anderen vom Großdeutschen Reich. Die 68er Bewegung bezog ihre Kraft aus gesellschaftlichen Visionen bzw. aus dem, was Ernst Bloch „Das Prinzip Hoffnung" nannte. Der Marxismus bezog seine Energien unter anderem aus der Vision einer klassenlosen Gesellschaft, womit letztendlich eine völlig neue Qualität von Wirtschaft, Gesellschaft und Politik gemeint war, aber nicht das, was Stalin, Mielke und Genossen daraus machten. Dennoch konnte der stalinistisch geprägte Sozialismus mit dieser Vision ein Drittel der Welt erobern. Wie recht hatte doch der sozialistische Vordenker Karl Marx mit seiner Aussage über den Wert von Visionen: *„Die Idee wird zur materiellen Gewalt, sobald sie die Masse ergreift."* Das ist in Firmen nicht anders als

Visionen sind eine starke Energiequelle

275

Die Vision als Kompaß

in der Gesellschaft. Visionen sind menschliche Energie, die es zu nutzen gilt. Sie sind eine Art Kompaß, der dafür sorgt, daß Management und Mitarbeiter in einem Unternehmen die richtige Richtung finden.

Vision versus Revision

Die aktive Vision ist ein Denken außerhalb der Norm und ohne Schere im Kopf. Im Gegensatz dazu prüft die Revision, ob Vorschriften und Normen eingehalten werden. Visionen sind das Ergebnis kreativer Höchstleistungen. *„Sie sind innere Bilder einer künftigen Wirklichkeit, die realisierbar, heute aber noch nicht Realität ist."*[28] Visionen sind die notwendige Antithese zur Revision. Vielleicht täten manche Unternehmen gut daran, ihre Revision zugunsten einer neu zu schaffenden Abteilung Vision zu verkleinern.

Vom ökonomischen Wert schriftlich niedergelegter Zukunftsbilder

Rolf Berth hat in seiner über sieben Jahre angelegten Studie die Ursachen von Unternehmenserfolgen erforscht. Darin weist er nach, daß Unternehmen mit Visionen einen höheren Umsatz erzielen, höhere Renditen erwirtschaften und bei Innovationen schneller schwarze Zahlen schreiben als visionslose Unternehmen. Wichtig dabei ist, daß die Vision schriftlich formuliert und unternehmensintern publiziert wird. *„Zwischen denjenigen (Firmen), die keine Visionen haben, und denjenigen, die nur eine mündliche besitzen, zeigen die Meßzahlen keine merklichen Differenzen. Ergo: In der schriftlichen Fixierung liegt offenbar der besondere Wert."*[29]

Aus Visionen müssen Ziele werden. Antoine de Saint-Exupéry hat das Verhältnis zwischen Vision und Ziel literarisch sinngemäß so formuliert: *„Wenn du ein Schiff bauen willst, dann trommle*

276

*nicht Männer zusammen, um Holz zu beschaffen,
Aufgaben zu vergeben und die Arbeit einzuteilen,
sondern lehre die Männer die Sehnsucht nach dem
weiten, endlosen Meer."*

Der Unterschied zwischen der Vision und dem
Ziel liegt in der Konkretheit der jeweiligen Absicht. Von der Vision bis hin zum operativen Ziel
wird die Absicht Schritt für Schritt konkreter. Die
der Vision folgende Stufe ist das Leitbild bzw. das
Unternehmensziel als die grundlegende Botschaft
eines Unternehmens nach innen und außen. Ein
schönes Beispiel für ein TQM/Kaizen-orientiertes
Leitbild liefert eine Wohnungsbaugesellschaft aus
Sachsen-Anhalt, die Wobau Magdeburg: *„Qualität
ist die Maxime unserer Arbeit."* und weiter: *„Das
bedeutet für uns, das Gute stets durch das Bessere
zu ersetzen."*

**Von der Vision zum
Leitbild**

Leitbild der WOBAU Magdeburg
Qualität ist die Maxime unserer Arbeit

Das bedeutet für uns, das Gute stets durch das Bessere zu
ersetzen. Wir stehen und wirken für diese drei Hauptziele
unserer täglichen Arbeit:

1. Unsere wichtigste Aufgabe ist es, den Wohnungs-
   suchenden der Stadt Magdeburg und unseren *Mietern*
   zu dienen. Sie alle haben ein Recht auf hohe Wohn-
   raum-, Verwaltungs- und Beratungsqualität.

Dieses Ziel erreichen wir, indem wir
* Wohnraum mietergerecht sanieren und modernisieren,
* Arbeitsabläufe ständig optimieren und
* offen mit unseren Mietern kommunizieren und kooperieren.

277

2. Wir sind uns unserer hohen Verantwortung gegenüber der *Stadt Magdeburg* und ihren Einwohnern bewußt. Wir rechtfertigen das in uns gesetzte Vertrauen, indem wir den uns anvertrauten Immobilienbestand sowohl qualifiziert als auch engagiert pflegen und verwalten.

Dieses Ziel erreichen wir, indem wir
- den Dialog mit der Öffentlichkeit suchen und pflegen,
- partnerschaftlich mit den Organen der Stadt zusammenarbeiten,
- bei der Gestaltung der Wohnverhältnisse unserer Stadt mit allen Gruppen, Parteien und Verbänden konstruktiv kooperieren.

3. Wir gestalten unsere *Unternehmensorganisation* so, daß sie in ihrer Leistungsfähigkeit mit einem gut geführten Privatunternehmen vergleichbar ist.

Dieses Ziel erreichen wir durch
- eine hohe mieter- und mitarbeiterorientierte Unternehmenskultur,
- eigenverantwortlich und qualitätsbewußt handelnde Mitarbeiter sowie
- zielorientiertes Arbeiten mit anspruchsvollen Aufgaben.

Von unseren Führungskräften erwarten wir hohe fachliche Kompetenz, menschliches Einfühlungsvermögen und persönliche Integrität. Sie sind Impulsgeber und Vorbilder für dieses Leitbild.

Vom Leitbild zum Ziel

Dem Unternehmens-Leitbild folgen die eigentlichen Ziele, die erst dann Ziele sind, wenn Sie qualifiziert, quantifiziert und terminiert, also soll/ist-fähig sind. Erst mit solchen konkreten Zielen hat ein Unternehmen einen Wegweiser für sein Handeln, erhalten Mitarbeiter den notwendigen roten Faden für ihr Tun.

Vom Ziel zur Handlung

Ein Sonderfall der Vision ist das Feindbild. Feindbilder können für den Erfolg eines Unternehmens notwendig sein. Auch das ist ein Ergebnis aus der erwähnten Studie von Rolf Berth. Doch nur 16 von hundert Unternehmen pflegen eine aggressive Marktgegnerschaft und auch nur ein Viertel der sogenannten Vorbildfirmen.

Feindbild - ein wichtiger Erfolgsfaktor

Das Wort Feindbild sollte hier nicht kriegerisch verstanden werden, sondern im Sinne von Wettkampf. Hier bietet sich der Vergleich mit Sportlern an, denen die Gegnerschaft zusätzliche Energien verschafft. Wer die Anzeigen der Autovermieter in den letzten Jahren aufmerksam las, wurde Zeuge der Haßliebe zwischen Sixt und Avis (we try harder). BMW hat 20 Jahre lang gegen die Konkurrenz aus Untertürkheim gekämpft - und sie haben den erfolgverwöhnten und deshalb träge gewordenen Daimler-Konzern besiegt.

Beispiele

Auch anderen Unternehmen, die mit Feindbildern arbeiten, hat die mentale Gegnerschaft gut getan. Sie sind zweimal besser als Unternehmen ohne Feindbild (vgl. S. 235). Die Innovationsquote liegt im Vergleich sogar viermal so hoch. 70 von hundert aller japanischen Unternehmen arbeiten mit einem klar definierten Feindbild, etwa nach dem Motto „den wollen wir schlagen".

10.10 Die Qualität unternehmensethischer Grundsätze

Wirtschaftsethik ist ein vielbenutzter Begriff, der in älteren Management-Nachschlagewerken noch nicht vorkommt, obwohl Ethik eng mit der menschlichen Arbeit verbunden ist. Längst bevor

Von der Moralphilosophie zur Ökonomiemoral

die Ethik zu einem besonderen Gegenstand philosophischer Untersuchungen wurde, hatten ethische Probleme im Leben der Menschen ihren festen Platz. Insbesondere denjenigen, die am Wirtschaftsleben teilnehmen, stellen sich ethische Fragen, so dem Hausbesitzer bei der Festsetzung der Miethöhe, dem Steuerzahler bei der Abgabe seiner Steuererklärung, ebenso den Mitarbeitern, die ihre Reisekostenabrechnung hochrechnen. Insofern darf Wirtschaftsethik nicht auf einen moralischen Forderungskatalog an das Top-Management von Chemie- und Energieunternehmen verkürzt werden. Die Arbeitsmoral von Mitarbeitern ist ein Teil der Wirtschaftsethik ebenso wie das umweltbewußte Verhalten von Verbrauchern. Auch diejenigen, die mißbräuchlich Sozialleistungen beziehen oder kleine Versicherungsbetrügereien begehen, müssen ihre Moral auf den Prüfstand stellen. Ethik und Moral können fast synonym verwendet werden. Sie sind ein lebenswichtiger Stoff, der in unserer Gesellschaft leider immer knapper wird, so knapp wie das Wasser in der Wüste. Die Fälle Dr. Schneider und UB-Plasma sind nur die Spitze eines Eisberges.

Wirtschaftsethik - eine Forderung, die sich auch an Arbeitnehmer und Verbraucher wendet

Da viele Unternehmen im grellen Scheinwerferlicht und unter Dauergeläut der Massenmedien wirken, müssen sie das Spannungsverhältnis von Ethik und Ökonomie besonders beachten. Die defekte Rohrleitung in einem Chemieunternehmen ist für manche Journalisten, die sich nicht um die Umweltverträglichkeit des Papiers kümmern, auf dem ihre Zeitung gedruckt wird, der Beweis der ökologischen Niedertracht von Industriemanagern.

Ethik und Ökonomie im Spannungsverhältnis

Da schlankes Management u. a. auch reduzierte Belegschaften bewirkt, ergeben sich für die verantwortlich handelnden Führungskräfte hieraus ethische Grundprobleme, deren Lösung der Quadratur des Kreises ähnelt. Dabei wird oft übersehen, daß schlanke Produktion letztendlich das Überleben von Firmen und die Weiterbeschäftigung von Belegschaften bezweckt. Die Dialektik lehrt, daß Widersprüche nicht zwangsläufig unvereinbar sein müssen, insofern sie auf höherer Ebene eine neue Einheit bilden können. Wenn die Einführung der schlanken Produktion auch mit individuellen Härten verbunden ist, so ist sie betriebs- und volkswirtschaftlich gesehen eine Notwendigkeit. Außerdem: Ein genauerer Blick in die hier angeführten TQM/Kaizen-Prinzipien zeigt, daß Lean Management und Kaizen auf wirtschaftsethischen Prinzipien beruhen. Mitarbeiterorientierte Führung, offene und aktive Informationspolitik sowie Kunden- und Qualitätsorientierung sind ethische Verhaltensweisen, die in das Anforderungsprofil von Führungskräften gehören. So gesehen sind Anforderungsprofile zugleich Ethik-Profile. Machtstreben, Manipulation, Machiavellismus, Denunziantentum und ähnliches hingegen sind ethikfeindliche Verhaltensweisen. Sie sind nicht kompatibel mit der Idee der Demokratisierung von Arbeit und Wirtschaft. Sie sind auch nicht Kaizen-kompatibel, denn dem TQM/Kaizen liegt die Idee zugrunde, daß Probleme zwischen Management und Mitarbeitern nicht nur in Verträgen gelöst werden, sondern auf der Basis gegenseitigen Verständnisses und Vertrauens.

TQM/Kaizen und Ethik sind kompatibel

Nach dem Zusammenbruch des realen Sozialismus als eines ethischen Metamodells - das es

**Eine diskussions-
würdige Idee**

nicht war - sollten Unternehmen die Chance er-
greifen und ethische Mikromodelle schaffen, z. B.
in Form von firmeninternen Ethik-Komitees oder
Ethik-Beauftragten. Das wäre zugleich ein wertvoller Beitrag zum Problem der Werteverluste in
unserer Gesellschaft. In ihr sollte Ethik kein Luxus
sein. Sie ist der unverzichtbare Notproviant auf
dem Weg in das dritte Jahrtausend.

Die praktische Anleitung für ethisches Verhalten
hat der deutsche Philosoph Immanuel Kant schon
vor etwa 250 Jahren in Form des „kategorischen
Imperativs" niedergeschrieben:

*„Handle so, daß die Maxime deines Willens jeder-
zeit zugleich als Prinzip einer allgemeinen Gesetz-
gebung gelten könne."* [30]

Als Instrument, um dieser Forderung zu entsprechen, kann die ETHOS-Formel genutzt werden,
mit der seit vielen Jahren unternehmerisches Handeln ethisch abgesichert wird. Dieses Ethik-Tool
stellt folgende Fragen:

E   Ist unser Handeln *wirtschaftlich (economical)*
    vertretbar?
T   Ist unser Handeln *technisch* machbar?
H   Ist unser Handeln *menschlich (human)* ver-
    tretbar?
O   Ist unser Handeln *organisatorisch* vertretbar?
S   Ist unser Handeln *sozial* vertretbar?

Literatur

1.   Thomas J. Peters/Robert H. Waterman: Auf der Suche nach
     Spitzenleistungen, Landsberg/Lech 1984

2. Rolf Berth: Erfolg, Düsseldorf 1993
3. Reinhard K. Sprenger: Mythos Motivation, Frankfurt/M. 1993, S. 43
4. Handelsblatt, 21.10.1994
5. Der Spiegel 47/1994, S. 92 f
6. Reinhard K. Sprenger: a.a.O.
7. Gertrud Höhler: Spielregeln für Sieger, Düsseldorf 1991, S. 94
8. Gertrud Höhler: a.a.O.
9. Masaaki Imai: KAIZEN, München 1992, S. 117
10. Douglas McGregor: The human side of enterprise, New York 1960, S. 33 und 44 ff
11. Gifford Pinchot: Intrapreneuring, Mitarbeiter als Unternehmer, Wiesbaden 1988
12. Handelsblatt, 16.9.1994
13. Gifford Pinchot: a.a.O.
14. Wirtschaftswoche, 24.07.1992, S. 52 f
15. Rolf Berth: a.a.O.
16. David Garvin: Japanese quality Management, in: Columbia Journal of World Business, 1984
17. Thomas J. Peters/Robert H. Waterman: a.a.O., S. 308
18. John P. Kotter: Abschied vom Erbsenzähler-Leadership: A Force for a Change, Düsseldorf 1991
19. Gertrud Höhler: a.a.O., S. 139
20. Thomas J. Peters/Robert H. Waterman: a.a.O., S. 236
21. James P. Womack, Daniel T. Jones, Daniel Roos: Die zweite Revolution in der Autoindustrie, Frankfurt/M. 1992, S. 61
22. F. Decker: Didaktik der reinen Wirtschaftslehre, Frankfurt/M. 1970, S. 12
23. Gertrud Höhler: a.a.O., S. 32 ff
24. Horst Wildemann: Das Konzept „Lean-Management", Frankfurt/M. 1993, S. 45
25. Ebenda, S. 165
26. Kerstin Friedrich/Lothar J. Seiwert: Das 1x1 der Erfolgsstrategie, Offenbach 1995
27. Robert Lacey: Little Man. Little Brown and Company, Boston 1991
28. Gertrud Höhler: a.a.O., S. 208
29. Rolf Berth: a.a.O., S. 93
30. Immanuel Kant: Kritik der praktischen Vernunft, Hamburg 1974, S. 36

Stichwortindex

Namensindex